두 번의 사기탄핵,
진실은 터졌다

미디어워치

일러두기

이 책의 내용 중 일부는 저자의 저서인 『나는 그해 겨울 저들이 한 짓을 알고 있다』, 『변희재의 태블릿, 반격의 서막』, 『변희재의 태블릿 사용 설명서』를 원용·편집한 것입니다. 첨부 사진과 도표는 미디어워치가 직접 촬영·제작했거나, 관계 언론사로부터 저작권을 구매한 것, 또는 정당한 인용 차원에서 차용한 것임을 밝힙니다.

미디어워치

두 번의 사기탄핵, 진실은 터졌다

변희재 지음

CONTENTS 차례

서문 | 진실은 스스로 살아 움직이며 터져나간다   008

제1장
윤석열의 내란죄와 박근혜의 뇌물죄   018

8년 전 박근혜 탄핵 때부터 시작된 '계엄령' 선포론   020
김민석의 계엄령 예언   022
정당·국회 활동 금지, 의회해산권 없다면 위헌·위법 소지   024
홍장원의 '한동훈 체포설'에 안철수·조경태 탄핵 찬성 표명   028
곽종근, "국회의원들 끌어내라 지시받아" 유튜브에서 폭로   030
박선원, 정치인 축차검거·감금조사 '홍장원 메모' 최초 공개   031
김어준, "한동훈 사살" 폭로 → 다음날 한동훈 '탄핵안' 성사   032
내란죄로 탄핵한 후, 내란죄를 삭제한 정청래   034
탄핵 찬성한 안철수, "내란죄 빼려면 국회 의결 다시 해야"   037
꼼수와 잔수 없이 처리된 노무현 탄핵소추안   039
K스포츠·미르재단 설립…박근혜 vs 안종범 엇갈린 진술   046
"박근혜가 10원 한 장 받은 게 없지 않으냐"   052
뇌물죄를 명시하지 못한 검찰 특수본   053
윤석열의 등장, "박근혜는 뇌물죄로 엮으면 된다"   055
뇌물죄 삭제해버린 강일원과 권성동   062

제2장
8년만의 대통령 탄핵, 또 다시 '조작'   070

홍장원, 제2의 고영태 역할…의인으로 찬양받아   072
네 가지 버전의 홍장원 메모   073

홍장원, "양정철" 추가된 '버전5' 들고 JTBC 출연 ⋯⋯⋯⋯⋯⋯⋯⋯ 075
추가로 공개된 홍장원의 또 다른 메모들 ⋯⋯⋯⋯⋯⋯⋯⋯⋯⋯⋯⋯ 078
'홍장원 메모' 필적감정 결과, "박선원 필체와 동일" ⋯⋯⋯⋯⋯⋯⋯ 080
박선원, "홍장원과 만난 바 없다" 동문서답만 반복 ⋯⋯⋯⋯⋯⋯⋯ 083
국회 대리인, "박선원이 홍장원 메모 받아 카메라로 찍었다" ⋯⋯ 084
변희재, 박선원에 "메모 입수 경위 밝혀라" 공문 발송 ⋯⋯⋯⋯⋯ 085
변희재, 박선원 고소⋯"필적과 카톡 기록 수사하라" ⋯⋯⋯⋯⋯⋯ 087
▶ 필적감정서 전문 ⋯⋯⋯⋯⋯⋯⋯⋯⋯⋯⋯⋯⋯⋯⋯⋯⋯⋯⋯⋯⋯ 089

제3장
감춰진 '안종범 수첩' 조작, 박근혜 탄핵의 또 다른 뇌관   108

국정농단 수사가 시작된 후 작성된 '안종범 수첩' ⋯⋯⋯⋯⋯⋯⋯ 110
안종범, "재단은 기업들의 자발적 조직" 대통령에 보고 ⋯⋯⋯⋯ 113
원(one)팀 안종범·차은택·고영태, 재단 설립의 주범 ⋯⋯⋯⋯⋯⋯ 115
탄핵 언론들이 숨겨온 K스포츠 초대 이사장 정동구 ⋯⋯⋯⋯⋯⋯ 118
안종범·정호성·우병우, 대통령에 '최순실 태블릿' 사과 강요 ⋯⋯ 120
최서원, "안종범 수첩은 사건의 끝을 따라다니는 메모" ⋯⋯⋯⋯ 123
탄핵 공신 안종범·정호성·유영하, 윤석열 정권에서 승승장구 ⋯ 125

제4장
JTBC의 태블릿 공습, 진실의 벽에 막히다   130

JTBC의 덫에 걸려든 청와대 비서실장 ⋯⋯⋯⋯⋯⋯⋯⋯⋯⋯⋯⋯ 132
고영태, "연설문 고치는 걸 '좋아한다' 말한 적 없다" ⋯⋯⋯⋯⋯ 135

JTBC 태블릿 보도 이후 쏟아진 '가짜뉴스'	137
태블릿이 아닌 'PC'라고 첫 보도한 JTBC	140
태블릿에는 문서 수정 프로그램이 없었다	143
최서원의 셀카? 5살 여자아이의 셀카	149
저도(猪島) 사진, 청와대 홍보팀의 사용 증거	153
최서원도 모르는 젊은 여성의 사진과 연락처	158
카톡 '하이' 수신자는 김한수가 아니라 임태희 캠프	161
검사도 인정한 JTBC 가짜뉴스…태블릿 LTE 위치정보	168
국과수 감정결과도 조작 보도한 JTBC	170
검찰이 발표한 독일 동선 일치설…카톡 수신자는 김한수로 밝혀져	173
독일 카톡의 진실로 '김한수의 2012년 알리바이' 붕괴	176
국과수 포렌식으로 밝혀진 검찰의 증거 인멸·훼손·조작	179

제5장
태블릿 조작 주범이자 실사용자 김한수 186

검찰보다 먼저 개통자를 알아낸 JTBC	188
검찰이 만들어낸 '2012년' 김한수 알리바이	193
2012년 11월 27일 이용정지 해제한 김한수	199
무너진 2012년 알리바이…태블릿 사용자는 김한수	205
검찰과 특검, 김한수에게 허위진술 유도	209
거짓에 거짓을 쌓아올린 김한수의 진술	213
박근혜 판결문에 인용된 김한수의 위증	218
태블릿 '신규계약서'도 조작됐나	222
신규계약서 1·3쪽이 조작된 정황	226
한 계약서에 서로 다른 두 개의 사인(sign)	230
한 사람의 필체로 작성된 1쪽·3쪽	234

형광펜 표시가 없는 1쪽·3쪽	236
▶ 태블릿 '신규계약서' 1, 3쪽이 위조된 정황	241
청소년계약서도 조작한 SKT	242
신규계약서 조작 확정…SKT의 적반하장 고소	246
계약서 위조 범죄와 사상 최대 규모 SKT 해킹 사태	249

제6장
윤석열과 한동훈의 특검 제4팀, 장시호 태블릿을 조작하다 254

JTBC 태블릿 논란에 찬물을 끼얹은 '제2태블릿'	256
최서원의 반격, 제2태블릿 반환소송	259
법원, "장시호의 진술은 거짓임이 분명하다"	265
L자 패턴은 특검이 설정했다	277
▶ JTBC가 입수한 태블릿 'L자 패턴' 논란	284
태블릿 '사용기간' 아무말 대잔치	285
포렌식 기록과 전혀 다른 특검의 '소유자' 발표	290
제2태블릿은 경리직원 안 모씨가 사용했다	301
태블릿 '개통경위' 조작 발표 의혹	307
삼성과 주고받은 이메일은 없었다	314
불법적 디지털증거 조작…'증거능력' 없는 제2태블릿	318
사진에 찍힌 범인 서현주를 잡아라	328
1월 5일자 포렌식 자료 끝내 공개하지 못하는 검찰	333
▶ 사이버포렌식전문가협회(KCFPA)	342

부록 | 진실투쟁 사진갤러리 343

서문
진실은 스스로 살아 움직이며 터져나간다

 범(汎)보수 진영은 자신들이 뽑은 대통령이 8년 간격으로 두 번 연속 탄핵 당하는 악몽을 경험했다. 그리고 곧바로 이어진 대통령 선거에서 모두 참패, 진보 진영에 정권을 넘겨줬다.

 박근혜 탄핵 때는 누구도 접하지 못한 전대미문前代未聞의 상황이라 탄핵 소추부터 조기 대선까지 속수무책이었다. 필자는 JTBC 태블릿이 조작됐다는 의혹을 제기했지만 일개 언론인이 그 이상의 진실을 파헤치는 건 불가능했다. 당시에는 모든 자료가 검찰과 특검에 있던 시기였다. 헌법재판소의 탄핵 심리도 잘못됐다는 사실을 충분히 알고 있었으나 전례가 없다 보니 명확히 설명하기가 어려웠다.

 하지만 윤석열 탄핵 때는 달랐다. 이미 경험한 박근혜 탄핵 때의 문제점이 충분히 밝혀진 상황이었다. 필자는 JTBC 태블릿은 물론 특검 제4팀의 장시호 태블릿까지 '조작수사'의 증거를 거의 모두 확보했다. 우종창 기자나 한석훈 교수 같은 보수 지식인들이 박 대통령 탄핵 과정을 정밀 분석한 책들이 열 권 가까이 출판돼 탄핵 심리와 국정농단 재판에서 벌어진 갖가지 오류를 구체적으로 파악할 수 있었다.

박근혜가 당한 수법 그대로 탄핵 당한 윤석열

윤석열을 탄핵한 국회는 헌법재판소 첫 심리부터 가장 중요한 탄핵 사유인 '내란죄'를 삭제해버렸다. 다수당인 민주당은 윤석열의 비상계엄을 내란이라고 선동, 여당 의원들의 이탈을 유도해 탄핵 찬성 200석 이상을 확보한 후 탄핵안을 통과시켰다. 그리고 탄핵심판에 가서는 내란죄 심리를 하지 않겠다고 선언했다. 이에 윤석열 측은 물론 탄핵에 찬성한 안철수 등 국민의힘 의원들까지 거세게 항의했다.

이런 꼼수는 8년 전 박근혜 탄핵 때 이미 국회가 써먹은 수법이다. 헌정 사상 최초로 대통령을 탄핵하려면 '뇌물죄' 정도는 돼야 한다는 합의 하에 국회도 뇌물죄를 중심으로 박근혜 탄핵안을 가결시켰다. 하지만 아무리 수사해도 대통령이 직접 받은 뇌물은 10원 한 장 나오지 않았고, 이재용 등 재벌들의 청탁을 받았다는 증거도 없었다. 이에 권성동 당시 탄핵소추위원장과 강일원 헌법재판관은 입증이 불가능한 뇌물죄를 빼버리고, 둘이서 다시 작성한 새로운 탄핵안으로 박 대통령을 파면시켰다.

이렇게 불법 탄핵을 주도한 권성동은 8년 후 여당의 원내대표가 됐다. 국민의힘이 윤석열 탄핵을 저지하려면 권성동에게 8년 전의 원죄原罪를 반드시 물었어야 했다. 하지만 "뇌물죄는 박근혜 탄핵의 주요 이슈가 아니었다"는 권성동의 거짓말 한 마디에 다들 반박도 못하고 엎드렸다. 권성동이 여당의 원내대표로 있는 한 똑같은 수법으로 진행된 윤석열 탄핵을 막는다는 건 원천적으로 불가능했다.

진실을 덮어버린 두 대통령

윤석열 탄핵의 스모킹 건이었던 '홍장원 메모'를 두고서도 이해할 수 없는 일들이 벌어졌다. 계엄 당일 윤석열과 통화했다는 홍장원 1차장의 메모(언론에서 말하는 네 번째 버전)에는 주요 정치인 명단과 함께 "검거 요청(위치 추적)", "축차 검거 후 방첩사 구금 시설에 감금 조사"라는 문구가 적혀있었다. 윤석열이 이재명, 한동훈 등 유력 정치인을 불법 체포하려 했다는 것이 내란죄의 핵심인 상황에서 '홍장원 메모'는 윤석열을 내란 수괴로 몰아가는 데 결정적인 역할을 했다.

독자들도 알 듯이 필자는 박근혜 탄핵 당시 조작·날조 수사를 주도한 윤석열 대통령에게는 늘 비판적이었다. 윤석열의 헛된 비상계엄에 대해서도 전혀 동의할 수 없었다. 하지만 필자는 '홍장원 메모'를 검토한 끝에 "검거 요청(위치 추적)", "축차 검거 후 방첩사 구금 시설에 감금 조사"라는 핵심 문구가 홍장원이 아니라, 민주당 박선원 의원이 썼다고 확신했다. 국과수 35년 경력의 전문가가 감정한 결과에서도 박선원의 필적으로 확인됐다.

윤석열 측은 "동태 파악을 지시한 것이지 영장 없이 체포하는 건 있을 수 없는 일"이라며 완강히 혐의를 부인했고, 실제 체포를 담당한 방첩사도 여인형 사령관과 김대우 수사단장의 말이 엇갈리는 상황이었다. 이런 가운데 정치인 체포의 유일한 물증이라는 '홍장원 메모'가 민주당 정치인이 써 넣어 조작된 거라면, 윤석열 측에게는 자신들의 결백을 주장할 가장 효과적인 무기가 될 수 있었다.

하지만 윤석열은 이 결정적인 증거를 스스로 덮어버렸다. 홍장원과 박선원을 불러 필적감정을 요구하지도 않았을 뿐더러 대통령 변호인단의 기자회견도 없었다. 국민의힘에서도 윤상현, 김민전 등 일부 의원들의 페북 글이 전부였다. 이렇게 '홍장원 메모' 조작을 덮어버린 윤석열은 결국 8대0으로 맥없이 탄핵 당했다. 그리고 이재명 정권에서 내란 특검으로 전방위 수사를 당할 처지가 됐다.

사실 박근혜 대통령도 크게 다르지 않다. 국정농단 수사를 담당한 검찰은 JTBC 태블릿을 '최서원의 것'으로 조작하기 위해, 김한수 전 청와대 행정관이 2012년도 태블릿 요금을 전부 납부한 사실을 은폐했다. 이 과정에서 SKT와 공모해 태블릿 '신규계약서'까지 위조했다. 애초에 태블릿은 김한수가 개통하고 요금까지 모두 납부한 '김한수의 것'이었다.

필자는 2020년 3월경 이 사실을 확인하고 서울구치소에 수감 중인 박 대통령에게 관련 자료를 모두 보냈다. 하지만 아무런 답이 없었다. 도리어 대통령 측근이라는 유영하 변호사는 필자와 따로 만난 자리에서 "김한수와 술 한 잔 하면서 잘 풀어보자"며 태블릿 조작의 진실을 덮으려고 했다. 유영하와 김한수는 지금까지도 내통하며 박 대통령을 속이고 있다.

태블릿 '계약서' 위조와 SKT 고객정보 유출 사태

2025년 대선에서 보수 후보가 된 김문수 전 장관은 박근혜 탄핵은 물론 윤석열 탄핵까지 반대한 정치인 중 한 명이다. 김문수는 야인 시절 필자의 태블릿 저서를 정독하고, '태블릿 조작'을 주제로 유튜브 방송도 두 차례 함께 했던 관계다. 최측근인 차명진 전 의원도 박근혜 탄핵 반대와 태블릿 진실투쟁에서 필자와 오랜 기간 뜻을 함께 해온 선후배 관계였다.

지난 대선 기간에는 2700만 SKT 고객정보가 유출되는 사상 초유의 사건이 있었다. 만일 김문수가 SKT 사태를 태블릿 '계약서' 조작과 연결시켜 평소 소신이던 박근혜 사기탄핵을 보다 선명하게 주장했다면 어땠을까. SKT로부터 피해를 당한 2700만 국민에게 "박근혜 탄핵을 위해 고객 계약서를 위조하고 불법적으로 고객 서버를 건드리는 과정에서 보안시스템이 무너져 고객정보 유출 사태까지 벌어졌다"고 외치는 것이다.

이는 필자만의 주장이 아니다. 태블릿 조작 문제를 잘 알고 있는 김인성 전 한양대 컴퓨터공학과 교수도 충분히 가능한 일이라고 분석했다. SKT가 계약서를 위조해 서버에 올려놓고, 조작 증거를 인멸하기 위해 수시로 서버에 드나들었다면, 기존의 보안시스템이 무너질 수밖에 없다는 견해를 필자에게 밝힌 것이다.

시기가 겹치는 것도 우연이 아니다. SKT의 계약서 위조는 필자에게 발각된 것만 최소 두 건이다. SKT는 필자와의 민사소송에서 '계약서' 조작을 반박하기 위해 또 하나의 계약서를 증거로 제출했는데, 이 계약서마저 김한수의 필적으로 밝혀져 위조된 것으로 드러났다. 이때가 2022년 3월 18일이다.

SKT가 해킹에 노출되기 시작한 것도 이 무렵부터다. 최근 발표된 민관 합동 조사단의 조사결과에 따르면, 웹셸(Web Shell)이라는 해킹 프로그램이 SKT 서버에 침투했고, 이를 통해 해킹 세력이 고객정보 전체에 마음껏 접근했다고 한다. 웹셸이 SKT 서버에 설치된 시점은 2022년 6월 15일이었다.

만일 김문수가 계약서 조작과 고객정보 유출과의 관계를 박근혜 탄핵과 연결시켜 효과적으로 알렸다면 일석이조의 효과를 거뒀을 것이다. SKT의 책임을 분명히 함으로써 2700만 피해자를 구제하는 것은 물론 박근혜 탄핵 반대의 정당성도 알릴 수 있었다.

지난 대선 기간에 필자는 김문수 후보의 측근들에게 이와 같은 내용을 여러 번 전달했다. 하지만 김문수는 박근혜 탄핵은 물론 SKT 고객정보 유출 사태에 대해 거의 언급하지 않았다. 그렇다고 윤석열 탄핵 반대를 위해 '홍장원 메모' 조작을 꺼내든 것도 아니다.

이미 두 번의 탄핵을 당한 보수 진영이 판을 엎을 수 있는 유일한 길은 탄핵 과정에서 벌어진 절차 위반과 증거 조작 같은 부당함을 국민들에게 호소하는 것뿐이었다. 이를 포기해버리니 '윤석열 탄핵 찬성 60%'라는 여론이 대선까지 그대로 이어졌고, 그 결과 8% 이상 차이로 참패할 수밖에 없었던 것이다.

진실에 눈감은 대가…보수의 희망으로 떠오른 이준석과 한동훈

이준석과 한동훈은 지난 두 번의 사기탄핵에서 맹활약을 했다. 이준석은 2016년 국정농단 사태가 터지자 단식 투쟁으로 이정현 당시 새누리당 대표를 물러나게 하고, 원내 의총으로 박근혜 탄핵의 물꼬를 튼 인물이다. 한동훈은 특검 제4팀의 주역으로 장시호 태블릿 '조작수사'의 핵심 용의자일 뿐만 아니라, 박 대통령에게 뇌물죄를 덮어씌운 조작 검사였다. 최근에 이 둘은 각자 개혁신당과 국민의힘을 움직여 윤석열 탄핵까지 성사시켰다.

그럼에도 조선일보 양상훈 주필은 대선 참패 속에서 이준석과 한동훈에게 희망을 봤다는 칼럼을 대선 직후에 게재했다. 가장 먼저 박근혜 탄핵에 앞장서고 태블릿 조작, 홍장원 메모 조작 같은 탄핵 세력의 범죄를 철저히 은폐해온 조선일보가 이제는 탄핵 주범 이준석과 한동훈을 '보수의 희망'이라고 사기를 치고 있는 것이다.

지난 8년간 밝혀진 사기탄핵의 진실이 아직도 파묻혀 있는 건 탄핵에 가담한 SK 같은 재벌 세력, 그리고 이들의 광고로 연명하는 조·중·동과 한겨레, MBC 같은 어용 언론이 국민을 속이고 있기 때문이다. 결국 사기탄핵의 진실을 드러내지 않으면, 보수는 앞으로도 백전백패일 뿐더러 이준석, 한동훈 같은 탄핵 주범들에게 도리어 숙청당할 운명이다.

진보 진영도 안심할 때가 아니다. 정치 검찰 세력과 이들을 움직이는 사기탄핵 세력은 여전히 살아있다. 이재명의 사법 리스크는 틈만 나면 언제든 정권을 송두리째 휘청거리게 할 잠재적 폭탄이다. 특히 대북송금 사건은 국제적인 이슈로 어떻게 확대될지 아무도 모른다. 트럼프 대통령은 그 흔한 '당선 축하' 메시지도 내놓지 않았다.

애초에 윤석열 탄핵 때부터 조중동과 재벌로 대표되는 기득권 세력은 윤석열과 이재명을 차례로 제거한 뒤 이준석과 한동훈을 내세워 내각제 개헌을 도모한다는 설이 끊이지 않았다. 그 끝은 기득권 세력의 영구적인 섭정攝政 정치일 것이다. 이런 망국의 음모를 깨부술 수 있는 유일한 무기도 재벌과 언론이 주도한 사기탄핵을 전 국민에게 알리는 진실 폭탄이다.

진영을 넘어 모두가 알아야 할 진실

필자가 집필한 『두 번의 사기탄핵, 진실은 터졌다』는 지난 8년간의 진실투쟁으로 밝혀진 성과를 집대성한 책이다. 1장부터 3장까지는 박근혜 탄핵과 윤석열 탄핵에서 벌어진 온갖 거짓과 사기, 절차 위반을 다뤘다. 지난 두 대통령의 탄핵이 어딘가 잘못됐다고 막연히 알고 있는 독자들은 구체적인 사례와 논거를 갖고서 스스로 생각을 정리할 수 있는 기회가 될 것이다.

4장부터 6장까지는 JTBC 태블릿과 장시호 태블릿의 '조작수사' 문제를 상세히 다뤘다. 과거 필자의 저서 『나는 그해 겨울 저들이 한 짓을 알고 있다』를 읽었던 독자들, 또는 '태블릿 조작' 사건에 대해 잘 알고 있다고 생각하는 독자들도 이 책 4장과 5장, 6장의 내용들을 다시 한 번 정독해주기 바란다.

기존 책에서 다룬 내용을 더 알기 쉽게 풀어썼고, 기존에 다루지 않은 새로운 내용들도 상당수 포함돼 있다. 특히 장시호 태블릿을 다룬 제6장은 완전히 새로 썼다고 해도 과언이 아니다. 독자들은 태블릿 수사 과정에서 얼마나 많은 거짓과 조작이 있었는지 알게 된다면 약간의 섬뜩함마저 느끼게 될 것이다.

진실은 꾹꾹 눌러 파묻을 순 있어도 완전히 죽일 수는 없다. 진실은 스스로 살아 움직이며 언젠가 터져나간다. SKT가 검찰과 법원을 장악해 짓밟아놓은 '계약서 위조'의 진실이 2700만 피해자들의 분

노와 함께 터져 나오기 일보 직전인 상황이다. 필자 본인도 예상치 못한 일이다. 진보든 보수든 살아 움직이는 진실의 힘 앞에서 겸허하길 바라며 이 책을 소개한다.

2025년 6월 서울 마포의 한 서재에서
변희재 태블릿진상규명단 대표

제1장

윤석열의 내란죄와 박근혜의 뇌물죄

두 번의 사기탄핵, 진실은 터졌다

8년 전 박근혜 탄핵 때부터 시작된 '계엄령' 선포론

　8년 전 박근혜 탄핵반대 운동에 앞장섰던 필자는 그때부터 "계엄령을 선포하라"는 말을 집회 현장에서 자주 들을 수 있었다. 주로 한 성주 예비역 장군이 앞장섰지만, 사실 대다수 보수 논객과 보수 운동가들의 정서가 그랬다. 조선·중앙·동아 같은 보수 언론마저 '최순실 태블릿'에 대해 조작 보도를 이어가고, 대통령과 관련해 무려 30종류 이상의 거짓·날조 보도를 일삼는 상황에서, 단순히 여론전만으로 탄핵의 흐름을 바꿔낼 수 없다는 회의감 때문이었다.

　그런 회의감은 매주 탄핵반대 집회에서 1, 2순위 연사로 무대에 올랐던 필자 역시 마찬가지였다. 서울, 대전, 대구, 부산 등 전국을 다니며 '박근혜 탄핵무효'를 외쳤지만, 탄핵에 대한 여론(찬성 70%, 반대 30%) 구도가 좀처럼 깨지지 않았다. 보수 언론사인 조중동마저 탄핵 찬성을 일방적으로 밀어붙이니 지상파는 물론 종편에서도 탄핵반대 논객은 출연부터 원천 차단되고 있었다.

　2017년 3월 1일 삼일절 휴일이 되자 보수층은 광화문 광장부터 남대문, 을지로 일대까지 가득 메웠다. 경찰 추산 30만 명의 인파가 모인 초대형 집회였다. 그럼에도 헌법재판소에 아무런 영향을 미치지 못하는 현실에 필자부터 무력감을 느끼곤 했다. 그러면 그럴수록 보수 진영에서는 계엄령 선포론에 더욱 큰 힘이 실릴 수밖에 없었다.

　하지만 필자는 단호히 반대했다. 첫째, 국회에서 박근혜 탄핵안에

2017년 3월 1일 삼일절에 열린 태극기 집회.
광화문 광장과 남대문, 을지로까지 가득 메웠다. [출처 연합뉴스]

이미 230표가 넘는 찬성표를 던진 상황이었다. 계엄령을 선포해봐야 탄핵 찬성 세력은 손쉽게 과반 의결로 계엄령을 해제시킬 수 있다. 둘째, 카카오톡이나 텔레그램 같은 SNS로 가족, 친구들과 연결되어 있는 2030 세대 젊은 군 장병들이 당시 여론 상황에서 박근혜의 편에 서서, 계엄령을 제대로 수행할 수 있을 거라고 장담할 수도 없었다.

필자는 여러 보수 인사에게 "계엄령을 선포하면 계엄군은 청와대로 진입, 박근혜를 체포할 수 있다"고 경고했다. 대한민국 군대가 그만큼 민주화된 것도 있지만, 여야의 오랜 대립구도 속에 군軍조차 정치화되어 분명히 이기는 쪽에 붙을 게 뻔했다. 형식적 국군통수권자의 명령 하나에 죽고 살 리가 없었다. 이러한 우려는 8년 뒤 윤석열의 비상계엄과 탄핵 과정에서 그대로 입증됐다.

김민석의 계엄령 예언

더불어민주당 김민석 최고위원은 2024년 8월 21일 당 최고위원회의에서 "국방장관의 갑작스러운 교체와 윤 대통령의 뜬금없는 '반국가세력' 발언으로 이어지는 최근 흐름은 국지전과 북풍 조성을 염두에 둔 '계엄령' 준비 작전일 것"이라고 주장했다. 김민석은 "탄핵 국면에 대비한 계엄령 빌드업build-up을 포기하기 바란다"며 "계엄령 시도를 반드시 무산시킬 것"이라고 경고했다. 이런 김민석의 진단은 석 달 뒤 윤석열이 실제 계엄령을 선포하자 화제가 됐다. 대다수가 예상치 못한 일이었다.

하지만 같은 시기에 필자는 유튜브 매체《매불쇼》와《시사폭격》에서 윤 대통령이 언제든 계엄령을 선포할 거라고 예상하고 있었다. 다른 이유가 아니다. 8년 전 탄핵무효 운동을 했던 절대 다수의 보수 세력이 여전히 계엄령을 기대하고 있기 때문이다. 2024년 총선 참패 이후 보수 세력은 계엄령 선포 말고는 탄핵이나 정권 교체를 막을 수 없다고 판단하기 시작했다. 특히 총선 자체를 부정선거로 확신하는 세력은 계엄령을 통해 선관위를 조사, 부정선거의 증거를 잡고 판을 엎어야 한다는 주장을 공개적으로 서슴지 않았다.

그런데 2024년 11월 정국은 오히려 윤석열에게 유리하게 흐르고 있었다. 야당의 대권주자인 이재명 대표가 공직선거법 사건 1심에서 징역 1년에 집행유예 2년으로 당선무효형을 받았기 때문이다. 조희대 대법원장이 공언한 1심 6개월, 2심 3개월, 3심 3개월 이내 선고 원칙에 따르면, 2025년 상반기 이전에 이재명의 정치 생명은 끝나게 되어있었다. 말 많고 탈 많은 명태균 사건 역시 윤석열을 공격하던 이준석을 덮치는 쪽으로 상황이 반전됐다. 적당히 시간만 끌어도 2025년은 윤석열의 시간이 될 수 있었다.

하지만 2024년 12월 3일, 윤석열은 비상계엄을 선포한다. 필자가 8년 전 박근혜 탄핵 당시 계엄에 반대했던 이유, △ 국회가 곧바로 계엄령 해제를 의결할 것, △ 계엄령에 동조하지 않는 젊은 군인들이 명령에 따르지 않을 것, 이 두 가지가 전혀 해결되지 못한 상태였다. 계엄령은 단 3시간만에 철회됐다.

이 정도 상황이면, 계엄령은 한밤중의 헛소동과 같은 일이었다. 정규재 전 한국경제 주필은 "군 면제 대통령이 병정놀이를 해본 것"이라고 폄훼했고, 홍준표 전 대구시장도 "차라리 주말에 계엄을 선포하지, 국회의원들이 모두 서울에 있는 평일이면 곧바로 계엄이 해제될 거라고 예상도 못한 건가"라며 의문을 제기했다. 하지만 더 큰 문제는 포고령 1호 전문이었다.

정당·국회 활동 금지, 의회해산권 없다면 위헌·위법 소지

계엄사령부 포고령(제1호)

자유대한민국 내부에 암약하고 있는 반국가세력의 대한민국 체제전복 위협으로부터 자유민주주의를 수호하고, 국민의 안전을 지키기 위해 2024년 12월 3일 23:00부로 대한민국 전역에 다음 사항을 포고합니다.

1. 국회와 지방의회, 정당의 활동과 정치적 결사, 집회, 시위 등 일체의 정치활동을 금한다.
2. 자유민주주의 체제를 부정하거나, 전복을 기도하는 일체의 행위를 금하고, 가짜뉴스, 여론조작, 허위선동을 금한다.
3. 모든 언론과 출판은 계엄사의 통제를 받는다.
4. 사회혼란을 조장하는 파업, 태업, 집회행위를 금한다.
5. 전공의를 비롯하여 파업 중이거나 의료현장을 이탈한 모든 의료인은 48시간 내 본업에 복귀하여 충실히 근무하고 위반시는 계엄법에 의해 처단한다.
6. 반국가세력 등 체제전복세력을 제외한 선량한 일반 국민들은 일상생활에 불편을 최소화할 수 있도록 조치한다.

이상의 포고령 위반자에 대해서는 대한민국 계엄법 제9조(계엄사령관 특별조치권)에 의하여 영장 없이 체포, 구금, 압수수색을 할 수 있으며, 계엄법 제14조(벌칙)에 의하여 처단한다.

2024 .12. 3.(화) 계엄사령관 육군대장 박안수

포고령에서 특히 문제가 되는 건 1조와 5조였다. 우선 1조의 경우 과거에 선포된 13차례의 계엄령에도 늘 적혀있는 관용적 표현이란 해석도 있다. 다만 그 당시는 대통령이 의회를 해산할 권리가 헌법에 보장되어 있었다. 계엄령과 의회 해산을 동시에 선포하면, 곧바로 군인들이 국회에 들어가 실질적인 물리력으로 국회를 해산했던 것이다. 그러나 87년 헌법 개정 때부터 대통령의 의회해산권은 폐지됐다. 따라서 "국회·정당의 정치 활동을 금지한다"는 문구만 본다면, 포고령 1조는 명백한 위헌이자 위법이다.

5조의 경우 의료 현장을 이탈한 전공의를 처단한다는 내용이다. 하지만 전공의들은 불법 파업을 하고 있는 게 아니라, 더 이상 의료 현장에 남을 의지가 없어 일을 포기하고 집으로 돌아간 상태다. 의사 일을 못하겠다고 떠난 사람을 처벌할 수 있는 법적 근거가 없는 것이다. 5조 역시 명백한 위헌이자 위법이다.

이에 대해 윤 대통령과 김용현 국방장관도 "불법성이 있다"는 점을 인정했다. 하지만 국민들에게 경각심을 주기 위해 포고령을 그대로 발표했다고 한다. 실제로는 정당 활동을 금지하거나 전공의를 처

벌할 의사가 없었으나, 이른바 '계몽령' 성격으로 포고문을 발표했다는 것이다.

필자는 포고령이 갖는 이러한 문제들로 국회나 헌법재판소에서 치열하게 법리 논쟁이 벌어질 줄 알았다. 대통령이 위법성을 알고도 계몽령이라는 명분으로 이렇게 불법적인 포고령을 발표해도 되는 것인가. 이거야말로 박근혜 탄핵 당시 헌법재판소가 슬쩍 끼워 넣은 '헌법준수의 의지 결여'에 해당한다고 볼 수 있다.

반대로, 계엄령 선포 이후 해제까지 약 3시간 동안 포고령의 불법적 내용이 실제로 행해진 기록은 없다. 국회에 투입된 군대는 단 한 명의 정치인도 체포하지 않았고, 몰려든 정당 관계자나 시민들과의 심각한 몸싸움도 없었다. 대다수 의원은 자신의 의사대로 본회의장에 들어가 계엄령 해제를 의결했다. 부정선거 증거를 확보한다는 이유로 선관위에 군대를 보냈지만, 별다른 불상사 없이 돌아왔다.

이 정도면 고위 공직자 29명을 탄핵시키며 행정부와 감사원을 무력화시킨 야당의 폭거에, 대통령의 헌법적 권한인 계엄의 정당성을 인정할 수 있는 거 아니냐는 논리도 성립된다. 국회에서 치열한 논쟁을 통해 의문점을 해소하고, 대통령에게는 '한밤의 계엄쇼'로 국민을 불안에 빠뜨린 점에 대해 대국민사과를 끌어내는 방식으로 마무리할 수도 있었다. 하지만 계엄령 다음날부터 이재명과 민주당은 '내란죄' 선동으로 사안을 몰고 갔다.

이재명은 2024년 12월 6일 '윤 대통령 내란 사태 관련 특별성명'

2024년 12월 3일 계엄령 당일 밤,
국회에 진입한 계엄군과 이를 저지하는 인파들 [출처 채널A]

을 내고, 윤석열에 대해서는 "헌정 질서를 사적 이익과 권력 강화·유지를 위해 남용한 내란 범죄 수괴"라고 규정했다. 이어 "포고령에서 처단을 적시한 대상은 주권자인 국민이다. 위헌 불법행위로 주권자를 위협한 대통령에게 한 순간이라도 국정 운영을 맡길 수 없다"면서 "내란 범죄는 불소추 특권의 예외사항이므로 필요한 법률 내에서 수사, 체포, 구금, 기소, 처벌의 절차를 밟아야 한다"며 윤석열의 즉각 체포를 주장했다. 이때부터 계엄 사태는 '내란죄' 여부가 쟁점이 되며, 좌우 모두가 목숨을 건 전쟁으로 확산됐다.

홍장원의 '한동훈 체포설'에 안철수·조경태 탄핵 찬성 표명

계엄 해제 직후인 12월 4일 오전, 민주당에서는 군 체포조가 우원식, 이재명, 한동훈을 체포하려 했다는 CCTV가 확보됐다고 당 대변인이 공식 발표한다. 하지만 국회 안에서 체포조가 움직이는 CCTV 같은 증거는 지금도 공개되지 않고 있다. 민주당은 정치인에 대한 불법체포 시도가 있었다며, 계엄령 해제 다음날부터 윤석열을 내란범으로 몰기 시작했다. 문제는 증거였다. 결국 그 증거는 나중에 홍장원 1차장의 메모, 그리고 곽종근 특전사령관의 진술로 때울 수 있었다.

12월 6일 조선일보는 "윤 대통령이 비상계엄을 선포한 지난 3일 홍장원 국정원 1차장에게 '방첩사령부와 협조해 한동훈 대표를 체포하라'고 지시내린 것으로 알려졌다"고 보도했다. 또한 복수의 소식통을 인용해 홍 차장은 그런 일을 할 수 있는 조직, 인력이 국정원에 없고, 지시를 이행할 수단도 없다는 이유로 지시를 이행하지 않았다고 썼다. 그러면서 "윤 대통령은 홍 차장의 지시 불이행을 항명으로 간주, 홍 차장을 경질 조치한 것으로 알려졌다"고 보도했다.

그러자 여당 대표 한동훈은 같은 날 최고위원 회의에서 윤 대통령의 직무 집행 정지가 필요하다고 주장했다. 한동훈은 "계엄령 선포 당일 대통령이 고교 후배 여인형 사령관에게 주요 정치인을 반국가 세력으로 체포할 것을 지시한 사실, 정치인 체포를 위해 정보기관을 동원한 사실을 신뢰할 만한 근거를 통해 확인했다"며 "여인형 사령관이 체포한 정치인들을 과천의 한 장소에 수감하려 했다는 구체적인 계획도 파악됐다"고 주장했다. 이에 국민의힘 안철수, 조경태 의원은 곧바로 윤석열 탄핵에 찬성한다는 입장을 밝혔다.

한편 홍장원은 이날 국회 정보위에 참석해 더 구체적인 주장을 했다. 윤 대통령의 지시를 여인형 사령관에게 전화로 전달했고, 여인형은 체포 대상자 명단을 불러주며 검거를 위한 '위치 추적'을 요청했다는 것이다. 체포 대상은 우원식(국회의장), 한동훈(국민의힘 대표), 이재명(민주당 대표), 박찬대(민주당 원내대표), 김민석(민주당 최고위원), 정청래(법사위원장), 조국(조국혁신당 대표), 김어준(유튜버), 김명수(전 대법원장), 권순일(전 대법관) 등이라고 했다.

홍장원의 이러한 폭로에 대통령실은 우왕좌왕하며 반박 성명조차 내지 못했다. 홍장원의 폭로는 결국 기정사실화됐다. 하지만 헌법재판 과정에서 윤석열이 홍장원에게 지시했다는 내용이 사실인지부터 저마다 다른 설명이 나오면서 내란죄냐, 내란 조작이냐의 문제로 비화되고 말았다. 윤석열은 홍장원에게 정치인 체포를 언급한 적이 없고, 대공수사권을 줄 테니 간첩을 확실히 잡으라는 말만 했다는 것이다. 윤석열의 말이 맞다면, 홍장원이 대통령에게 들었다며 여인형에게 '정치인 체포'를 지시, 방첩사에 일대 혼란을 일으켰을 가능성도 배제할 수 없다.

곽종근, "국회의원들 끌어내라 지시받아" 유튜브에서 폭로

같은 날인 12월 6일 오전에는 곽종근 특전사령관이 민주당 의원의 유튜브 채널에 출연하는 일도 있었다. 김병주·박선원 의원과 함께 등장한 곽종근은 "본회의장에 있는 국회의원을 끌어내라는 지시를 김용현 국방장관에게서 받았다"며 "명백한 위법사항이고, 임무를 수행하는 요원은 법적 책임을 져야하기 때문에 항명이 될지 알았지만 들어가지 말라고 지시했다"고 폭로했다.

곽종근은 계엄 당일인 12월 3일 밤 특전사 707 특수임무단이 이동하고 있던 시점에 윤 대통령이 직접 전화를 걸었다고도 밝혔다. 그는 "707(특임단)이 이동할 때 '어디쯤 이동하고 있느냐'며 대통령에게서 직접 (비화폰으로) 전화를 받았다"고 털어놨다.

곽종근 특전사령관이 2024년 12월 6일 민주당 김병주 의원의 유튜브에 출연한 장면. [출처 유튜브 《주블리 김병주》]

실제 계엄에 투입된 특전사령관이 김병주 등 야당 의원과 함께 유튜브에 등장한 장면은 그 자체로 국민들에게 큰 충격을 줬다. 더구나 해당 유튜브에서 곽종근이 보여준 모습은 마치 패잔병이 포로로 잡혀 심문을 당하는 장면처럼 보였다. 이날 방송에서 곽종근은 "인원을 끌어내라"는 표현을 썼지만, 김병주 의원이 옆에서 "국회의원을 끌어내란 말이지요"라고 정정해주자 곧바로 "그렇다"라고 인정하기도 했다.

2024년 12월 6일 하루 동안 벌어진 홍장원의 '정치인 체포설' 폭로, 그리고 곽종근의 야당 의원 유튜브 출연은 윤석열의 비상계엄에 내란죄 혐의를 짙게 드리우는 데 성공했다. 대세가 이미 완전히 기울었다는 분위기가 조성되면서, 이때부터 민주당은 자신들과 다른 의견을 내는 사람들은 누구든지 내란 공범으로 몰기 시작했다.

박선원, 정치인 축차검거·감금조사 '홍장원 메모' 최초 공개

계엄 해제 일주일이 지난 12월 11일, 민주당 박선원 의원은 국회 대정부질의에서 '홍장원 메모'를 최초로 공개했다. 여인형 사령관과 통화한 내용을 홍장원이 직접 친필로 적었다는 메모였다. 이날 박선원은 홍장원 메모를 두고 "윤석열 내란 범죄의 유일한 물적 증거"라고 자신하기도 했다.

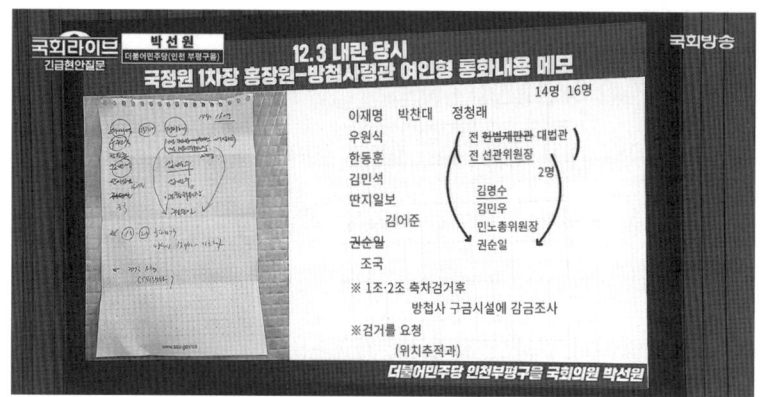

2024년 12월 11일 박선원이 국회에서 '홍장원 메모'를 공개하는 장면. [출처 NATV 국회방송]

메모에는 한동훈, 이재명, 우원식 등 정치권 유력 인사들의 명단과 함께 "검거 요청(위치 추적)" "축차(逐次, 순차적으로) 검거 후 방첩사 구금 시설에 감금 조사"라는 문장이 적혀 있었다. 실제 윤석열의 지시를 메모한 거라면, 박선원의 말대로 내란죄의 결정적 물증이 될 수 있었다. 따라서 '홍장원 메모'에서 핵심은 16명의 명단이라기보다 "검거 요청(위치 추적)" "축차 검거 후 방첩사 구금 시설에 감금 조사" 같은 문장들이다. 그런데 이 핵심 대목을 홍장원이 아닌, 박선원 의원이 적어 넣었다는 의혹이 훗날 제기된 것이다.

김어준, "한동훈 사살" 폭로 → 다음날 한동훈 '탄핵안' 성사

이틀 뒤인 12월 13일에는 문재인 정권에서 상왕 노릇을 하던 유튜버 김어준 씨가 또 다른 폭로를 했다. 체포·이송되는 한동훈을 사살한다는 제보를 받았다는 것이다. 국회 과방위(과학기술정보방송통신위원회)에 참고인으로 출석한 김어준은 "처음 받은 제보는 '체포조가 온다'가 아니라 '암살조가 가동된다'였다. 생화학 테러와 관련된 제보를 받아 (민주당) 김병주 의원에게 전달했다"고 주장했다.

그러면서 "하나, 체포되어 이송되는 한동훈을 사살한다. 둘, 조국·양정철·김어준 등이 체포, 호송되는 부대를 습격해 구출하는 시늉을 하다 도주한다. 셋, 특정 장소에 북한 군복을 매립한다. 넷, 일정 시점 후 군복을 발견하고 북한의 소행으로 발표한다"는 내용도 전했다. 이런 내용은 우방국 대사관에게서 전달받았다고 했다. 하지만 미국 대사관은 즉각 김어준의 주장을 부인했다.

사살 대상으로 거론된 당시 국민의힘 한동훈 대표는 김어준의 폭로에 아무런 논평도 내지 않았다. 하지만 나중에 "계엄 당일 여당 인사로부터 체포되면 사살될 수 있다는 제보를 받았다"고 밝힌 것을 봐서는 김어준의 허위 폭로를 그대로 믿었던 것으로 보인다.

결국 다음날인 12월 14일 윤석열에 대한 탄핵소추안은 찬성 204표, 반대 85표로 국회 본회의를 통과했다. 이날 한동훈은 "오늘의 결과를 대단히 무겁게 받아들인다"며 "집권 여당 대표로서 국민과 함께 잘못을 바로잡고, 헌법과 민주주의를 지키겠다"고 밝혔다. 하지만 최고위원들 다수가 사퇴하면서 한동훈 당 대표 체제는 곧바로 붕괴됐다.

내란죄로 탄핵한 후, 내란죄를 삭제한 정청래

윤석열의 비상계엄이 '내란죄'라는 여론이 형성된 이면에는 홍장원과 곽종근의 진술이 큰 역할을 했다. 이에 여당에서도 이탈 세력이 나오면서 탄핵소추안이 가결될 수 있었다. 국회 탄핵안에는 80% 이상이 내란죄 관련 내용으로 채워졌고, 결론 부분에는 내란죄 및 관련 형사범죄가 적시되어 있었다.

IV. 결론

피소추자는 자신이 처한 어려움을 모두 국회의 탓으로 돌리고, 국회가 자유민주주의 체제의 전복을 기도하고 있다고 주장하면서 자신을 추종하는 일부 고위직 세력과 공모하여 2024. 12. 3. 밤에 비상계엄을 선포하고 군경을 동원하여 친위 쿠데타를 감행하는 내란죄를 저질렀다. 헬기와 군용차량, 무장 병력이 동원된 쿠데타를 막고 국회를 보호하기 위하여 수 많은 시민들이 국회로 향하였다. 국회에 집결한 시민들과 국회 직원들이 계엄군, 경찰과 대치하는 가운데 국회가 계엄해제 요구를 결의하였고, 피소추자는 이에 따라 비상계엄을 해제하였다. 시민들의 희생과 노력이 쿠데타를 막고 민주주의를 지켜냈으며, 성숙한 시민의식으로 내란 폭동의 심각한 위기를 큰 유혈사태 없이 넘길 수 있었다.

국민들은 국회 앞에서 또는 집에서 쿠데타를 지켜보면서 밤새 떨었고, 전 세계의 양심과 지성이 민주주의 선진국인 대한민국에서 쿠데타가 발생하는 것을 보면서 충격에 빠졌다. 국민을 지켜야 할 국군이 총부리를 국민에게 향하는 모습을 본 국민들은 불안과 공포에 떨었으며, 환율과 주가는 요동을 쳤고 경제에 대한 우울한 전망이 우세해졌다. 존재하지 않았던 국가비상사태를 빙자한 비상계엄이 국가비상사태를 만들어 내고 있다. 군사독재자들을 국민의 저항으로 몰아낸 민주주의 선도국가로서의 자부심, 노벨 평화상·문학상 수상, 문화강국, 경제강국을 구가하던 국격과 국민의 자존심도 무너졌다.

　피소추자의 위헌, 위법의 비상계엄 선포와 군과 경찰을 사용한 폭동은 형법상 내란죄와 직권남용권리행사방해죄 등을 구성하며 직무집행에 있어서 헌법과 법률을 광범위하게 그리고 중대하게 위배한다. 피소추자는 위헌, 위법한 비상계엄을 선포하였고, 내란(우두머리), 직권남용권리행사방해, 특수공무집행방해 등의 범죄 행위를 통하여 국민주권주의(헌법 제1조) 및 대의민주주의(헌법 제67조 제1항), 법치국가원칙, 대통령의 헌법수호 및 헌법준수의무(헌법 제66조 제2항, 제69조), 권력분립의 원칙, 군인 및 공무원의 정치적 중립(헌법 제5조 제2항, 제7조 제2항), 정당제와 정당 활동의 자유(헌법 제8조), 거주·이전의 자유(헌법 제14조), 직업선택의 자유(헌법 제15조), 언론·출판과 집회·결사 등 표현의 자유(헌법 제21조), 근로자의 단체행동권(헌법 제33조), 국회의원의 불체포특권(헌법 제44조), 국회의원의 표결권(헌법 제49조), 헌법과 법률이 정하는 바에 의하여 국군을 통수할 의무(헌법 제74조), 국회의 계엄해제요구권(헌법 제77조 제5항), 헌법에 규정된 비상계엄 선포의 요건과 절차(헌법 제77조, 제89조 제5호) 등 헌법 규정과 원칙에 위배하여 헌법질서의 본질적 내용을 훼손하였다.

　그럼에도 불구하고 국민의 저항과 국회의 비상계엄 해제 요구 결의로 궁지에 몰린 피소추자가 아직도 국군통수권을 가지고 있다. 이미 피소추자는 국민들의 신임을 잃어 대통령으로서 정상적인 국정운영이 불가능하며, 내란죄의 우두머리로서 수사 대상자에 불과하다. 곤경에 빠진 피소추자가 또 오판을 하여 다시 비상계엄을 선포하거나 북한과의 국지전 등을 통해 자신에게 닥친 위기를 타개하려고 할 가능성 때문에 국민들은 불안과 공포에 시달리고 있다. 피소추자에 대한 신속한 탄핵소추와 파면은 손상된 근본적 헌법질서의 회복이며, 국민의 통합, 정국의 안정, 경제 불안 해소에 기여할 것이다.

국가의 주인은 국민이고 대통령은 국민 전체에 대한 봉사자이다. 모든 권력은 국민으로부터 나온다. 대한민국 국민은 국민의 신임을 배반하는 대통령의 행사를 용서하지 않는다. 대한민국 국민은 민주공화국의 국민주권주의, 민주주의와 법치주의의 원칙을 이 탄핵소추로써 확인하고자 한다.

이에 박찬대, 황운하, 천하람, 윤종오, 용혜인, 한창민 등 190명의 국회의원은 국민의 뜻을 받들어 피소추자에 대한 탄핵소추를 발의한다.

국민들은 이런 복잡한 탄핵소추안[1] 전문을 확인하지 않더라도 대다수가 "윤석열이 내란죄를 저질러서 탄핵 당했구나"라고 인식했을 것이다. 그런데 정청래가 이끄는 국회 탄핵소추단은 2025년 1월 3일 헌법재판소로부터 제안받았다며 탄핵안에서 내란죄 등 형사범죄 일체를 제외하겠다고 선언했다. 그러자 여당부터 발칵 뒤집혔다.

국민의힘 권성동 원내대표는 "헌법재판소는 졸속으로 작성된 탄핵소추안을 각하하고, 다시 제대로 된 소추안으로 국회 재의결을 해

---

1 윤석열 대통령 탄핵소추안(의안번호 6448, 발의일 2024년 12월 12일, 발의자 박찬대·황운하·천하람·윤종오·용혜인·한창민 의원 등 190인)

야 한다"고 주장했다. 그러면서 "소추안에 내란이란 단어가 38번 들어가고, 소추 사유 1번이 내란 범죄였다"며 "형법 위반을 제외한다면 내란죄뿐만 아니라 직권남용죄, 특수공무집행방해죄 등도 제외해야 한다"고 주장했다. 국민의힘 주진우 의원은 "한덕수 대행의 탄핵 재판에도 지대한 영향을 미친다. 한 대행의 탄핵안에서 내란죄를 빼면 뭐가 남느냐"고 비판했다.

그러자 민주당은 형사 소송이 아니라 헌법 재판이기 때문에, 이에 맞춰 입장을 정리한 것이라고 반박했다. 탄핵 사유에서 내란죄는 형법 위반이 아니라, 헌법 위반으로 다투겠다는 것이다. 노종면 원내대변인은 "내란죄를 뺐다는 개념 자체가 성립되지 않는다"며 "탄핵 사유에 포함된 내란 행위 가운데 단 하나도 제외되지 않았다"고 말했다. 김용민 원내수석부대표도 1월 4일에 열린 비상연석회의에서 "빠른 탄핵 심판을 위해 '평가' 부분만 삭제할 뿐, 내란 행위를 탄핵 사유로 삼은 건 전혀 달라지지 않았다"고 강조했다.

탄핵 찬성한 안철수, "내란죄 빼려면 국회 의결 다시 해야"

국회가 내란죄로 탄핵안을 통과시킨 뒤 헌법재판에 가서는 내란죄를 빼고 그 나머지로 빨리 인용해달라는 요구가 과연 타당한 것인가. 안철수 등 탄핵 찬성에 표를 던진 국민의힘 의원들부터 강하게 반발했다. 내란죄를 이유로 탄핵에 찬성했기 때문이다.

안철수는 "민주당이 국회에서 어렵게 의결한 탄핵안에서 내란죄를 삭제하려고 한다"며 "무엇보다 국민을 기망하는 처사"라고 반발했다. 그러면서 "이재명 재판보다 하루라도 빨리 대통령 탄핵을 앞당기기 위한 공작에 지나지 않는다"며 "만약 (탄핵안을) 바꾼다면 재의결이 필요하다"고 주장했다. 국회에서 내란죄를 빼고 탄핵안을 올렸다면, 안철수 같은 여당 이탈표가 부족해 탄핵 가결이 애초에 불가능했다는 점이 확인된 것이다.

그러자 민주당은 국민의힘 권성동 원내대표에게 화살을 돌렸다. 박근혜 탄핵 때도 뇌물죄를 빼지 않았냐는 것이다. 박근혜 탄핵 소추위원장이었던 권성동은 8년 전 박근혜 탄핵안을 바꾸면서 "탄핵 재판은 형사 재판이 아니라 행정소송이고, 헌법 재판이다. 형법상 범죄 성립 유무는 헌법 재판의 대상이 아니라 형사 재판의 대상이다. 그래서 탄핵소추 사유서를 다시 작성했다"고 주장한 바 있다.

이랬던 권성동이 8년이 지나 민주당의 역공을 받자 "박근혜 탄핵에서 핵심 사안은 국정농단이지, 뇌물죄가 아니었다. 그래서 뇌물죄를 뺄 수 있었다"고 반박했다. 하지만 이는 명백한 거짓이다. 누구의 주장이 옳은지 제대로 따져보려면 8년 전 박근혜 탄핵, 그리고 20년 전 노무현 탄핵 때부터 다시 살펴볼 필요가 있다.

꼼수와 잔수 없이 처리된 노무현 탄핵소추안

2004년 3월 11일 벌어진 노무현 탄핵은 건국 이래 최초의 대통령 탄핵이었다. 2017년 박근혜 탄핵, 2025년 윤석열 탄핵과 비교했을 때, 그런대로 꼼수와 잔수[2] 없이 교과서적으로 탄핵 심판을 진행했다고 평가할 수 있다. 달리 말해 헌법재판소가 노무현 탄핵 때처럼만 했다면, 박근혜와 윤석열에 대한 '사기탄핵'은 애초에 없었을 것이다.

박근혜 탄핵의 주역이 김무성과 권성동이라면, 윤석열 탄핵의 주역은 한동훈이라고 할 수 있다. 국회의 3분의 2 찬성이 필요한 대통령 탄핵은 여당의 이탈표가 반드시 필요하기 때문이다. 그런데 노무현 탄핵 때는 양상이 전혀 달랐다. 2004년 4월 총선을 앞두고 노무현이 열린우리당을 창당하는 바람에 본래 여당이던 민주당이 야당으로 내몰리면서 벌어진 내전(內戰) 성격이 짙었다. 즉, 거대 여야의 틈새에서 소멸될 위기에 처한 민주당이 앞장선 탄핵이었다.

2003년 12월 24일 노무현은 "내년 총선에서 민주당을 찍으면 한나라당을 도와주는 것"이라고 주장했는데, 이는 단순히 총선 개입을 넘어 민주당의 선거운동을 직접 방해하는 수준의 발언이었다. 당연히 민주당은 발끈했다. 하지만 노무현은 멈추지 않고 2004년 2월 24일 "국민들이 총선에서 열린우리당을 압도적으로 지지해줄 것을

---

2 바둑에서 쓰는 용어로 하찮은 수(手)를 뜻함

기대한다. 대통령이 뭘 잘해서 (열린우리당이) 표만 얻을 수 있다면 합법적인 모든 것을 다 하고 싶다"는 발언까지 하자, 민주당발發 탄핵은 예약된 것이나 다름없었다.

당시 민주당 조순형 대표, 김경재 최고위원 등은 어차피 이대로 가면 여야 양자 대결로 민주당은 총선에서 밀려난다고 판단, 노무현 탄핵을 강행할 수밖에 없었다. 민주당은 야당에게 탄핵소추를 제안했고, 한나라당(현 국민의힘)과 자민련(자유민주연합)의 공조를 얻는 데 성공했다.

김종필의 자민련은 처음엔 소극적이었다. 노무현에 대한 반감은 있었지만 탄핵까지 갈 만한 명분이 없다는 이유에서다. 그러다 남상국 대우건설 사장의 자살 사건이 벌어지면서 상황이 반전됐다. 남상국 사장이 노건평(노무현 대통령의 형)에게 3,000만원을 건넨 의혹에 대해 노무현이 기자회견에서 "좋은 학교 나오시고 크게 성공한 분들이 시골에 있는 사람에게 머리 조아리고 돈 주고 하는 일이 없었으면 좋겠다"고 언급하자, 그 직후 남 사장이 서울 한남대교에서 투신한 것이다. 이 사건으로 탄핵에 반대하던 자민련이 자유 투표를 하기로 당론을 선회하며 노무현 탄핵소추가 급진전됐다. 결국 3월 11일 투표수 195표 중 193표의 찬성으로 노무현 탄핵안은 국회에서 가결됐다.[3]

---

[3] 2004년 당시는 재적 의원이 271명이었다. 따라서 탄핵안 가결에 필요한 정족수는 3분의 2에 해당하는 181명이었다.

당시는 하필이면 총선이 코앞에 있던 시기여서 총선 결과가 사실상 탄핵 여부를 정치적으로 결정하게 되어있었다. 취임한 지 1년밖에 안된 대통령을 민주당과 한나라당이라는 구태 정치세력이 조급하게 탄핵했다는 여론이 우세했고, 결국 노무현의 열린우리당이 152석을 얻어 과반을 차지했다. 탄핵을 주도한 민주당은 9석을 얻어 몰락했다.

총선에서 노무현의 승리가 확정되자, 탄핵은 무난히 기각되리라는 예상이 많았다. 하지만 헌법재판소는 탄핵의 교과서대로 심리를 진행했다. 그리고 노무현은 자칫 탄핵이 인용될 법한 아찔한 판결문을 받게 된다. 탄핵사유 전체를 모두 심리, 일일이 위반 여부를 따졌고, 총체적으로 대통령직을 박탈할 만한 사유인지 고려한 것이다. 그러다보니 '선거 개입' 부분에서는 대부분 위헌, 위법 판결을 받았다.

헌법재판소는 판시사항 17가지를 다음과 같이 정리했다.[4] 위헌·위법 행위와 관련된 탄핵소추안 내용을 그대로 열거하며, 하나하나 따져본다는 취지였다.

【판시사항】

1. 탄핵심판절차에서의 헌법재판소에 의한 판단의 대상
2. 국회의 탄핵소추절차에 적법절차원칙을 직접 적용할 수 있는지 여부(소극)

---

4   노무현 대통령 탄핵심판 결정문(헌법재판소 2004. 5. 14. 선고 2004헌나1 전원재판부 결정)

3. 헌법 제65조의 탄핵심판절차의 본질

4. 헌법 제65조의 탄핵사유의 의미

5. 선거에서의 공무원의 정치적 중립의무의 헌법적 근거

6. 대통령이 공직선거및선거부정방지법(이하 '공선법'이라 한다) 제9조의 '공무원'에 해당하는지 여부(적극)

7. 기자회견에서 특정정당을 지지한 대통령의 발언이 공무원의 정치적 중립의무에 위반되는지 여부(적극)

8. 기자회견에서 특정정당을 지지한 대통령의 발언이 공무원의 선거운동금지를 규정하는 공선법 제60조에 위반되는지 여부(소극)

9. 헌법을 준수하고 수호해야 할 대통령의 의무

10. 중앙선거관리위원회의 선거법위반 결정에 대한 대통령의 행위가 헌법에 위반되는지 여부(적극)

11. 재신임 국민투표를 제안한 행위가 헌법에 위반되는지 여부(적극)

12. 대통령 측근의 권력형 부정부패와 관련하여 대통령의 법위반이 인정되는지 여부(소극)

13. 불성실한 직책수행과 경솔한 국정운영으로 인한 정국의 혼란 및 경제파탄이 탄핵심판절차의 판단대상이 되는지 여부(소극)

14. 헌법재판소법 제53조 제1항의 '탄핵심판청구가 이유 있는 때'란 중대한 법위반의 경우에 한정되는지 여부(적극)

15. '법위반의 중대성'에 관한 판단 기준

16. 대통령의 구체적인 법위반행위에 있어서 헌법질서에 역행하고자 하는 적극적인 의사를 인정할 수 없는 이 사건의 경우 파면 결정을 할 것인지 여부(소극)

17. 탄핵심판절차에서 소수의견을 밝힐 수 있는지 여부(소극)

헌법 제65조 제1항에 따르면, 탄핵소추는 "대통령, 국무총리, 국무위원 등 공무원이 헌법이나 법률을 위배한 때"에 가능하다. 2004년 헌법재판소는 이 조항에 따라 탄핵소추안의 개별 내용마다 위헌·위법 여부를 모두 따져본 것이다. 박근혜 탄핵 때의 강일원 재판관, 윤석열 탄핵 때의 문형배 재판관이 아무런 법적 근거 없이 떠들어댄 "헌법재판과 형사재판은 다르다. 헌법재판은 법률 위반은 제외하고 헌법 위반만을 따진다"는 식의 초법적인 발상은 없었다.

2017년 박근혜 탄핵 당시 대통령 변호인단의 김평우 변호사는 1998년 빌 클린턴 대통령의 탄핵을 예로 들며, 탄핵안의 개별 사안마다 일일이 찬반 투표를 해야 한다고 주장한 바 있다. 현행 대통령제의 본산인 미국에서는 이런 식으로 개별 사안을 하나씩 투표해서 정족수를 넘은 사안만 탄핵 사유로 상원에 올린다. 그리고 상원에서 탄핵 여부를 최종 결정하는 것이다.

사실 2004년 노무현 변호인단도 이런 주장을 한 바가 있다. 헌법재판소가 받아들이진 않았지만, 막상 탄핵 여부를 결정할 때는 미국과 유사하게 국회가 올린 탄핵안 하나하나에 대해 위헌·위법 여부를 따진 것이다. 그리고 다음과 같이 결론 내렸다.

> 15. '법위반이 중대한지' 또는 '파면이 정당화되는지'의 여부는 그 자체로서 인식될 수 없는 것이므로, '법위반이 어느 정도로 헌법질서에 부정적 영향이나 해악을 미치는지의 관점'과

'피청구인을 파면하는 경우 초래되는 효과'를 서로 형량하여 탄핵심판청구가 이유 있는지의 여부 즉, 파면여부를 결정해야 한다.

한편, 대통령에 대한 파면결정은, 국민이 선거를 통하여 대통령에게 부여한 '민주적 정당성'을 임기 중 다시 박탈하는 효과를 가지며, 직무수행의 단절로 인한 국가적 손실과 국정공백은 물론이고, 국론의 분열현상 즉, 대통령을 지지하는 국민과 그렇지 않은 국민간의 분열과 반목으로 인한 정치적 혼란을 가져올 수 있다. 따라서 대통령에 대한 파면효과가 이와 같이 중대하다면, 파면결정을 정당화하는 사유도 이에 상응하는 중대성을 가져야 한다.

'대통령을 파면할 정도로 중대한 법위반이 어떠한 것인지'에 관하여 일반적으로 규정하는 것은 매우 어려운 일이나, 대통령의 직을 유지하는 것이 더 이상 헌법수호의 관점에서 용납될 수 없거나 대통령이 국민의 신임을 배신하여 국정을 담당할 자격을 상실한 경우에 한하여, 대통령에 대한 파면결정은 정당화되는 것이다.

16. 이 사건에서 인정되는 대통령의 법위반이 헌법질서에 미치는 효과를 종합하여 본다면, 대통령의 구체적인 법위반행위에 있어서 헌법질서에 역행하고자 하는 적극적인 의사를 인정할 수 없으므로, 자유민주적 기본질서에 대한 위협으로 평가될 수 없다.

따라서 파면결정을 통하여 헌법을 수호하고 손상된 헌법질서를 다시 회복하는 것이 요청될 정도로, 대통령의 법위반행위가 헌법수호의 관점에서 중대한 의미를 가진다고 볼 수 없고, 또한 대통령에게 부여한 국민의 신임을 임기 중 다시 박탈

해야 할 정도로 국민의 신임을 저버린 경우에 해당한다고도 볼 수 없으므로, 대통령에 대한 파면결정을 정당화하는 사유가 존재하지 않는다.

결국 선거법 위반 같은 위헌·위법이 있었지만, 국민이 선출한 대통령직을 파면할 정도의 범죄는 아니라고 판단한 것이다. 그렇다면 대통령을 파면할 수준의 범죄는 어느 정도여야 하는가. 이에 대해서도 헌법재판소는 부연 설명을 해놓았다.

대통령의 파면을 요청할 정도로 '헌법수호의 관점에서 중대한 법위반'이란, 자유민주적 기본질서를 위협하는 행위로서 법치국가원리와 민주국가원리를 구성하는 기본원칙에 대한 적극적인 위반 행위를 뜻하는 것이고, '국민의 신임을 배반한 행위'란 '헌법수호의 관점에서 중대한 법위반'에 해당하지 않는 그 외의 행위유형까지도 모두 포괄하는 것으로서, 자유민주적 기본질서를 위협하는 행위 외에도, 예컨대, 뇌물수수, 부정부패, 국가의 이익을 명백히 해하는 행위가 그의 전형적인 예라 할 것이다.
따라서 예컨대, 대통령이 헌법상 부여받은 권한과 지위를 남용하여 뇌물수수, 공금의 횡령 등 부정부패행위를 하는 경우, 공익실현의 의무가 있는 대통령으로서 명백하게 국익을 해하는 활동을 하는 경우, 대통령이 권한을 남용하여 국회 등 다른 헌법기관의 권한을 침해하는 경우, 국가조직을 이용하여 국민을 탄압하는 등 국민의 기본권을 침해하는 경우, 선거의 영역에서 국가조직을 이용하여 부정선거운동을 하거나 선거의 조작을 꾀하는 경우에는, 대통령이 자유민주적 기본질서를 수호하고 국정을 성실하게 수행하리라는 믿음이 상실되었기 때문에 더 이상 그에게 국정을 맡길 수 없을 정도에 이르렀다고 보아야 한다.

이처럼 헌법재판소는 헌정 사상 최초로 대통령 탄핵안을 심리하면서, 실제 대통령을 탄핵할 만한 범죄가 어느 수준이어야 하는지 가이드라인을 제시했다. 구체적으로 뇌물수수나 부정부패(공금횡령 등) 정도는 돼야 한다는 것이다. 이 때문에 12년 뒤 박근혜 탄핵 때에는 박근혜·최서원(개명 전 이름 최순실)의 뇌물수수 여부가 최대 쟁점이 될 수밖에 없었다.

K스포츠·미르재단 설립…박근혜 vs 안종범 엇갈린 진술

2016년 4월에 열린 총선에서 여당이 패배하자, 탄핵의 위험성은 점차 고조되고 있었다. 여당이 겨우 122석을 유지하고 있었기 때문에 김무성과 유승민 세력이 돌아서는 순간 언제든 200석 이상 '탄핵 찬성'이 현실화될 수 있었다.

그런 상황에서 박근혜와 최서원이 대기업에게서 출연금을 받아 K스포츠·미르재단[5]을 설립했다는 보도는 먹잇감이 되기에 충분했

---

5 K스포츠재단(2016년 1월)과 미르재단(2015년 10월)은 전국경제인연합회(현 한국경제인협회) 주도로 설립됐다. 각각 스포츠와 문화 분야 융성이 설립 목적이었다. 본 책에서는 두 재단을 합쳐 K스포츠·미르재단으로 표기한다.

다. 조선일보와 한겨레가 시작한 보도는 삽시간에 여의도 정국을 덮쳤다. 박근혜가 자신의 회고록 『침묵을 깨고 역사 앞에 서다』[6]에서 밝힌 내용은 다음과 같다.

> 정부가 들어선 초기에는 아무래도 경제가 중요하게 다뤄질 수밖에 없다 보니 문화, 체육 정책들은 우선순위에서 조금씩 밀려날 수밖에 없었다. 그래서 내가 구상했던 문화 융성에 대한 계획을 추진할 수 있게 될 것은 집권 3년 차인 2015년이 되어서였다. 이 무렵에는 지역별 창조경제혁신센터가 성공적으로 개소식을 마치면서 나는 창조경제에 대해 어느 정도 자신감과 확신을 가질 수 있었고, 이제는 문화에 대해서도 힘을 쏟아야겠다고 마음을 먹었다.
>
> 그래서 나는 2015년 1월 안종범 당시 경제수석을 불러 문화, 체육 활성화 방안들에 대해 연구해보라고 지시했다. 이렇게 해서 나온 것이 기업들이 공동으로 문화, 스포츠계를 지원하는 미르, K스포츠재단의 설립이었다. 한국을 대표하는 주요 기업들이 공동으로 운영하는 문화재단을 설립하면 정부가 이를 지원하고 해외 순방 등에서 적극 활용해 국익과 기업 가치가 함께 증진할 수 있도록 하자는 것이 주요 구상이었다. 문화 발전과 기업 가치, 국익 등을 동반 성장하게 하는 좋은 아이디어라고 생각했다. 그래서 안 수석에게 이를 추진하라고 지시했다. (264쪽)

6　『침묵을 깨고 역사 앞에 서다』(중앙북스)는 2012년 대선 이후부터 2022년 3월 달성 사저로 내려오기까지 박 대통령의 경험과 생각을 담은 회고록이다. 2024년 2월에 총 2권이 발간됐다.

박근혜 대통령은 평소부터 문화, 체육 활성화에 관심이 많았고, 구체적인 방안 마련을 지시하자, 안종범 경제수석 측이 K스포츠·미르재단 기획안을 만들어 진행했다는 것이다. 그리고 이러한 의사결정 과정에 최서원의 개입은 일체 없었다는 것. 또한 대통령은 어느 기업에도 출연금을 요구한 바가 없다고 확언했다.

내가 대기업 총수들을 압박했다고 검찰이 제시한 증거 중 하나가 청와대 정책조정수석실에서 만들어진 A4 용지 한 장짜리 보고서다. 10개 기업에서 30억 원씩 차출해 300억 원을 마련하는 내용이 담겨 있는 그 보고서다.
재판을 받으면서 유 변호사가 이 보고서를 보여줬는데 청와대에서 내게 보고하는 문서 양식으로 작성된 것도 아닐뿐더러, 아무리 생각해 봐도 이러한 보고서를 본 적이 없었고 이런 내용의 보고를 안 수석으로부터 받은 기억도 없다. 무엇보다 나는 대기업 총수들을 만날 때는 이 보고서의 존재 자체도 알지 못했다. 나중에 변호인이 확인한 바에 따르면 이 보고서는 방기선 당시 정책조정수석실 행정관이 만들었는데, 파일 기록에서 2015년 7월 24일 밤에 완성된 것으로 확인됐다. 나는 이미 7월 24일 낮부터 대기업 총수들과 만나고 있었으니, 이 보고서라는 것이 만들어지지도 않았을 때다. (265쪽)
내가 기억하는 것은 안 수석으로부터 기업들이 자발적으로 재단 설립에 도움을 주고 있다는 취지의 보고를 받았다는 것이다. 그러나 안 수석이 언제 내게 그런 보고를 한 것인지, 그 시기가 정확히 언제인지 기억나지는 않는다. 기업들이 자발적으로 모금에 동참했다는 식의 보고만 믿고 기업인들을 만날 때마다 "국정 기조에 공

감하고 도와주셔서 감사하다"고 인사까지 한 것이다. (중략)

나는 지금도 안 수석이 무엇 때문에 그렇게까지 했는지 잘 이해가 되지 않으며 진심으로 안타깝게 생각한다. 2015년 10월 리커창 총리 방한에 맞춰 재단 설립을 지시했다고 해도, 그때 재단 설립이 전혀 준비되지 않았다고 내게 보고했다면 다른 방법을 찾을 수도 있었을 것이라는 아쉬움이 있다. 어떻게든 빨리 성과를 내고 싶어 과욕을 부렸던 건지, 아니면 또 다른 사정이 있었던 건지 알 수 없다. (270쪽)

한마디로 대통령 자신은 기업들이 자발적으로 참여해 스포츠, 문화재단을 만든 줄 알았는데, 나중에 알고 보니 안종범 수석팀이 일정 부분 기업들에게 압박을 가한 과오가 있었다는 것이다. 하지만 박 대통령은 이런 수준으로 대충 얼버무리고 갈 일이 아니다. 안종범은 대통령의 해명과 달리 "박 대통령이 적극적으로 기업에 자금을 요청했다"고 증언했고, 이 증언이 인정되면서 대통령은 뇌물죄 및 강요죄로 중형을 선고받았기 때문이다.

실제 안종범은 재판 과정에서 K스포츠·미르재단의 인사, 자금과 관련된 모든 책임을 박 대통령에게 떠넘겼다. 그 덕택인지 박근혜, 최서원과 공범으로 묶이면서도 겨우 4년형을 받았을 뿐이다. 그나마 박근혜, 안종범 간의 입장 차이가 확연히 드러나는 사안은 SK그룹 관련 89억원 뇌물건이다. 안종범은 자신의 저서 『안종범의 수첩』[7]에 다음과 같이 적어놓았다.

> 조사의 핵심은 이제 삼성이 아니라 롯데와 SK였다. 롯데는 70억원을 체육재단인 K스포츠 재단에 추가 출연했다가 돌려받은 것이 뇌물로 간주되었다. SK는 K스포츠에 추가 출연하고자 했다가 중단한 것이 뇌물공여 미수로 조사가 이루어졌다. 롯데의 70억원 추가 출연은 내가 대통령께 건의를 드려 나중에라도 중단되어 회수되었고, SK의 추가 출연은 내가 사전에 인지해서 대통령께 말씀드려 중단시킨 것이었다. (93쪽)

안종범의 주장만 본다면, 대통령이 마치 SK와 롯데에게서 수십억 원을 더 챙기려다 안종범의 반대로 무산된 것처럼 보인다. 하지만 대통령은 어떤 기업에도 구체적인 출연금액을 요구한 바가 없다고 항변했다. 자금을 요청한 일도 없었을 뿐더러, 중단하라고 지시한 적도 없다는 것이다. 애초에 기업들이 자발적으로 재단을 만들었다고 안종범이 보고한 상황에서 뒤늦게 대통령이 자금 출연을 요구할 이유도 없었다.

검찰 수사기록에는 2016년 2월경 박 대통령과 SK 최태원 회장이 면담을 가진 후, 대통령이 없는 자리에서 안종범이 서류봉투를 슬쩍 최태원에게 넘겨준 것으로 나온다. 서류봉투에는 K스포츠재단 정

---

[7] 『안종범의 수첩』(조선뉴스프레스)은 2022년 2월 안종범 전 수석이 발간한 회고록이다. 박근혜 뇌물죄 재판에서 핵심 증거였던 자신의 업무수첩 63권에 적힌 기록을 토대로 국정농단 사건의 전개 과정과 4년간의 수감생활 등을 회고했다.

현식 사무총장의 명함과 89억원의 자금지원 요청서가 들어있었다. 정현식 사무총장은 안종범이 성균관대 교수로 있던 시절의 제자였고, 매달 한 번씩 만나는 긴밀한 관계였다. 일국의 경제수석이 한낱 민간재단의 사무총장과 빈번하게 만난 것이다. 그러면서 검찰 조사에서는 정현식과 사제지간이라는 관계를 숨기려 했다. 재단의 실세라고 알려진 최서원은 당연히 정현식이 누구인지도 몰랐다.

당시 SK 측 박영춘 전무는 가이드러너라는 사업의 연구용역비와 펜싱·배드민턴·테니스 해외훈련비 명목으로 89억원을 요청한 K스포츠재단의 자료가 너무 부실하다고 판단했다. 박 전무는 경제기획원 출신으로 청와대에서 근무한 경력까지 있었다. 박 전무는 정현식을 불러 "청와대의 뜻이냐. 대통령의 뜻이 맞느냐"고 확인을 시도했다.

결국 SK 관련 사건은 안종범과 정현식이 대통령에게 들통날 것이 두려워 자금 요청을 포기한 사건일 가능성이 높다. 당연히 대통령은 이러한 일이 있는지조차 몰랐다. 그럼에도 안종범은 박근혜를 뇌물죄로 몰아가는 허위 증언을 반복했고, 박 대통령은 안종범에 대해 "이상하다" 이상의 문제 제기를 하지 않고 있다. 이 점이 아직도 박근혜 탄핵사건의 진실을 확인하는 데 애로가 되고 있는 것이다.

"박근혜가 10원 한 장 받은 게 없지 않느냐"

2016년 10월 JTBC의 태블릿 특종보도 이후 박근혜 측은 사실상 무장 해제됐고, 좌우 가릴 것 없이 언론사 전체로부터 맹폭격을 받았다. 개중엔 "정유라가 박근혜의 딸이다"부터 "최서원의 아들이 청와대에서 일한다", "최서원이 대통령 전용기를 이용한다" 등의 허무맹랑한 가짜뉴스도 난무했다. 여론은 악화되고 있었지만, 박근혜가 10원 한 장 받은 게 없지 않느냐는 반대 여론도 커지고 있었다.

특히 2016년 11월 19일 열린 첫 태극기집회에서 김경재 당시 자유총연맹 총재는 "정권에서 공익 목적으로 재단을 만드는 건 흔한 일이다. 노무현 때는 삼성이 내놓은 8,000억원으로 재단을 만들어 정권에서 관리했고, 이명박 때는 대기업이 출연한 미소금융재단을 만들지 않았냐. 지금 문제가 되고 있는 K스포츠·미르재단은 재단 통장에 출연금이 그대로 남아있다. 대통령은 여기서 10원 한 장 가져가지 않았다"고 항변했다.

보수층은 김 총재의 말대로 대통령이 10원 한 장 가져간 게 없고, 대기업에게서 한 푼도 받지 않았다는 사실에 일단 자신감을 회복할 수 있었다. 당시 박 대통령은 마음만 먹으면 출연금 1,000억원대의 박정희대통령기념재단도 좌지우지할 수 있었다. 하지만 재단에는 전혀 관여하지 않고 있었다.

대통령이 재단을 통해 뇌물을 받는다면 자신이 장악할 수 있는 박정희대통령기념재단을 이용하지, 왜 알지도 못하는 문화·스포츠 재단을 만들겠냐는 것이다. 여기에 더해 최서원 역시 K스포츠·미르재단에서 돈 한 푼 가져간 게 없다고 알려지면서, 탄핵반대 집회에는 더욱 많은 인파가 몰리게 된다.

앞서도 설명했듯이 대통령에게 '뇌물죄'를 적용할 수 있는지의 문제는 탄핵 심판에서 결정적 사안이었다. 2004년 헌법재판소는 노무현의 선거법 위반은 인정하면서도 탄핵할 정도의 중대한 사안은 아니라고 판단했고, 대통령을 탄핵시킬 만한 범죄로서 '뇌물죄'를 예시로 든 바가 있다. 이 때문에 모든 정치권과 언론들은 검찰 특수본[8]에 시선이 쏠리고 있었다.

뇌물죄를 명시하지 못한 검찰 특수본

'최순실 게이트'를 담당한 검찰 특수본은 2016년 11월 20일 중간 수사결과를 발표했다. 검찰은 최서원의 국정농단과 관련된 각종 범죄 혐의에 대통령이 상당 부분 공모 관계가 있다고 판단했다. K스포츠·미르재단이 700억원대 출연금을 다수의 기업에게서 받았고, 청

---

[8] 이영렬 당시 서울중앙지검장을 본부장으로 2016년 10월 27일에 출범한 검찰 특별수사본부. 본래 서울중앙지검 형사8부가 K스포츠·미르재단 사건을 수사하고 있었으나 JTBC의 태블릿 보도 이후 국정농단 의혹이 확대되면서 특수1부 등을 추가로 투입, 특별수사본부 체제로 전환했다.

와대의 공무상 비밀 문건이 아무런 권한이 없는 민간인 최서원에게 넘어가는 데 박 대통령이 중요한 역할을 했다는 것이다.

그러면서 검찰은 이날 최서원을 전격 구속 기소했다. K스포츠·미르재단에 출연하도록 기업들을 압박한 혐의(직권남용·권리행사방해 공범) 등이 적용됐다. 두 재단의 강제 모금을 실질적으로 주도한 안종범 수석, 최서원에게 청와대 및 정부 문건을 넘겨준 정호성 비서관도 함께 재판에 넘겨졌다. 검찰은 "확보된 증거에 따르면 최순실, 안종범, 정호성의 범죄사실 중 상당 부분에서 대통령과 공모 관계가 있는 것으로 판단했다"고 밝혔다.

문제는 이렇게 거침없이 수사하던 검찰의 특수본조차 탄핵의 핵심인 대통령 '뇌물죄'는 결국 명시하지 못했다는 것이다. 김경재 총재가 항변했듯이 대통령이 재단 출연금을 사적으로 횡령한 사실이 없기 때문에 뇌물죄는 적용하지 못하고, 급한대로 직권남용과 강요죄 정도로 해서 최서원과 공모한 것으로 처리한 것이다.

윤석열의 등장, "박근혜는 뇌물죄로 엮으면 된다"

특수본의 수사발표가 이렇게 나오자, 정치권과 언론은 검찰의 바턴을 이어받은 박영수 특별검사[9]가 대통령을 과연 뇌물죄로 엮을 수 있을지에 대해 관심을 집중했다.

당시만 해도 보수진영 법조인들은 대통령이 사적으로 돈을 받아쓴 게 없는 이상 뇌물죄는 불가능하다고 확신했다. 반면에 탄핵을 밀어붙이는 쪽에서는 앞뒤 가리지 않고 무조건 뇌물죄로 엮을 수 있는 검사가 절실했다. 이때 등장한 인물이 윤석열과 한동훈이다.

박영수 특별검사는 2016년 12월 2일 윤석열 대전고검 검사를 수사 제4팀장으로 임명했다. 특검 제4팀은 한동훈 당시 부패범죄특별수사단 검사를 포함, 파견검사들 위주로 꾸려져 삼성그룹 등 대기업과 박 대통령 간의 뇌물죄 수사를 담당했다. 그런 가운데 최서원의 조카 장시호가 특검에 제출한 최서원의 또 다른 태블릿, 이른바 '제2태블릿'[10]에 대한 수사까지 맡았다.

---

9   공식 명칭은 '박근혜 정부의 최순실 등 민간인에 의한 국정농단 의혹 사건 규명을 위한 특별검사'. 2016년 12월 1일 출범하여 준비기간을 거친 후, 12월 21일부터 2017년 2월 28일까지 70일간 국정농단 사건을 수사했다.

10 '최순실 태블릿'은 크게 2종류다. 하나는 JTBC가 입수한 태블릿이다. JTBC는 2016년 10월 24일 태블릿 특종보도를 하고, 이날 서울중앙지검에 태블릿을 제출했다. 다른 하나는 장시호(최서원의 조카)가 2017년 1월 5일 박영수 특검에 제출한 태블릿이다. 언론들은 JTBC 태블릿과 구분하기 위해 '제2태블릿'이라고 불렀다.

2016년 12월 1일 박영수는 '인선 1호'로 윤석열 당시 대전고검 검사를 특검 수사팀장으로 영입한다고 발표했다. 이틀 뒤인 12월 3일 박영수의 사무실을 방문하고 나온 윤석열이 기자들의 질문 공세를 받고 있다. [출처 연합뉴스]

그렇다면 윤석열 수사팀장은 당시에 어떤 방식으로 수사를 했을까. 우선 20대 대선 직전인 2022년 3월 3일 진보 진영의 《열린공감TV》와 《선데이저널》이 공개한 녹취록을 살펴볼 필요가 있다. 2017년 당시에 녹음된 윤석열의 육성파일이다. 녹취록에서 윤석열은 박근혜를 뇌물죄로 엮을 수 있다고 강한 자신감을 내비쳤다.

윤석열은 "뇌물로 엮어도 되는데, 뇌물로 엮어가지고", "그런데 지금 김수남 총장이 TK(대구·경북)잖아", "박근혜는 어차피 버리는 카드인데", "박근혜를 조짐으로써, 국민들을 조금씩 달래가면서", "TK 보수 세력들의 시간을 좀 더 주기 위해 해가지고, 그런 고려도 있지 않았나 싶어"라고 거침없이 말했다.

윤석열은 김수남 검찰총장이 TK 출신이라서 보수층의 눈치를 보느라 뇌물죄로 엮지 못했다고 지적한 것이다. 실제 검찰 특수본은 2016년 11월 20일 수사발표에서 K스포츠·미르재단 관련 뇌물죄를 적용하지 못했다. 당시 국회에서는 노무현 탄핵 때의 헌재 판결을 예로 들면서, 대통령을 탄핵시키려면 반드시 뇌물죄로 엮어야 한다는 주장이 난무했다.

이에 대해 윤석열은 "일단 뇌물로 엮어놓으면 박근혜가 나갈 수가 없잖아", "부패범죄, 이렇게 되면은", "진술 받아가지고 막 엮어서 이렇게 하면은", "그러니까 저거를 뇌물죄로 엮지 못한 게 아닌가", "그리고 이제 특검의 몫으로 넘기면서"라고 녹취록에서 발언한다. 자신이라면 어떻게든 진술을 엮어서 뇌물죄로 잡았을 텐데, 검찰이 그렇게까지 하지 못한 점을 아쉬워하는 대목이다.

또한 윤석열은 녹취록에서 "나는 그거 벌써 재단법인을 딱 보니까, 그림이 딱 그려지는 거야", "뇌물을 재단법인으로 받아 먹었구나", "직업이 원래 재단운영이잖아"라는 발언도 한다. 대통령이 육영재단을 운영한 경험이 있는 점을 활용해 K스포츠·미르재단 출연금을 뇌물로 엮으려고 수사도 하기 전에 이미 판을 짜놓고 있던 것이다.

이런 윤석열이 특검 제4팀장으로 부임하고 일주일쯤 지난 12월 9일, 여당에서는 김무성의 주도로 유승민, 나경원 등 62명 가까이 이탈했고, 탄핵소추안은 결국 여유 있게 200표를 넘겨 국회에서 가결됐다. 나중에 박지원은 "(김무성에게) 20표만 구해오라 했더니 '형님, 40표가 넘었습니다' 해서 (탄핵을) 시작한 것"이라며 김무성이 자랑

박근혜를 조짐으로써 국민들을 조금씩 달래가면서

2022년 3월에 공개된 윤석열의 육성파일 중 일부. 윤석열이 특검 수사팀장을 맡을 무렵 녹음된 것으로 추정된다. [출처 선데이저널, 유튜브 《열린공감TV》]

까지 했다고 밝혔다. 실제로는 60표가 넘게 이탈했다. 윤석열과 한동훈이라면 수단·방법 가리지 않고 뇌물죄로 엮을 수 있다고 탄핵 세력이 확신했기 때문에 가능했을 것이다. 그리고 국회는 뇌물죄 부분을 탄핵 사유 1순위로 올려놓았다.[11]

(가) 특정범죄가중처벌등에관한법률위반(뇌물)죄

대통령은 정부의 수반으로서 중앙행정기관의 장을 지휘·감독하여 정부의 중요정책을 수립·추진하는 등 모든 행정업무를 총괄하

---

11 박근혜 대통령 탄핵소추안(의안번호 4092, 발의일 2016년 12월 3일, 발의자 우상호·박지원·노회찬 의원 등 171인). 당시 국회는 탄핵소추 사유에서 박근혜 대통령의 '법률 위배행위' 중 첫 번째가 K스포츠·미르재단 설립 및 모금이라고 하면서, 여기에 1순위로 뇌물죄를 적용했다.

는 직무를 수행하고, 대형건설 사업 및 국토개발에 관한 정책, 통화, 금융, 조세에 관한 정책 및 기업 활동에 관한 정책 등 각종 재정·경제 정책의 수립 및 시행을 최종 결정하며, 소관 행정 각 부의 장들에게 위임된 사업자 선정, 신규 사업의 인·허가, 금융지원, 세무조사 등 구체적 사항에 대하여 직접 또는 간접적인 권한을 행사함으로써 기업체들의 활동에 있어 직무상 또는 사실상의 영향력을 행사할 수 있는 지위에 있다. 또한 뇌물죄는 직무집행의 공정과 이에 대한 사회의 신뢰에 기하여 직무행위의 불가매수성을 그 직접의 보호법익으로 하고 있고, 뇌물성을 인정하는 데에는 특별히 의무위반행위의 유무나 청탁의 유무 등을 고려할 필요가 없는 것이므로 뇌물은 대통령의 직무에 관하여 공여되거나 수수된 것으로 족하고 개개의 직무행위와 대가적 관계에 있을 필요가 없으며, 그 직무행위가 특정된 것일 필요도 없다. (하략)

탄핵 세력이 지적한 것처럼 2015년 7월 24일과 25일 대통령은 7개 그룹 회장과 면담을 하기 전에 각 그룹사로부터 '그룹의 당면 현안을 정리한 자료'를 제출받도록 안종범 수석에게 지시했다. 이때 제출된 현안은 "오너 총수의 부재로 큰 투자와 장기적 전략 수립이 어렵다(SK, CJ)", "삼성물산과 제일모직 합병에 헤지펀드 엘리엇의 반대가 심하다(삼성)", "노사 문제로 경영환경이 불확실하다(현대차)" 등의 내용이었다.

이처럼 민원적 성격을 가진 '당면 현안'은 대통령의 사면권을 비롯해 대통령이나 경제수석(안종범)의 재정·경제·금융·노동 정책과 직간접적으로 관련이 있었다. 그리고 기업들이 K스포츠·미르재단에 출연금을 낸 시기를 전후해 대통령은 위와 같은 '당면 현안'을 포함, 기업들에게 유리한 조치를 다수 시행한 바 있었다.

예를 들어 삼성 그룹의 경우, 대통령의 지휘·감독을 받는 문형표 보건복지부 장관이 2015년 6월 국민연금 의결권 행사 전문위원들에게 삼성물산과 제일모직 합병에 찬성해달라는 취지로 요청했다. 국민연금공단은 보건복지부 산하 공공기관이면서, 대통령은 공단 이사장에 대한 임면권을 가지고 있다(국민연금법 제30조 제2항). 합병 결의를 위한 주주총회(2015년 7월 17일) 직전인 7월 7일에는 국민연금 기금운용본부장 홍완선이 내부 반발에도 불구하고 이재용 부회장과 면담한 후 외부 전문가 9명으로 구성된 의결권 전문행사위원회가 아닌, 자신이 위원장을 겸한 투자위원회에서 합병에 찬성키로 결정했다(삼성 그룹 출연액 204억원).

SK 그룹의 경우, 구속 수감중이던 최태원 회장을 2015년 8월 13일 대통령이 특별 사면했다. 또한 SK가 대규모 면세점을 운영하다 2015년 11월 면세점 특허권 심사에서 탈락한 상황에서, 2016년 3월 기획재정부가 개선방안을 발표하고, 같은 해 4월 관세청이 서울 시내 4개 면세점을 추가 선정한다는 계획을 밝히자, SK는 사업권 특허를 신청했다(SK 그룹 출연액 111억원).

롯데 그룹도 SK처럼 대규모 면세점을 운영하다 2015년 11월 특허권 심사에서 탈락했지만, 마찬가지로 이듬해 3월 기획재정부의 개선방안 발표와 관세청의 서울 4개 면세점 선정 발표가 있자, 곧바로 사업권 특허 신청을 냈다. 그리고 당시는 경영권 분쟁이나 비자금 같은 문제로 그룹 내부 인사 및 시민단체로부터 고소·고발을 당하면서 수사 대상인 상황이었다. 검찰은 2016년 6월 10일 그룹사 정책본부와 신동빈 회장의 자택, 신격호 총괄회장의 집무실 등을 압수수색했고, 같은 해 10월 19일 신동빈 회장을 기소했다. 대통령이라는 지위는 수사 중인 주요 사건을 민정수석을 통해 보고받고, 구체적 사건에서 검찰총장을 지휘하는 법무부장관에 대해 임명권과 지휘·감독권을 갖고 있다(롯데 그룹 출연액 45억원).

탄핵에 찬성하는 입장에서는 이처럼 광범위한 권한을 가진 대통령이 기업 총수와 면담을 갖고 민원을 들은 사실, K스포츠·미르재단 출연 전후에 대통령이 취한 조치들과 엮어서 뇌물죄로 만들 만하다고 판단했을 것이다. 구체적으로 삼성, SK, 롯데 등은 △ 경영권 승계 관련 국민연금 의결권 행사, △ 총수의 특별사면, △ 면세점 사업권 특허신청, △ 검찰 수사 대응 같은 사안에서 이해관계가 걸려 있었다. 따라서 이들이 재단에 출연한 돈(합계 360억원)을 직무 관련성이 있는 뇌물로 엮을 수 있는 것이다.

또한 대통령과 최서원이 K스포츠·미르재단의 인사·조직·사업 관련 결정권을 장악해 사실상 지배했다고 볼 경우, 대통령의 행위는 형법상 뇌물수수죄[12]에 해당하고, 지배력이 인정되지 않는다고 해도 재단에 돈을 출연하도록 만든 것은 제3자 뇌물수수죄라고 주장할 수 있다. 어느 경우든지 1억원이 넘는 뇌물이므로 무기 또는 징역 10년 이상을 선고할 수 있는 특정범죄 가중처벌 등에 관한 법률[13] 위반을 적용할 수 있다.

뇌물죄 삭제해버린 강일원과 권성동

이렇게 억지로 뇌물죄를 걸어 국회에서 탄핵까지 시켜놨지만, 문제는 헌법재판소에서 혐의를 입증하는 게 불가능했다는 점이다. 우선 대통령부터 재단 출연금을 강요하기는커녕 요청조차 하지 않았다고 일관되게 혐의를 부인했다. 더욱이 삼성 이재용과 롯데 신동빈을 비롯한 기업 총수들은 "대통령에게서 출연금 요청을 받은 바가 없다"고 이구동성으로 진술했다. 2009년 신정아·변양균 사건의 대

---

12 형법 제129조 제1항은 "공무원 또는 중재인이 그 직무에 관하여 뇌물을 수수, 요구 또는 약속한 때에는 5년 이하의 징역 또는 10년 이하의 자격정지에 처한다"고 정하고 있다.

13 특정범죄 가중처벌 등에 관한 법률 제2조(뇌물죄의 가중처벌) 제1항은 "형법 제129조·제130조 또는 제132조에 규정된 죄를 범한 사람은 그 수수·요구 또는 약속한 뇌물의 가액(수뢰액)에 따라 다음과 같이 가중처벌한다"며 제1호에 "수뢰액이 1억원 이상인 경우에는 무기 또는 10년 이상의 징역에 처한다"고 정하고 있다.

법원 판례[14]에 따르면 뇌물공여죄는 명시적이든, 묵시적이든 청탁이 확실해야 적용할 수 있다.

> 형법 제130조의 제3자 뇌물공여죄에서 '부정한 청탁'을 요건으로 하는 취지는 처벌의 범위가 불명확해지지 않도록 하기 위한 것으로서, 이러한 '부정한 청탁'은 명시적인 의사표시에 의한 것은 물론 묵시적인 의사표시에 의한 것도 가능하다. 묵시적인 의사표시에 의한 부정한 청탁이 있다고 하기 위하여는, 당사자 사이에 청탁의 대상이 되는 직무집행의 내용과 제3자에게 제공되는 금품이 그 직무집행에 대한 대가라는 점에 대하여 공통의 인식이나 양해가 존재하여야 하고, 그러한 인식이나 양해 없이 막연히 선처하여 줄 것이라는 기대에 의하거나 직무집행과는 무관한 다른 동기에 의하여 제3자에게 금품을 공여한 경우에는 묵시적인 의사표시에 의한 부정한 청탁이 있다고 보기 어렵다. 공무원이 먼저 제3자에게 금품을 공여할 것을 요구한 경우에도 마찬가지이다.

윤석열, 한동훈의 특검 수사팀은 이재용이 경영권 3대 세습과 관련해 묵시적 청탁을 했다고 기소했지만, 이에 대해 이재용과 박근혜 사이에 공통된 인식이나 양해가 있었다는 증거는 전혀 나오지 않았다. 사실 민간 기업 3대 세습에 대통령이 딱히 해줄 수 있는 것도 없

---

14 대법원 2009. 1. 30. 선고 2008도6950 판결. 신정아·변양균 사건과 관련해 뇌물수수, 제3자뇌물수수, 직권남용권리행사방해, 업무방해, 사문서위조, 위조사문서행사, 업무상횡령, 횡령, 개인채무자회생법위반, 특정범죄가중처벌등에관한법률위반 등을 판단했다.

다. 하지만 특검은 삼성물산·제일모직 합병이 이재용의 3대 세습을 위한 것이고, 국민연금이 합병에 동의한 것도 대통령의 지시라고 몰아붙였다.

하지만 대통령은 그런 지시를 한 적이 없다고 일관되게 부인했고, 문형표 보건복지부 장관 역시 "대통령의 지시를 받은 바 없고, 내가 국민연금 측에 지시한 바도 없다"고 강하게 부인했다. 대통령이나 문형표에게서 삼성 합병안에 찬성하라는 지시를 받았다는 여타의 공직자도 없었다.

상황이 이렇다보니 제한된 기간에 헌법재판소가 뇌물죄를 입증, 탄핵을 인용하는 것은 현실적으로 불가능했다. 결국 강일원 재판관과 권성동 탄핵소추위원장은 기존의 탄핵안을 던져버렸다. 그리고 뇌물죄 등이 빠진 탄핵안을 들고 나왔다. 강일원이 지시하고 권성동이 받아쓴 새로운 탄핵안이었다. 그것도 탄핵 재판이 막바지로 치닫던 2017년 2월이 넘은 시점이었다.

그로부터 8년이 지나서 강일원은 윤석열 탄핵안의 '내란죄' 삭제가 논란이 되자 다시 등장했다. 2025년 3월 2일 매일경제에 기고한 칼럼에서 강일원은 윤석열 탄핵안과 박근혜 탄핵안, 그리고 노무현 탄핵안의 차이점을 설명했다.

먼저 윤석열 탄핵안에 대해서는 "국회가 소추안에 내란죄를 탄핵 사유로 기재했는데, 국회 대리인단이 내란죄를 철회했다. 주요 탄핵 사유의 철회가 가능한지, 그 절차는 어떤 것인지 헌법이나 법률에는

국회에서 대통령 탄핵안이 가결된 2016년 12월 9일 권성동 당시 탄핵소추위원장이 탄핵소추 의결서를 들고 헌법재판소 민원실에 들어서는 장면(위), 박 대통령 탄핵심판에서 주심을 맡았던 강일원 당시 헌법재판관(아래) [출처 연합뉴스, 채널A]

규정이 없다"면서 "과거 두 차례의 대통령 탄핵심판에서도 유사한 논의가 있었지만, 당시 문제가 된 탄핵 사유 중 형사범죄와 관련된 사항은 재직 중 형사소추를 받지 않는 대통령의 헌법상 지위로 인해 법률 위반 사유에 포섭되어 심판될 수밖에 없었다"고 설명했다.

또한 "(윤 대통령이 받는 혐의인) 내란죄는 대통령이라도 재직 중 소추

될 수 있는 범죄이고, 형사절차가 현재 진행 중"이라며 "종전 선례와 본질적으로 다른 부분"이라고 주장했다. 그러면서 "헌법재판소는 탄핵 사유 철회를 허용한 것처럼 보이는데, 이에 대한 분명한 설명이 필요하다"고 지적했다.

이어 "종전(박근혜·노무현) 사건에서는 탄핵 사유 중 형사법 위반이 형사소추를 받지 않는 것[15]이었다"며 "현재 진행 중인 탄핵 사건(윤석열)에는 대통령 형사소추가 가능한 내란 혐의가 포함돼 있다. 헌법재판소법 제51조는 이런 경우 탄핵심판을 정지할 수 있다고 규정하고 있다. 임의 규정이지만 탄핵소추된 공무원이 무죄를 주장하고 있다면 탄핵심판을 정지하는 것이 원칙"이라고 밝혔다.

쉽게 설명하면, 윤석열의 탄핵사유인 '내란죄'는 박근혜, 노무현 때와 달리 형사소추가 가능한 범죄이므로, 형사재판 결과를 헌법재판소 선고에 반영할 수 있다는 것이다. 이 주장까지는 이해할 수 있다. 그렇다고 해서 박근혜 탄핵 당시 탄핵심리가 3분의 2 이상 진행된 시점에 기존 탄핵안을 쓰레기통에 버리고, 권성동과 야합해 새로운 탄핵안을 만든 자신의 과거 행위까지 면책되지 않는다.

강일원과 권성동이 새로 만든 탄핵안에는 핵심 사유인 뇌물죄가 삭제되고, 특검이 탄핵소추 이후에 새로 발굴한 블랙리스트 사건 등이 탄핵안에 포함돼 기존 40쪽짜리 탄핵안이 강일원, 권성동만

---

15   내란죄나 외환죄가 아니라면, 대통령은 재직 중 형사소추를 받지 않는다.

의 70쪽짜리 탄핵안으로 둔갑했다. 이에 박근혜 대통령 변호인단은 크게 반발했다. 그리고 아래와 같은 반박 의견서[16]를 헌법재판소에 제출했다.

> 2016. 12. 9.자로 국회에서 의결된 이 사건 탄핵소추장은 헌법위반 5개 항, 법률위반 8개 항의 총 13개 항으로 구성되어 있었습니다. 따라서 피청구인 측은 이 13개 탄핵사유에 대하여 변론과 반증수집으로 대응하여 왔습니다. 그런데 이 사건의 주심인 강일원 재판관은 2017. 1.경 진행된 준비절차 기일에서 국회의 탄핵소추장 내용이 산만하고 형사사건 공소장처럼 보여 헌법재판을 하기에 적합하지 않으니 이 사건의 쟁점을 1. 비선조직에 의한 국정농단에 따른 국민주권주의와 법치주의 위반, 2. 대통령의 권한남용, 3. 언론자유 침해, 4. 생명권 침해(세월호사건)의 네 가지 헌법 위반으로 정리하여 오라고 청구인측에 요구, 권유, 코치하였고, 이 요구, 권유, 코치에 따라 이 사건 탄핵심판 청구인, 즉 이 나라의 국회대리인은 2017. 2.1. 강일원 재판관이 요구한 내용에 맞추어 종전의 40여 쪽짜리 탄핵소추장의 거의 배가 되는 70여 쪽의 새로운 탄핵소추장을 〈준비서면〉이라는 이름으로 헌법재판소에 제출하여 그 이래 헌재는 이 준비서면을 근거로 하여 이 사건 탄핵심판을 진행하고 있습니다.
>
> 아무리 〈쟁점정리〉라고 이름을 붙여도 당초 2016. 12. 9. 국회가 의결한 13개 탄핵사유와 그 탄핵소추장에 적힌 사실관계를 4개의 헌법위반으로 법률구성을 바꾸고 사실관계도 이 새로운 법

---

16 박근혜 대통령 변호인단(정기승, 김평우, 조원룡 변호사)의 2017년 2월 22일자 준비서면

률구성에 맞추어 재작성하도록 구체적으로 사실관계의 재구성 순서와 제목까지 가르쳐 주고, 이에 따르라고 당사자 양측에 지시하는 것은 쟁점정리가 아니라 명백한 소추장 변경 지시입니다. 소추 내용은 국회가 토의하여 의결하고, 헌법재판소는 국회가 의결한 소추내용이 옳은가 아닌가를 재판하는 것이지 국회가 소추한 탄핵소추장이 잘못되었으니까 이렇게, 이렇게 고치라고 새로운 탄핵소추장을 써주는 것이 어떻게 〈쟁점정리〉란 말입니까?

그리고 이 헌법재판관의 지시에 따라 그 지시내용대로 탄핵소추장의 법률구성을 바꾸고 사실관계도 새로운 법률구성에 맞추어 전면적으로 재작성하고, 더 나아가 탄핵소추 의결 이후에 박영수 특검이 멋대로 수사하여 만든 블랙리스트 작성 등 새로운 사실관계까지 다수 추가하여 대통령에 대한 탄핵소추장의 내용을 전면 재구성하여 헌재에 제출하는 것은 아무리 이름을 〈준비서면〉이라 하였어도 실질상 새로운 탄핵소추 사유 내지 탄핵소추장의 추가 내지 변경입니다. 탄핵소추장을 변경하려면 탄핵소추 의결과 마찬가지로 국회 재적의원 3분의 2 이상의 찬성이 있어야 하는 것은 삼척동자도 아는 법리입니다.

이렇게 탄핵안의 핵심인 뇌물죄가 빠지면서, 헌재가 내놓은 탄핵사유는 어처구니없게도 '직업선택의 자유 침해', '헌법준수 의무 결여'로 귀결됐다. 기업인들에게 출연금을 강요한 것이 직업선택의 자유를 침해했다는 논리인데, 훗날 대법원은 박근혜의 뇌물죄는 물론 강요죄까지 대부분 무죄를 선고했다.

헌법준수 의무 결여는 대통령이 특검 수사를 거부한 것에서 나온 판단이었다. 실상은 수사를 받는 날짜까지 합의된 상황에서 영상

녹화라는 실무적 사안 때문에 수사가 무산된 사안이었다. 또한 청와대 압수수색을 거부한 주체는 직무 정지된 박근혜가 아니라 황교안 대행이었다. 황 대행이 한 일로 박근혜가 탄핵당한 것이다. 더욱이 이 일은 국회 탄핵안이 통과되고(2016년 12월 9일) 석 달여가 지나서 벌어진 일이다. 강일원과 권성동은 국회 탄핵안에도 없는, 한참 뒤에 벌어진 일을 타임머신을 태워 탄핵소추 이전으로 되돌려 탄핵사유로 뒤집어씌운 셈이다.

제2장

8년만의 대통령 탄핵, 또 다시 '조작'

두 번의 사기탄핵, 진실은 터졌다

홍장원, 제2의 고영태 역할…의인으로 찬양받아

　박근혜 탄핵은 '태블릿PC' 조작으로 시작, '안종범 수첩' 조작으로 마무리했다고 해도 과언이 아니다. JTBC의 태블릿 보도가 나온 직후, 청와대 연설문 작성에 최서원이 개입한 사실을 박 대통령이 뒤늦게 인정하자 모든 언론사가 융단폭격을 시작했고, 대통령의 방어막은 이때부터 허물어졌다. 안종범 수첩은 일반에 거의 알려지지 않은 대신 재판에서 위력을 발휘했다. 대기업들에게 재단 출연금을 요구한 혐의에서 핵심 증거로 사용됐기 때문이다.

　태블릿PC 조작과 안종범 수첩 조작, 이 두 가지 역할을 8년 뒤 윤석열 탄핵에서 한꺼번에 한 것이 '홍장원 메모' 조작이다. 2024년 12월 6일 홍장원 1차장이 "한동훈 등 정치인을 체포하라고 대통령이 지시했다"고 폭로하고, 이어 12월 11일 민주당 박선원 의원이 "윤석열 내란의 유일한 직접증거"라며 공개한 것이 '홍장원 메모'다.

　윤석열을 내란범으로 몰 수 있는 증언과 물증까지 등장하자 홍장원은 탄핵 이슈의 핵심 인물로 떠올랐다. 박근혜 탄핵 당시 최서원의 비리를 폭로한 고영태와 유사한 포지션이다. 친親이재명 진영에서는 홍장원을 '의인義人'으로 찬양했고, 인터넷에서는 홍장원 팬클럽까지 생겼다.

　하지만 2025년 2월 13일 조태용 국정원장이 헌법재판소에 나와 홍장원 메모의 문제점을 짚어내자 상황은 급반전한다. 이날 조태용

원장은 "홍 차장의 공작에 나라가 흔들렸다고 생각하느냐"는 윤 대통령 측 질의에 "큰 영향을 미친 것이 맞다"고 답하며 "홍 차장이 작성한 메모에 대해서는 거짓이라고 생각한다. (홍장원) 메모와 증언의 신뢰성에 강한 의문을 갖고 있다"고 밝혔다.

네 가지 버전의 홍장원 메모

'홍장원 메모'는 계엄 당일인 12월 3일 밤 11시 6분 홍장원과 여인형의 전화 통화에서 비롯됐다. 여인형 방첩사령관이 "체포조가 나갔는데 소재 파악이 안 된다"며 10여명의 명단을 불러줬다는 것이다. 홍장원은 2025년 2월 4일 헌재에 나와 "국정원장 공관 입구 공터에 서서 포켓 속에 있던 메모지에 (명단을) 받아적었다"며 "어두운 곳에서 전화를 받으며 빠르게 적었고, 사무실에 와서 보니 나도 알아보기 어려워 보좌관을 불러 정서正書하라고 했다"고 증언했다.

이렇게 보좌관이 정서한 메모에 홍장원이 다음날 "검거 요청", "감금 조사", "방첩사" 등을 추가로 가필加筆한 것이 현재 증거로 남아 있는 '홍장원 메모'다. 처음에 흘려 적었다는 최초의 메모는 구겨서 버렸다고 했다. 박선원 의원은 2024년 12월 12일 김어준의 유튜브 방송에 나와 자신이 국회에서 공개한 '홍장원 메모'는 "홍 차장이 여인형과 통화할 때 목소리를 크게 하니까, 보좌관이 (옆에서) 받아 적은 것"이라고 설명했다.

하지만 헌재에 출석한 조태용 국정원장은 "해당 보좌관을 통해 직접 확인해보니 사실관계가 달랐다"며 "12월 3일 밤, 홍 차장이 포스트잇에 쓴 메모를 보좌관이 정서를 한 것은 맞다고 한다. 그런데 다음날 오후 홍 차장이 '네가 기억나는 대로 다시 써 달라'고 보좌관에 지시했고, 보좌관은 기억을 더듬어 메모를 다시 썼다"고 전했다. 이어 "보좌관은 사람 이름과 직책만 쭉 썼고, 동그라미를 치거나 '방첩사' 등은 메모하지 않았다고 한다. 누군가 여기에 가필한 것이 지금의 (최종) 메모"라고 증언했다.

따라서 '홍장원 메모'는 △ 계엄 당일 12월 3일 밤에 홍장원이 처음 작성한 포스트잇 메모(버전1), △ 같은 날 보좌관이 정서한 메모(버전2), △ 다음날 보좌관이 기억을 더듬어 다시 쓴 메모(버전3), △ 그 메모에 홍장원이 추가로 가필한 최종 메모(버전4), 이렇게 네 가지 버전이 있고, 버전1과 버전2 메모는 어디에 있는지 알 수 없다는 것이다.

조 원장이 밝힌 사실관계는 "보좌관이 옆에서 직접 명단을 받아 적었다"고 설명한 박선원 의원의 주장과는 확연히 다르다는 걸 알 수 있다. 조 원장의 증언이 알려지자 조선일보가 「홍장원 '체포 명단 메모' 종류만 4가지…작성 장소도 증언과 달라」 기사를 내보내는 등 언론들은 '홍장원 메모'가 총 4가지 버전이라고 일제히 보도했다. 그리고 이때부터 '버전4' 메모에서 홍장원이 가필했다는 글씨가 박선원의 필체와 매우 유사하다는 설들이 SNS에 등장하기 시작했다.

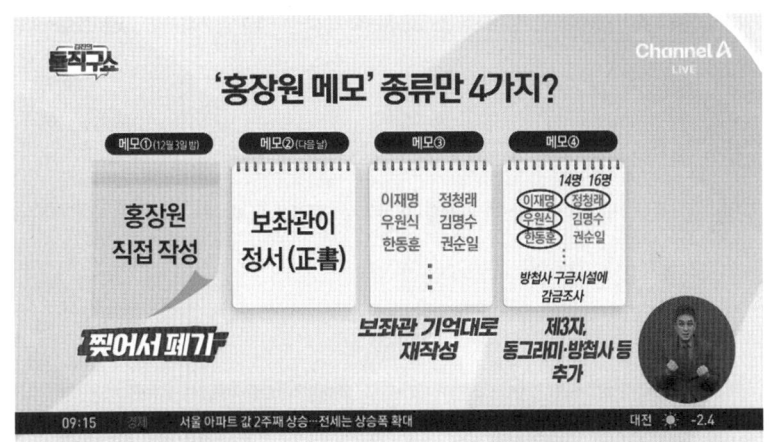

조태용 국정원장의 증언으로 '홍장원 메모'는
4가지 버전이 있는 것으로 밝혀졌다. [출처 채널A]

홍장원, "양정철" 추가된 '버전5' 들고 JTBC 출연

　박선원이 2024년 12월 11일 국회에서 공개한 '홍장원 메모'는, 계엄령 다음날인 12월 4일 홍장원의 보좌관이 기억에 의존해서 다시 썼다는 버전3에 "검거 요청", "축차 검거" 등의 문구를 홍장원이 추가한 '버전4'에 해당한다. 그래서 버전4가 홍장원 메모의 최종 버전으로 다들 알고 있었다. 그런데 홍장원은 버전4에서 다시 "양정철" 등이 추가된 메모를 2025년 2월 14일 JTBC에서 공개했다. '버전5'가 새롭게 등장한 것이다. 홍장원은 2월 18일 채널A에도 버전5 메모를 들고 나왔다.

버전4와 비교하면 버전5는 오른쪽 상단 "14명"에 동그라미를 쳤고, "16명"에 작대기를 그었으며, 그 아래 명단 부분에는 "조해주", "양정철"이라는 이름이 추가됐다. 그리고 메모 하단 "1조, 2조 축차검거"로 시작되는 문장에 밑줄이 추가됐고, 오른쪽 아래에는 "양정철 검거후[1]"라는 문구가 추가됐다.

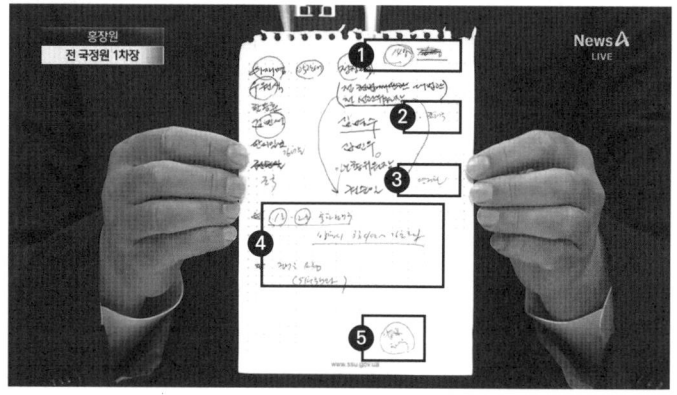

홍장원이 2025년 2월 JTBC와 채널A에서 공개한 '버전5' 메모. 버전4와 비교하면
① 오른쪽 상단 "14명"에 동그라미가 추가됐고, "16명"에 작대기를 그었다.
② 그 아래 명단 부분에는 "조해주"가 추가됐다. ③ 그 밑에는 "양정철"이 추가됐다.
④ 메모 하단 "1조, 2조 축차검거"라는 문장에 밑줄이 추가됐고,
⑤ 오른쪽 하단 빈 공간에 "양정철 검거후"라는 문구가 추가됐다. [출처 채널A]

버전5에서 흥미로운 사실은 '양정철'이란 이름이 새롭게 등장했다는 점이다. 박선원이 12월 11일 공개한 버전4에는 양정철이 없었기 때문에 당시 양정철이라는 이름은 언론에 거론된 바가 없었다.

---

1   "검거후"라고 보이기는 하나, 워낙 흘려 쓴 글씨여서 확실치는 않다.

다만 하루 전인 12월 10일 안규백 민주당 의원이 페이스북에 거의 유일하게 언급한 적은 있다. 이날 안규백 의원은 양정철, 조해주까지 포함된 체포 명단을 페이스북에 올렸다. 양정철, 조해주는 버전5에 새로 추가된 인물이다. 즉, 안규백은 박선원도 확보하지 못한 버전5를 홍장원에게서 확인했다고 볼 수 있다.

그러다 며칠 뒤인 12월 13일 김어준이 국회 과방위에 출석해 "저와 양정철, 조국을 같이 체포해 사살하려고 했다"는 제보를 우방국 대사관에게서 전달받았다고 폭로하는 일이 있었다. 안규백의 페북 글을 모른 채 박선원이 공개한 버전4만 알고 있는 대다수 사람은 '웬 갑자기 양정철?'이라는 반응이었다.

그런데 그날 오후 여인형 사령관의 구속영장이 언론에 공개되면서 '버전5'에 등장한 양정철이 다시 거론되기 시작했다. 검찰은 최종적으로 홍장원 메모 버전5를 확보했고, 이를 구속영장에 반영한 것으로 추정된다. 여기서 다음과 같이 추론해볼 수 있다.

만약 홍장원이 자신의 사무실에서 혼자 메모를 완성했다면 버전5를 들고 박선원을 만났을 테고, 박선원은 버전5를 국회에서 공개했을 것이다. 하지만 채 완성되지도 않은 버전4를 박선원이 받아 공개했다는 것은, 메모에 가필이 추가돼 버전4, 버전5가 되는 중간 과정에서 홍장원과 박선원이 만나 긴밀히 상의했을 거라는 추론이 가능하다. 추가된 가필이 박선원의 필체와 유사하다면, 전문가의 필적 감정만으로 더욱 확실한 추론이 가능하다.

추가로 공개된 홍장원의 또 다른 메모들

홍장원은 2025년 2월 18일 채널A 뉴스에 나와 계엄 당일(2024년 12월 3일) 밤 자신의 동선을 설명할 목적으로 또 다른 친필 메모를 들고 나왔다. 본인이 직접 갖고 나온 메모이므로, 홍장원이 작성한 것으로 추정된다. 메모의 필체는 홍장원 메모 버전4에 적힌 글씨들과 확연히 달랐다. 아주 고르게 또박또박 작성되어 명필에 가깝다고 해도 과언이 아니다. 반면 홍장원 메모에서 홍장원이 썼다는 가필은 흘림체이면서 악필에 해당한다. 박선원의 필체도 이와 유사한 수준의 악필이다.

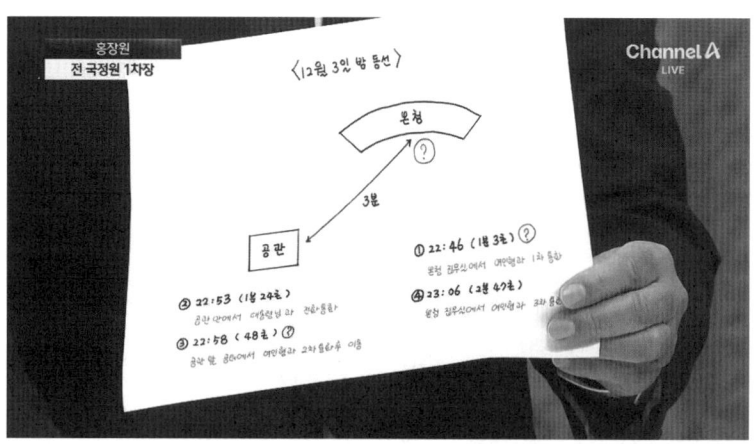

홍장원이 계엄 당일 자신의 동선을 설명하기 위해 작성한 메모. 홍장원의 친필 메모일 것으로 추정된다. [출처 채널A]

홍장원의 글씨가 읽기 힘든 수준의 악필인 점과 관련, 홍장원은 헌법재판소에 출석해 자신이 본래 '왼손잡이'라는 이유를 댔다. 이 말을 들은 대다수 국민은 왼손잡이가 오른손으로 급하게 적다보니 메모의 글씨가 엉망이라고 이해했을 것이다. 그런데 그 뒤 인터넷에서는 홍장원이 평소 전형적인 오른손잡이였음을 보여주는 다수의 사진들이 확인됐다.

그러자 홍장원은 2025년 2월 14일 CBS 《박재홍의 한판승부》에 나와 "왼손잡이가 맞는데 어릴 때 부모님에 의해 오른손으로 고쳤다"고 해명했다. 어린 시절 오른손으로 교정했다면 홍장원의 나이를 감안할 때 최소 50년은 오른손으로 글씨를 썼다는 얘기다. 따라서 50년 전에 오른손잡이로 교정했는데, 이게 어떻게 현재 악필의 근거가 될 수 있냐는 또 다른 의혹을 일으켰다.

한국 최고의 야구선수였던 이종범도 본래 왼손잡이였지만 어린 시절 왼손잡이 글러브가 없어서 야구할 때는 오른손으로 했다. 그럼에도 이종범은 오른손으로 시속 145킬로미터를 던졌다. 유격수로서 최고 수준의 야구를 보여주는 데 아무런 문제가 없었다. 반대로 오른손잡이였던 류현진 선수는 왼손 투수가 가치가 더 높다고 판단해 일찍부터 왼손으로 공을 던졌다. 그런데도 150킬로미터가 넘는 강속구를 던지며 한때 메이저리그를 평정했다.

한겨레신문은 홍장원이 검찰에 제출한 홍장원의 또 다른 자필 메모를 확보했다고 2025년 2월 27일 보도했다. 계엄 당시의 상황을 계엄 며칠 뒤에 정리한 메모라고 한다. 그런데 이 메모를 보면, 홍장원이 채널A에 들고 나온 메모(계엄 당일 동선을 설명한 메모)보다 흘려쓰긴 했지만 악필이 아니라 세련된 필체에 가까웠다.

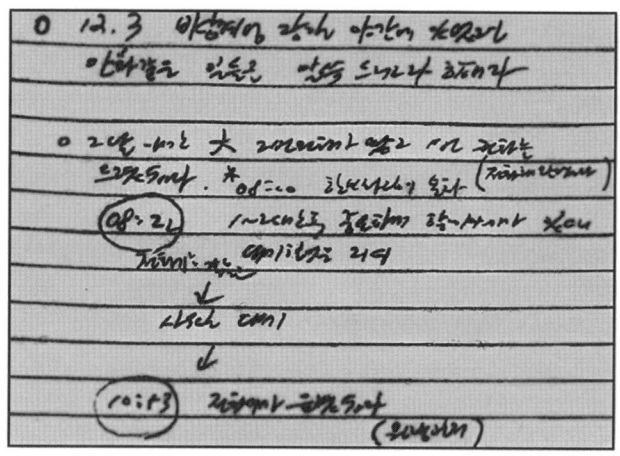

홍장원이 계엄 당시 상황을 정리한 또 다른 메모.
한겨레가 단독 입수, 2025년 2월 27일 공개했다. [출처 한겨레신문]

'홍장원 메모' 필적감정 결과, "박선원 필체와 동일"

앞서 설명했듯 '홍장원 메모'의 가필 부분이 박선원의 필체와 매우 흡사하다는 여론이 인터넷에서 지속되자, 필자가 속한 미디어워치와 유튜브 채널 《신의한수》(대표 신혜식)는 2025년 2월 '대진문서감정원'이라는 사설 문서감정기관에 필적감정을 공동으로 의뢰했다. 감정인은 국립과학수사연구원의 문서감정실에서 35년간 근무 경력이 있는 베테랑이었다.

감정인은 2024년 12월 11일 박선원이 공개한 '홍장원 메모' 버전 4의 가필 부분(감정서에서 'A 문서')과 박선원의 평소 필적이 담긴 메모 4매(감정서에서 'B 문서')를 비교했다. 이때 박선원 메모 4매는 △ 2024년 12월 7일 여인형 사령관과 대화하며 작성한 메모 2매, △ 2025년 2월 3일 '트럼프 노벨상 추천'을 기재한 수첩 메모 1매, △ 2007년 청와대 비서관 시절에 작성한 메모 1매로 구성됐다.

감정결과는 2025년 2월 24일에 나왔다. 예상한대로 박선원의 필체와 동일하다는 결과가 나왔다. 감정인은 필적감정서에서 "A 문서(홍장원 메모) 필적과 B 문서(박선원의 평소 메모) 필적은 서로 동일한 필적으로 추정됨"이라고 결론내렸다.

> 5. 감정결과 : 이상의 감정 고찰 및 소견과 같이
>   A 문서 필적과 B 문서 필적은 서로 동일(同一)한 필적으로 추정됨.

필적감정서 4쪽에 나오는 감정결과. 여기서 'A 문서'는 홍장원 메모 버전4의 가필 부분, 'B 문서'는 박선원의 필적이 담긴 메모 4매를 가리킨다.

'홍장원 메모'는 윤석열 탄핵소추의 트리거(trigger, 방아쇠) 역할을 했다고 평가되는데, 특히 "검거 요청(위치 추적)", "축차 검거 후 방첩사 구금 시설에 감금 조사" 같은 문장이 적혀 있어 정치인 불법 체포라는 내란죄 혐의의 결정적 증거로 인식됐다. 실제 박선원 역시 "내란죄의 유일한 물증"이라고 강조했다.

필적감정서가 나온 후, 필자와 신혜식 대표는 "헌법재판소는 즉각 변론을 재개하여 홍장원과 박선원을 불러 법정에서 직접 글을 쓰게 하는 방식으로 반드시 필적 감정을 해야 한다. 둘이 결백하다면 거부할 이유가 없을 것"이라고 주장하고, 필적감정서와 관련 자료 전체를 당시 서울구치소에 수감 중인 윤석열 대통령에게 직접 우편으로 전달했다.

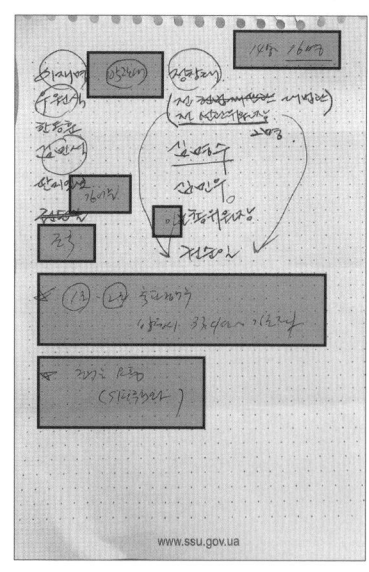

왼쪽은 박선원이 국회에서 공개한 홍장원 메모 버전4다.
네모로 표시한 부분이 홍장원이 가필했다는 부분이다. 오른쪽은 박선원이
2024년 12월 7일 여인형과 대화할 때 작성한 메모다.
왼쪽 홍장원 메모의 가필 부분과 오른쪽 박선원 메모의 필체가
육안으로 봐도 매우 유사하다.

박선원, "홍장원과 만난 바 없다" 동문서답만 반복

홍장원 메모의 가필이 박선원의 필체라는 감정이 나온 상황에서, 박선원은 본질에서 벗어나 변죽만 울리고 있었다. 자신의 필체가 아니라고 주장하려면, 그런 필적감정서를 내세워서 반박하는 게 상식적인 대응이다. 하지만 박선원은 "나는 홍장원과 만난 적이 없다. 만난 적이 없는데 어떻게 메모를 가필하느냐", "홍장원과 통화한 바도 없다. 통화를 안했는데 어떻게 만나겠느냐"는 말만 반복했다.

하지만 박선원과 홍장원은 계엄 당일(2024년 12월 3일)부터 수시로 카카오톡을 주고받았다. 민주당 김병주 의원의 유튜브 2024년 12월 6일자 방송을 보면 박선원이 "12월 4일 0시 2분에 홍장원 1차장에게 '무슨 일인가' 하고 물었고, 홍 차장은 '저도 TV만 보고 있습니다'라고 답했습니다. 그래서 제가 새벽 2시 28분경 '그래야만 합니다' 이렇게 주의를 줬습니다"라고 직접 발언하는 장면이 나온다.

긴박한 계엄 상황이던 새벽에 이런 문자들을 주고받았다면, 둘은 수시로 정보를 주고받는 사이라는 걸 알 수 있다. 이에 대해 홍장원은 헌재에서 "박선원이 국회 정보위 간사이기 때문"이라고 답했지만, 홍장원 역시 박선원과 평소에 연락한다는 점을 인정한 것이다. 그럼에도 박선원은 통화도 못했는데 어떻게 메모를 전달받느냐는 논리만 내세웠다. 지금은 카톡으로도 얼마든지 약속을 잡을 수 있는 시대다. 그래서 박선원의 반박은 설득력이 떨어질 수밖에 없다.

국회 대리인, "박선원이 홍장원 메모 받아 카메라로 찍었다"

2025년 2월 13일 헌법재판소 8차 변론에서는 증거로 제출된 '홍장원 메모'의 원본 출처를 명확히 하라는 재판관의 요구가 있었다.

정형식 헌법재판관	혹시 청구인 측에서 (홍장원 메모) 원본이 있나요? 최초에 박선원 의원실에서 제시했다는 원본.
장순욱 국회 측 대리인	홍 차장이 갖고 있던 메모를 박 의원이 카메라로 찍어서, 카메라에 담겨 있던 사진입니다.

박선원이 '홍장원 메모'를 전달받은 뒤 휴대폰 카메라로 직접 촬영했다는 사실이 국회 측 대리인의 답변으로 확인되는 순간이었다. 당시 홍장원은 이와 다르게 "카톡으로 메모를 전달했다"는 입장이었다. 국회 측 장순욱 변호사는 박선원에게서 확인한 내용을 답변했을 것이다.

그렇다면 박선원은 국회 측 변호인단에게는 "메모를 전달받아 카메라로 찍었다"고 사실대로 답을 해놓은 상황에서, 나중에 필적이 문제가 되자 "홍장원과 만난 적이 없다"는 논리만 내세우며 국민을 속이고 있는 게 아닌지 의혹이 들 수밖에 없는 것이다.

결국 박선원을 곤란하게 할 수 있다고 우려했는지 장순욱 변호사는 그 다음 변론기일에 나와 "제가 잘못 알았다"며 답변을 정정했다.

하지만 내란죄의 유일한 물증이라는 '홍장원 메모'가 전 국민적인 관심을 받고 있던 시기에, 국회 측 변호인단이 확인되지도 않은 내용을 대충 짐작으로 헌법재판관에게 진술할 수 있는지에 대한 의혹은 여전히 남아있다.

변희재, 박선원에 "메모 입수 경위 밝혀라" 공문 발송

앞서 설명했듯 박선원은 "홍장원과 만나 바 없다", "통화한 적도 없다"는 말만 반복하며 자신의 결백을 주장하고 있다. 백번 양보해서 만나지 않았다고 해도 보좌관이나 지인을 통해 얼마든지 메모는 전달될 수 있다. 국회에서 통화 기록까지 공개하며 홍장원과 통화한 적이 없다는 주장만 반복할 게 아니라, 메모를 전달받은 카톡 메시지를 포함해 홍장원과 주고받은 카톡 내용 전체를 공개하면 될 일이다.

이에 필자는 2025년 2월 28일 박선원에게 정식으로 공문을 보냈다. '홍장원 메모'의 입수 경위를 정확히 밝히라고 촉구하는 공문이었다. 하지만 박선원은 지금까지도 아무런 답변을 하지 않고 있다.

1. 박선원 의원 귀하의 건강과 안녕을 기원하는 바입니다.
2. 박선원 의원 귀하는 본지의 필적감정에 의해 홍장원 전 국정원 1차장 메모 버전4의 가필 당사자로 지목된 바 있습니다. 그

뒤에 면책특권이 보장되는 국회 상임위에서 관련 해명 시도를 한 바 있으나 아직 결정적인 핵심 사안에 대해서는 한 번도 해명한 적이 없어 이에 질의 공문을 보내는 바입니다.

3. 박선원 의원 귀하는 홍장원 전 차장과 만난 적이 없다는 점만 강조하고 있습니다. 홍장원 전 차장과 만나지 않았다고 해도 보좌관 혹은 지인을 통해 얼마든지 메모를 전달받고 스스로 가필한 뒤에 카메라로 사진을 찍어 보관할 수도 있습니다.

4. 실제로 2025년 2월 13일, 윤석열 탄핵 관련 헌법재판소 8차 변론에서 국회 측 대리인 장순욱 변호사는 "홍 차장이 가지고 있던 메모를 박 의원이 카메라로 찍어서, 카메라에 담겨 있던 사진입니다"라고 진술했습니다.

5. 박선원 의원 귀하는 장순욱 변호사로부터 메모의 출처 관련 질문을 받고 "홍장원의 메모를 건네받아 카메라로 찍었다"는 답변을 한 바 있습니까. 그게 아니면 장순욱 변호사가 당사자에게 확인도 하지 않고 헌법재판관들 앞에서 아무렇게나 답변했다는 말입니까. 귀하는 장순욱 변호사의 헌법재판소 답변에 대해 항의, 정정을 요구한 바 있습니까.

6. 홍장원 전 차장은 헌법재판소에 출석해 "카톡으로 박선원에게 전달했다"며 장순욱 변호사와 전혀 다른 말을 했습니다. 그렇다면 이런 홍장원 전 차장의 설명이 맞는 것입니까.

7. 아직까지 박선원 의원 귀하는 지난해 12월 11일에 국회에서 공개한 홍장원 메모 버전4를 어떻게 입수했는지에 대해 단 한 번도 언급한 바 없습니다. 만약 장순욱 변호사 말대로 카메라로 찍었다면 카메라로 찍은 일시와 기록을 공개해야 할 것이

고, 홍장원 전 차장의 말대로 카톡으로 받은 게 맞다면, 카톡으로 받은 내용과 일시 기록을 공개하기 바랍니다.

8. 귀하나 본지가 해당 사건 관련 고소·고발을 주고받게 되면 경찰과 검찰은 귀하와 홍장원 전 차장의 휴대폰을 압수, 카메라 혹은 카톡 기록을 살펴볼 것이고, 어쩌면 여기서 필적감정도 필요 없이 해당 진실게임은 종료될 것입니다. 혹시라도 귀하의 휴대폰을 한강에 버리거나 하는 증거인멸 행위를 할 엄두도 내지 말 것을 경고합니다.

변희재, 박선원 고소…"필적과 카톡 기록 수사하라"

필자가 '홍장원 메모'의 가필이 박선원의 필체와 일치한다는 감정서를 공개하자, 박선원은 필자가 국정원의 하청을 받은 것처럼 허무맹랑한 음모론을 펼쳤다. 박선원은 2025년 2월 25일 자신의 페이스북에 "극우 음모론 전문매체의 홍장원 메모 필적 의혹 제기는 윤석열 탄핵 위기에 몰린 내란 옹호 세력이 내란 사태의 본질을 흐리기 위한 악의적인 공작"이라고 썼다.

필자는 '홍장원 메모' 조작으로 모해증거위조의 중범죄가 드러날 듯하자, 필자와 미디어워치를 아무런 근거 없이 국정원의 하청을 받는 공작팀으로 허위 비방을 했다고 보고, 2025년 3월 10일 박선원을 명예훼손으로 고소했다.

필자는 고소장에서 "박선원과 홍장원의 필적을 감정하면 손쉽게 진실을 가려낼 수 있다"는 취지로 필적 감정을 요구했고, "박선원과 홍장원이 계엄 당일부터 카톡을 주고받았으니 둘이 주고받은 카톡 메시지 전체를 확보하면 진실이 확연히 드러날 것"이라며, 카톡 기록에 대한 조사도 요구했다.

이 사건은 현재 필자에 대한 고소인 조사를 마친 뒤 강남경찰서로 이첩됐다. 강남경찰서는 서울중앙지검과 서울중앙지법의 관할에 해당한다. 따라서 서울중앙지검장의 역할이 그만큼 중요할 수밖에 없다. 검찰이 수사 의지만 있다면 언제든지 박선원과 홍장원을 소환, 필적 감정과 카톡 수사를 통해 '홍장원 메모'의 진실을 밝혀낼 수 있을 것이다.

필적감정서 전문

※ 감정서에 나오는 A 문서는 홍장원 메모, B 문서는 박선원 메모를 뜻한다.

감 정 서

문서번호 J-2502-007
의 뢰 인 신혜식

1. 감정물
   가. A 문서(사본) 1매.
   나. B 문서(사본) 4매.

2. 감정사항
   A 문서 필적과 B 문서 필적의 동일 여부.

3. 감정방법
   문서감정 시스템(VSC Regular 4305), 엡손 스캐너 V37, 프로그램 : Image Pro 6.0, Photoshop CS3 및 실체현미경 등을 사용하여 개인의 필적에서 나타나는 항상성과 희소성 등의 잠재된 습성을 바탕으로 전체적인 문자구성과 배자, 기필 및 종필 처리부분, 곡획과 굴곡상태, 필의 각도, 필세와 필순, 필압, 필의 숙련상태, 띠

- 1 -

어쓰기 간격 등을 관찰하였고, 문자를 구성하고 있는 점과 선의 상호 길이 비율 등을 검사하였으며, 또한 모방하였거나 다른 필적으로 은폐했는지 여부도 검사하였음.

4. 감정 고찰 및 소견 : 이상의 감정방법에 의한 종합검사에서

  가. 필적인 경우 필기자의 손목과 팔, 어깨의 동작에 의하여 쓰여지기 때문에 동일한 사람의 필적이라도 인쇄문자와 달리 때와 장소, 필기구, 필기 자세, 필기자 심신상태 및 기재시기 등 여러 기재 조건 등에 따른 필적의 변화 가능성을 내포하고 있는 점 등을 고려하여 감정을 시행하였음.

  나. A 문서와 B 문서는 상당히 흘림체로 기재되어 있을 뿐만 아니라 비교할 동일내용의 문자도 거의 없지만, 주어진 자료에서 비교가 가능한 문자와 자획 등을 분류하여 비교하였음.

  다. 일부 자획의 연결부분과 위치 등에서 차이점도 있어 보이나, 필적의 특징부분과 자체 내의 필적 변화상태 등을 면밀히 분석한바, 이와 같은 차이점은 기재조건 등의 영향에 의한 변화 차이점으로 판단됨.

  라. 그 외 문자구성과 배자, 기필점과 종필처리 부분, 자획의 위치와 방향, 각도, 극획과 굴곡. 자획의 지속성 및 속련상태 등에서 공통점이 있고, 특히 아래 표과 같은 개인필적 고유의 독특한 특징에서도 서로 공통점이 관찰됨.

감정물	필적의 공통점 부분	사 진
박, 방, 명	· 초성 'ㅁ, ㅂ' 필순	붙임 사진 1 ~ 8호 청색(靑色) 표시 참조
찬, 차, 첩, 청, 치	· 초성 'ㅊ' 1획 운필방향	
박, 방, 명, 찬, 국, 축, 첩, 후, 청	· 초·종·중성 간의 자획 지속성 및 획 과 획이 연결되거나 교차되는 접필 상태	
시, 사, 조, 준	· 초성 'ㅅ, ㅈ' 1,2획 분기점	
박, 찬, 대, 명, 준, 어, 조, 국, 위, 차, 검, 거, 후, 요, 구	· 중성 'ㅏ, ㅓ, ㅜ, ㅕ, ㅛ, ㅐ, ㅟ' 1,2획 연결부분	

- 표 -

(붙임 사진 총 14매 참조)

『확대된 필적은 설명을 위하여 감정인 임의로 선정하였음』

5. 감정결과 : 이상의 감정 고찰 및 소견과 같이

   A 문서 필적과 B 문서 필적은 서로 동일(同一)한 필적으로 추정됨.

6. 비 고

   각 감정자료는 사본으로 감정을 시행하였음

-이하여백-

- 3 -

2025년 02월 24일

감 정 인　진 명

대진문서감정원

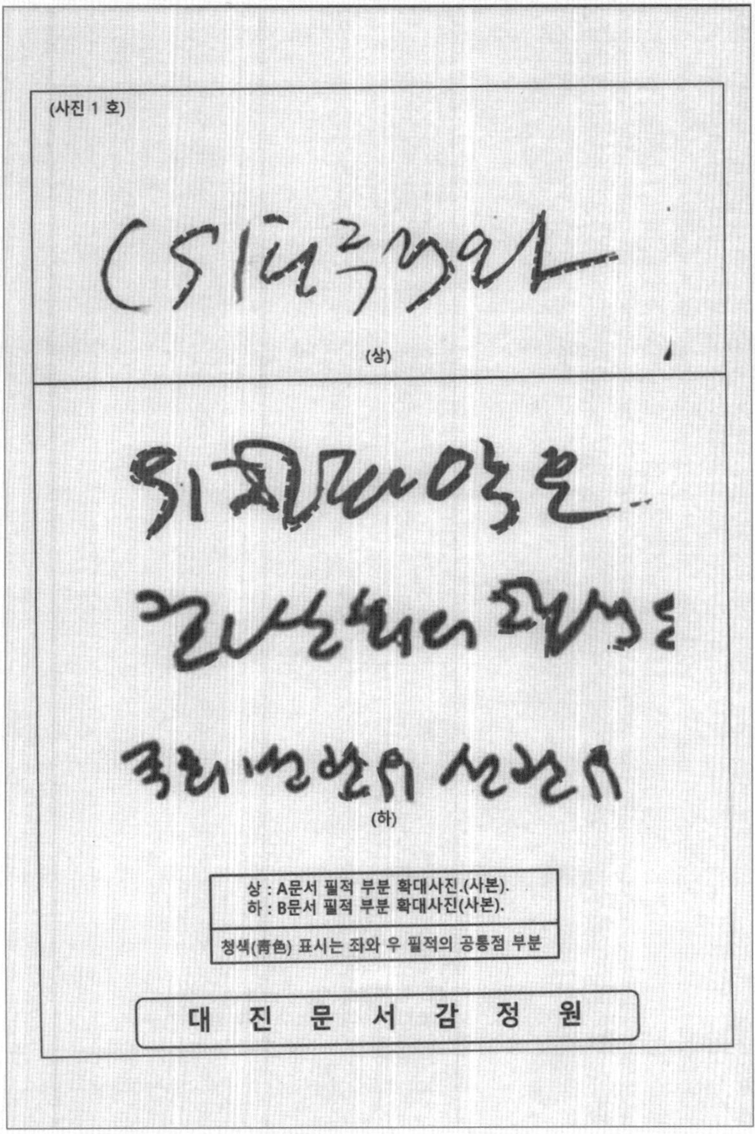

(사진 1 호)

(상)

(하)

상 : A문서 필적 부분 확대사진.(사본).
하 : B문서 필적 부분 확대사진(사본).
청색(靑色) 표시는 좌와 우 필적의 공통점 부분

대 진 문 서 감 정 원

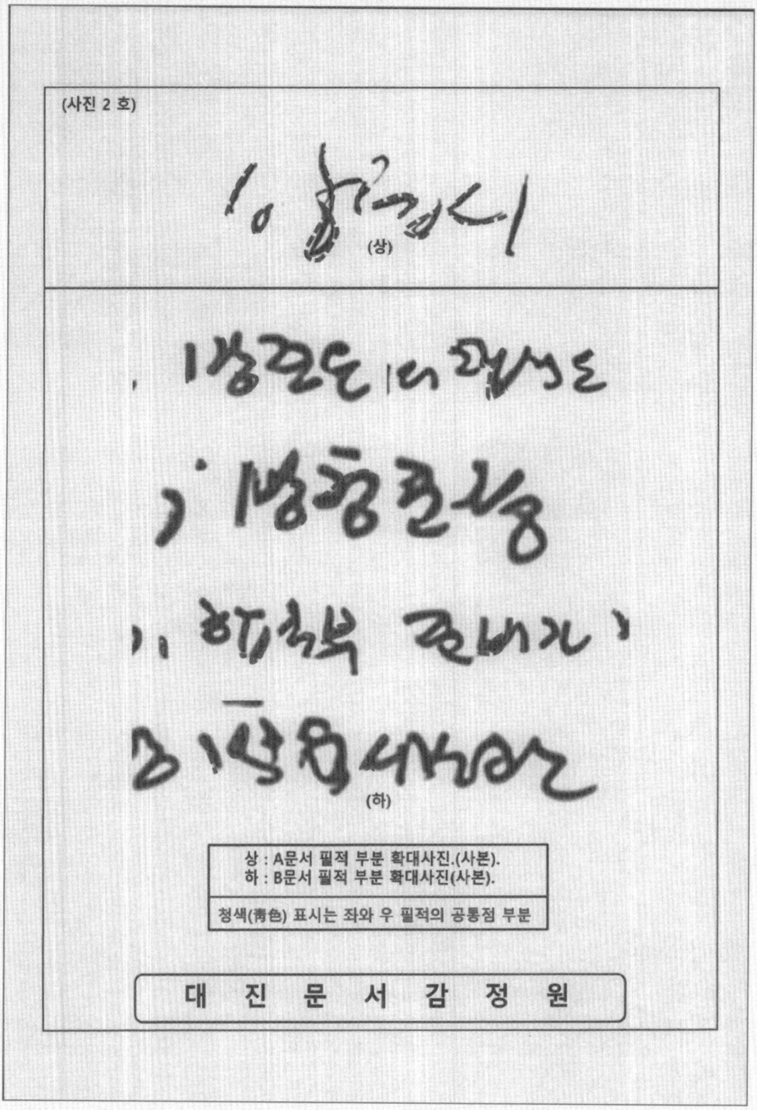

(사진 2 호)

이희영시
(상)

병원도 대학서도
병원혼당
학병 근내가
이성영사상
(하)

상 : A문서 필적 부분 확대사진.(사본).
하 : B문서 필적 부분 확대사진(사본).
청색(靑色) 표시는 좌와 우 필적의 공통점 부분

대 진 문 서 감 정 원

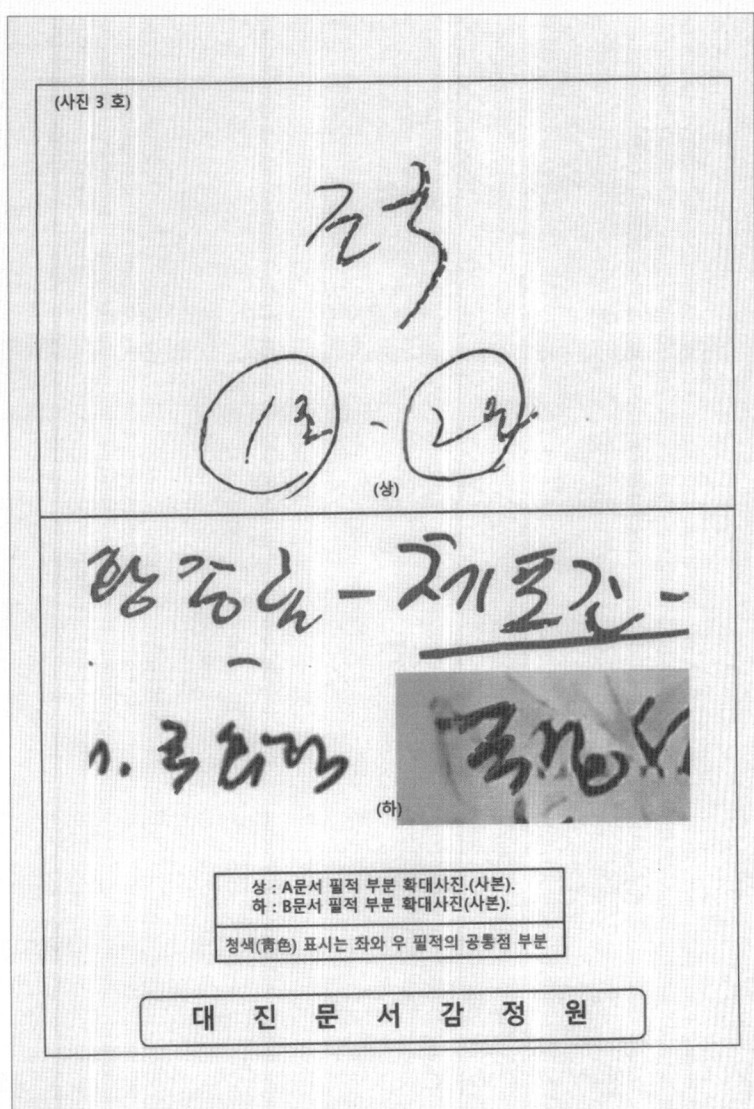

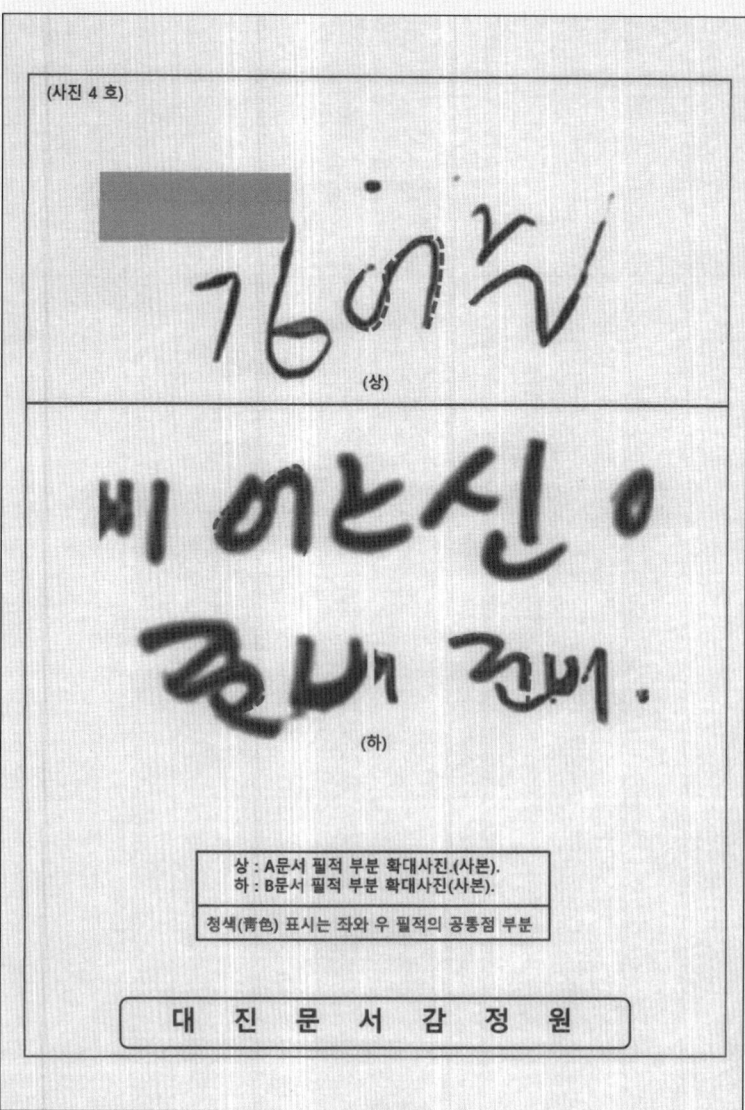

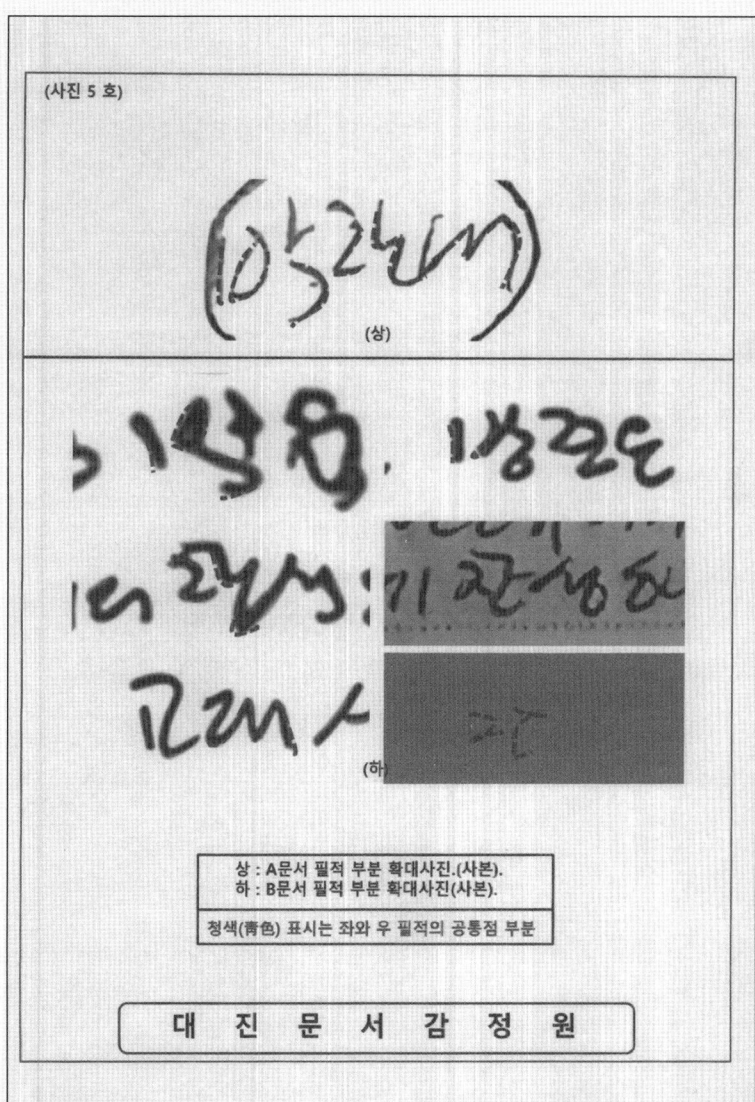

2장 | 8년만의 대통령 탄핵, 또 다시 '조작'

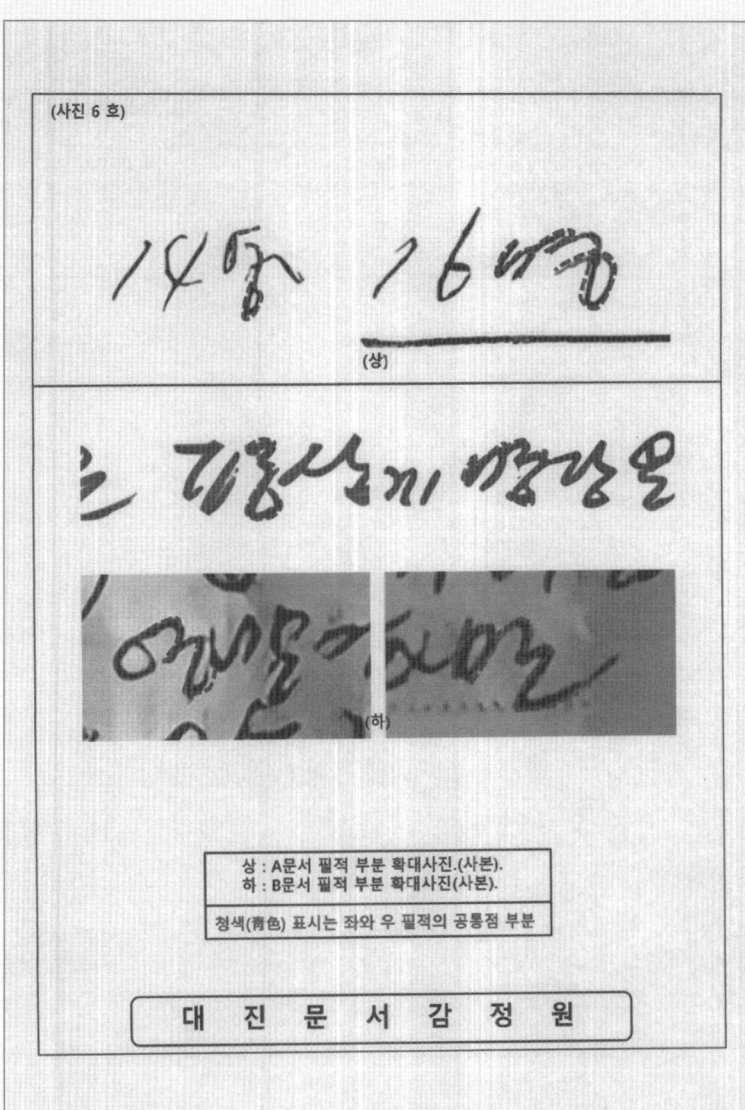

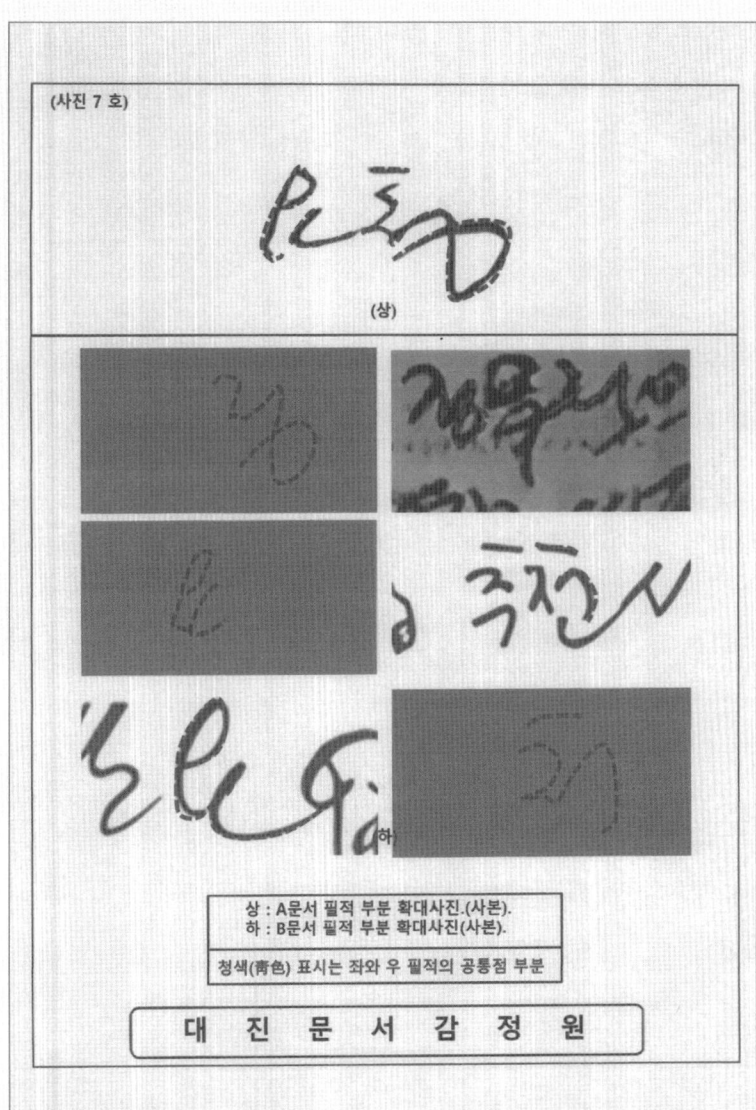

2장 | 8년만의 대통령 탄핵, 또 다시 '조작' 99

(사진 8 호)

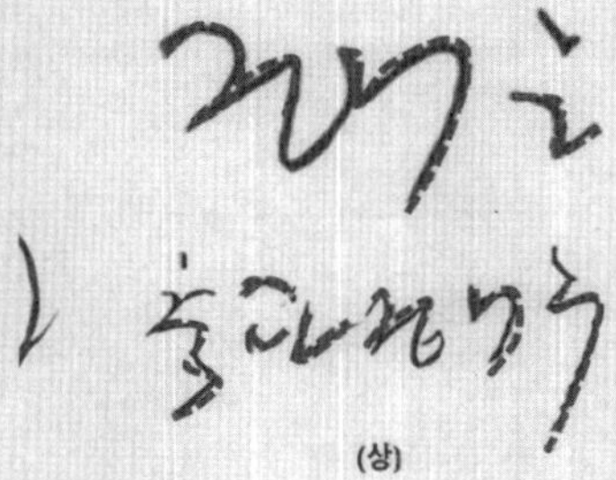

(상)

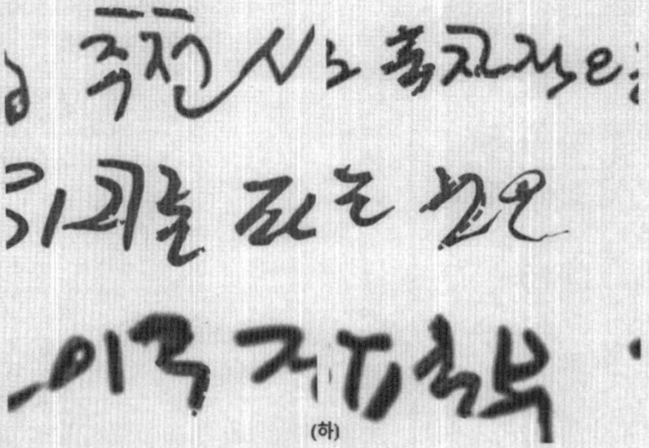

(하)

상 : A문서 필적 부분 확대사진.(사본).
하 : B문서 필적 부분 확대사진(사본).
청색(靑色) 표시는 좌와 우 필적의 공통점 부분

대 진 문 서 감 정 원

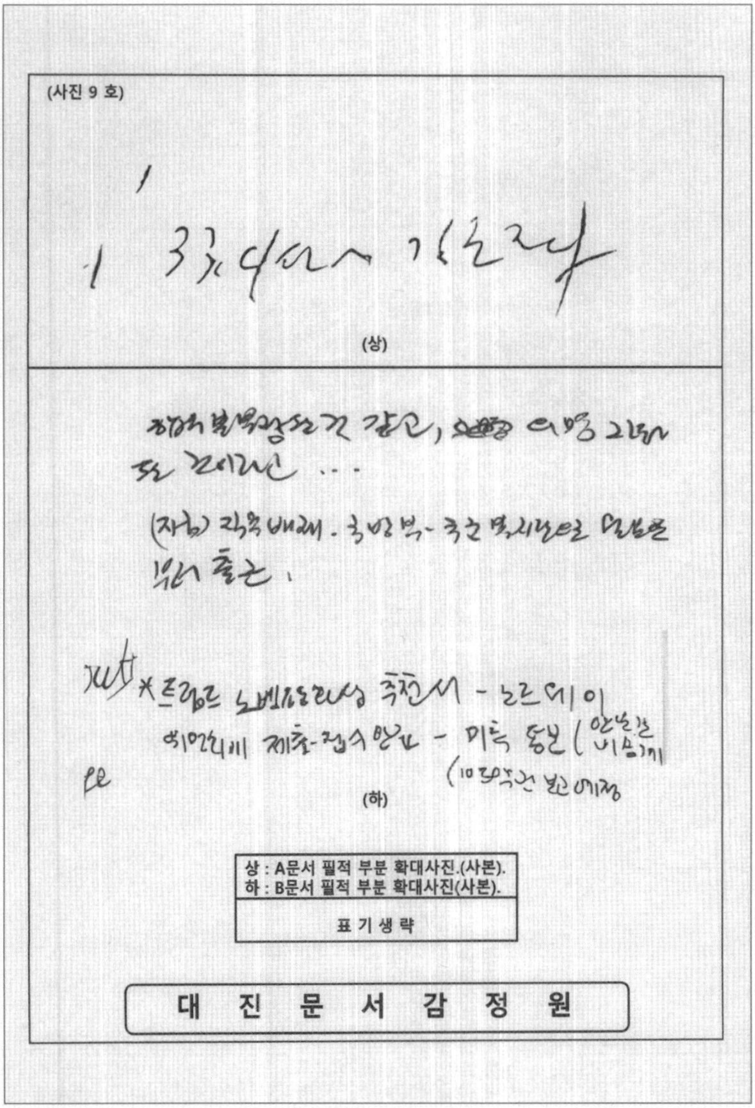

(사진 9 호)

3次대에서 가르칩
(상)
헌처 복한첫로기 감고, 모를 이명 가로 또 가르친 ... (자) 각목 배해 - 국방부 - 국견 턱시도를 말눈 부서 출근. ※ 트럼프 노벨평화상 축전시 - 노르웨이 허머께 제출-접수완료 - 미득 동간 (안부른 (10당적권 반 예정) 시동께 (하)

상 : A문서 필적 부분 확대사진.(사본).
하 : B문서 필적 부분 확대사진(사본).
표기 생략

대 진 문 서 감 정 원

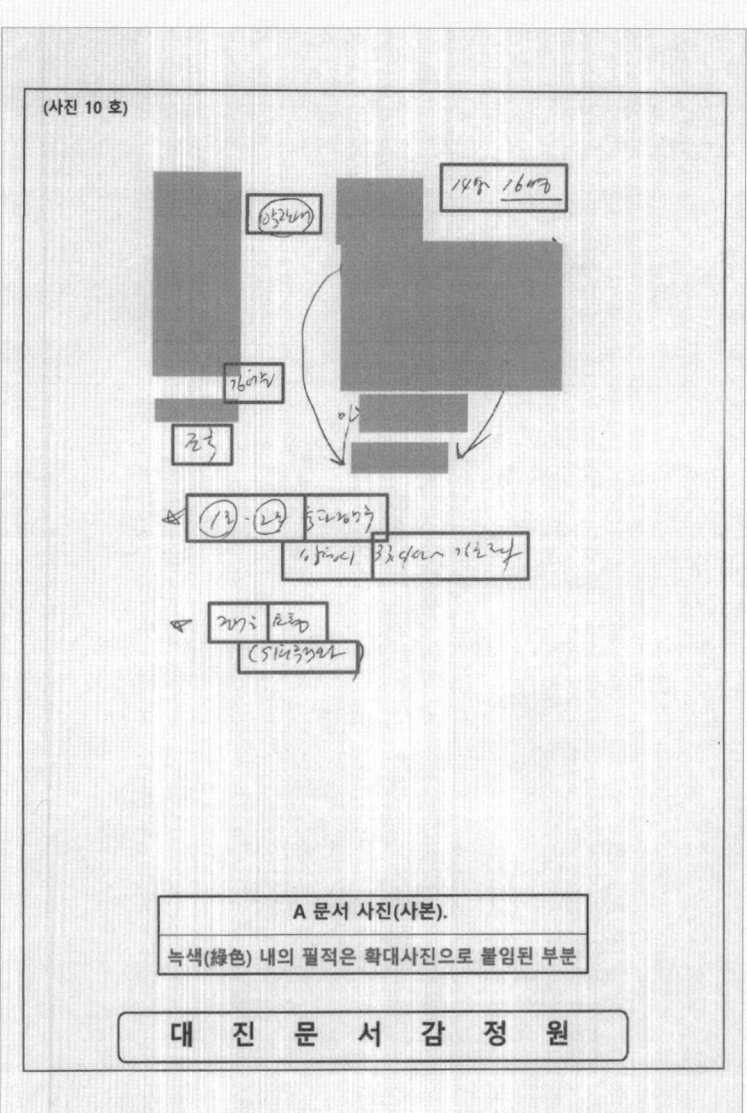

(사진 11 호)

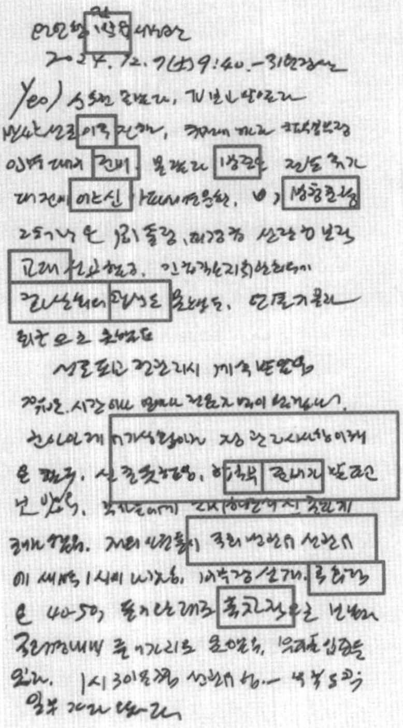

B 문서 사진(사본).

녹색(綠色) 내의 필적은 확대사진으로 붙임된 부분

대 진 문 서 감 정 원

(사진 12 호)

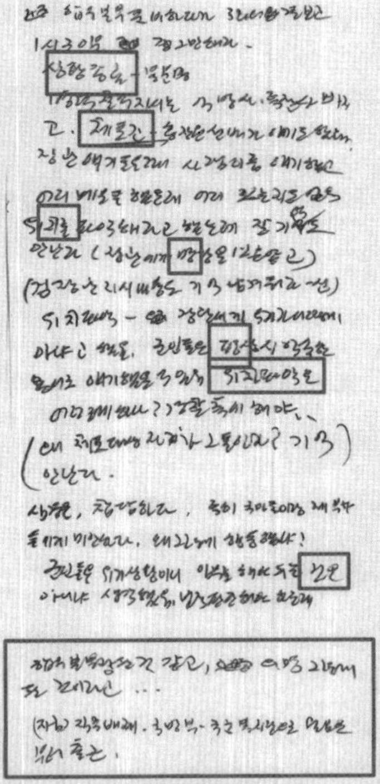

B 문서 사진(사본).

녹색(綠色) 내의 필적은 확대사진으로 붙임된 부분

대 진 문 서 감 정 원

(사진 13 호)

※2024. 2.3 (무) 12:10
재미 중 2HTH리 오찬 (with 포ㅁ씨)
      Artism
undersecretary 사이버 +Gamble → all yes man
NK issue
   in Ukraine France +KC
No mention of GPT
burden-sharing =X.
Trump initiative
Hey know what Trump want
New initiative way
DRussia China change
over NK
  nuclear denuc...

ROK NFT man keys
3 and + pro
 -WHK /extended
atmospheric deterrence
detail 3 atms

※Economic issue!
  ← China
Taiwan Issue for Trump
  - 요즘 중 기자들한테
  - 놀랐으로 (한국 위험) ← Lower tech

Andy Kim - congressman important!
Young Kim - may be vocal
            to denuke now!

트럼프 노벨평화상 후보자 - 노르웨이
여러개 제출 - 결정사항 - 미국 동보 (비공)
                      (대당원 본 이유)

B 문서 사진(사본).
녹색(綠色) 내의 필적은 확대사진으로 붙임된 부분

대진문서감정원

(사진 14 호)

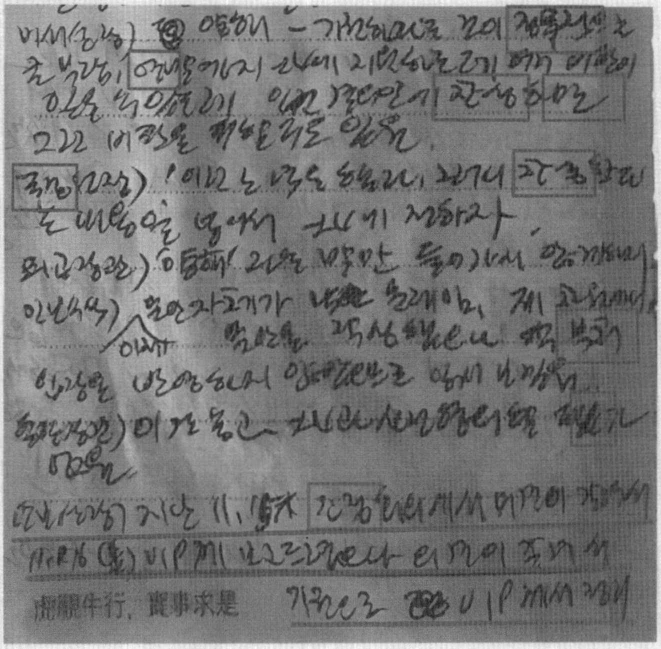

B 문서 사진(사본).
녹색(綠色) 내의 필적은 확대사진으로 붙임된 부분

대 진 문 서 감 정 원

두 번의
사기탄핵

진실은
터졌다

제3장

감춰진 '안종범 수첩' 조작, 박근혜 탄핵의 또 다른 뇌관

두 번의 사기탄핵, 진실은 터졌다

국정농단 수사가 시작된 후 작성된 '안종범 수첩'

'홍장원 메모'가 이슈가 되자 보수 진영의 서정욱 변호사는 "박근혜 탄핵 때의 '태블릿' 조작과 같은 사건"이라고 평했다. 그런데 필자가 보기에는 '안종범 수첩'과 더 유사하다. 안종범 수첩은 태블릿이나 홍장원 메모처럼 널리 알려지진 않았지만, 박 대통령의 '뇌물죄'에서 거의 유일한 물증이었고, 그나마도 조작됐다는 점에서 충격을 줬다.

안종범 수첩은 박근혜 정부 '국정농단'을 실시간으로 기록한 실록實錄 내지 바이블인 양 등장했는데, 크게 4종류로 구분할 수 있다.

1. 2016년 10월 30일 안종범의 자택에서 압수한 수첩 1권(A1)
2. 2016년 11월 안종범의 보좌관 김건훈에게서 검찰 특수본이 압수한 수첩 16권(B1-B16)
3. 2017년 1월 김건훈이 특검에 임의제출한 수첩 39권(C1-C39)
4. 2017년 3월 김건훈이 검찰 특수본에 제출한 수첩 7권(D1-D7)

여기서 2번에 해당하는 수첩 16권(B1-B16)은 국정농단 수사가 시작되자 2016년 10월에 안종범이 자신의 방어를 위해 새롭게 작성한 수첩들이다. 같은 해 11월 7일 검찰 조사에서 안종범은 "2016년 10월 12일, 본건과 관련한 흐름을 정리하면서 제가 수첩에 기재한 것"이라고 진술했다.

따라서 2번 수첩은 박 대통령 '뇌물죄' 관련 시점인 2015년 당시에 작성된 수첩이 아니라는 것이다. 2015년에 작성된 안종범 수첩은 3번 수첩 39권(C1-C39)이었다. 안종범이 그날의 업무일지처럼 작성했는데, 대통령이 청탁과 뇌물을 받았다는 2015년 시기와 겹친다.

이러한 사실을 파악한 우종창 전 월간조선 기자는 안종범의 3번 수첩을 한국일보가 입수했다는 정보를 접했다. 그리고 한국일보 측에 2015년 7월 24일과 25일의 기록만 보자고 요청했다. 대기업 총수 7명이 박 대통령과 면담을 가진 날이었다. 안종범과 검찰은 이날 대통령이 재단 출연금을 기업들에게 강요한 것으로 주장해왔다.

그런데 우 기자의 확인 결과, 안종범의 수첩에는 이날 기록된 내용이 전혀 없었다. 2015년 7월 7일부터 19일까지 메모는 있었지만, 20일부터 27일은 건너뛰고, 28일부터 다시 메모가 시작됐다. 따라서 24일과 25일에는 안종범이 별다른 업무지시를 대통령에게서 받은 바가 없다는 사실을 알 수 있다.

상황이 이렇다보니 검찰은 범죄현황표를 정리하면서, 7월 24일과 25일의 기록을 안종범이 2016년 10월에 뒤늦게 짜 맞춘 2번 수첩(B1-B16)에 적힌 내용으로 대체해 버렸다. 안종범은 2번 수첩에 2015년 7월 25일 대통령이 이재용 부회장과 만나 독일 프랑크푸르트 대한항공 지점장인 고창수를 언급한 것처럼 써놓았다. 대통령이 삼성그룹 총수를 만나 일개 대한항공 지점장을 언급한다는 게 말이나 되는가.

2번 수첩에는 이날 대통령이 만나지도 않은 GS, 두산 그룹도 적혀있었다. 기재 내용의 사실관계부터 틀린 것이다. 이에 대해서는 훗날 안종범이 제대로 해명하지 못했다. 또한 안종범이 SK, CJ 임원들과 나눈 대화도 적혀있는데, 이걸 봐서는 2번 수첩의 내용 전체를 박 대통령의 지시사항으로 간주할 수 없다는 사실도 알 수 있다.

한마디로 안종범 2번 수첩 16권은 대통령의 '뇌물죄' 증거로 삼기에는 신빙성이 없고, 안종범 본인에게 유리한 내용으로 뒤늦게 짜 맞춘 메모에 불과했다. 마치 '홍장원 메모'에 "검거 요청", "축차 검거 후 방첩사 구금 시설에 감금 조사" 같이 내란죄를 상징하는 주요 문구를 박선원이 적어 넣은 것과 유사한 수법이다. 안종범은 자신의 저서 『안종범의 수첩』에 이런 내용들을 전혀 언급하지 않았다. 그렇다면 『안종범의 수첩』이라는 책에 무슨 진실이 담겨있겠는가.

앞서 설명했듯이, 검찰이 국정농단 수사를 시작하자 안종범이 사실관계를 짜 맞춰 수첩을 쓰기 시작한 날은 2016년 10월 12일이다. 이날은 안종범이 우병우, 김성우 수석과 함께 대통령을 찾아가 '비선실세' 최서원의 존재를 인정하라고 압박하다가 실패한 날이다.

박 대통령이 탄핵 세력의 선동에 쉽게 넘어가지 않자, 안종범은 최서원에게 쏠려야 할 국정농단의 화살이 자신에게도 향할 수 있다는 사실을 우려했을 것이다. 그래서 박 대통령을 국정농단으로 엮고 자신은 빠져나가기 위해, 자신에게 유리한 내용으로 조작한 '수첩'을 만들어놓은 게 아닌지 추정할 수밖에 없다.

안종범, "재단은 기업들의 자발적 조직" 대통령에 보고

안종범은 자신의 저서 『안종범의 수첩』에 "조사가 시작되면서 내 수첩의 위력을 확실히 느끼게 되었다. 대통령이 두 재단과 관련해서 지시하거나, 그냥 알고 있으라고 말씀하신 내용이 내 수첩에 적혀있었다. 그것들이 대부분 최순실과 관련됐다는 사실을 알게 될 때마다 깜짝깜짝 놀라는 과정이 계속되었다. (중략) '내가 참 바보였구나'라는 생각이 들면서 한편으로는 섬뜩할 정도로 두려운 느낌이 들었다"고 회고했다. 이렇게 안종범은 K스포츠·미르재단과 관련된 모든 책임을 박 대통령에게 덮어씌웠다.

하지만 대통령은 검찰 조사에서 전혀 다른 주장을 했다. 자신은 안종범에게서 K스포츠·미르재단을 전경련과 민간 기업들이 '자발적으로' 만들고 있다고 보고받았다는 것이다. 그리고 자신의 회고록 『침묵을 깨고 역사 앞에 서다』에서도 같은 입장을 정리했다.

검찰은 박 대통령을 수사하며 "미르와 K스포츠재단 설립과 관련해 법률 개정이나 국무회의 같은 공론화 과정을 거치지 않은 이유가 무엇입니까"라고 질문했다. 이에 대통령은 "민간이 주도해서 하는 일을 국무회의에서 논의하고 법을 만들 이유가 없습니다. 안종범에게 '민간에서 합의가 되면 정부 차원에서 지원을 해주면 좋겠다'고 얘기는 했지만, 재단 설립은 민간이 하는 것이기 때문에 국무회의에서 논의할 이유가 없습니다"라고 답변했다.

실제 검찰과 특검에 불려간 재벌 총수들은 대통령과 만날 당시에 재단 출연금을 요청받은 바가 없다고 이구동성으로 진술했다. 대통령은 민간 기업들이 알아서 재단을 만들고 있다고 보고받았고, 이렇게 알고 있는 상황에서 본인이 직접 나서서 출연금을 요청할 이유가 없었던 것이다.

이에 대해 우종창 기자는 "만약 박 대통령이 직접 문화·스포츠재단을 만들려고 했다면, 교육문화수석 모철민과 상의해서 문체부 장관에게 지시했을 것이다. 안종범 수석은 전경련의 출연 자금이 필요할 때나 불렀을 것"이라며 "당시 K스포츠·미르 재단과 관련, 대통령이 교육문화 수석이나 문체부 장관과 상의한 기록이나 증거는 전혀 없다"고 분석했다. 두 재단이 안종범의 자체 기획이라는 사실을 강조한 것이다.

국정농단 사태 당시 언론들은 대통령과 최서원이 사리사욕으로 대기업의 돈을 뜯어 재단을 만들었다고 선동했지만, 실상은 이처럼 안종범 수석과 전경련(이승철 부회장)이 작당해 기획·결정한 일이고, 대통령은 훗날 민간 기업들의 자발적인 움직임으로 보고받았을 뿐이다. 이것이 한때 세상을 발칵 뒤집어놓은 K스포츠·미르 재단 사건의 본질이다.

원one팀 안종범·차은택·고영태, 재단 설립의 주범

안종범과 차은택은 2014년 아랍에미리트UAE 출장을 함께 가면서 돈독해진 관계로 알려져 있다. UAE 출장 때 차은택과 동행한 인물이 자신의 심복 김성현인데, 훗날 김성현은 미르재단 사무부총장이 된다. 미르재단 설립 당시 차은택은 미르재단 이성한 사무총장의 휴대폰으로 안종범과 연락을 주고받았다. 미르재단의 주요 임원이 차은택의 측근이고, 안종범과 차은택이 긴밀한 관계였던 것이다.

그럼에도 차은택은 검찰 조사에서 "안종범과 만난 적이 없다. 미르재단 설립에 안종범이 어떤 역할을 했는지 모른다"고 거짓말을 했다. 이런 허위진술이 드러났음에도 검찰은 안종범과 차은택의 관계를 더는 추궁하지 않았다. 그렇게 되면 비선실세 최서원이 박 대통령을 이용해 재단을 장악했다는 시나리오가 무너지기 때문이다.

검찰 조사에서 김형수 미르재단 이사장은 차은택과 주고받은 문자를 공개했다. 자신을 미르재단 이사장으로 추천한 사람이 차은택이라는 걸 알 수 있는 내용이었다. 차은택은 이런 사실을 철저히 은폐하라고 김형수에게 지시한 사실도 드러났다.

최서원의 인맥으로 알려진 고영태도 실제로는 차은택의 인맥이었다. 고영태와 차은택은 합자회사 고원기획을 설립해 운영하고 있었다. 고원기획은 차은택의 회사 아프리카픽쳐스 2층에 있었다. 나중에 차은택에게 최서원을 소개한 것도 고영태였다.

차은택은 자신의 회사 아프리카픽쳐스 인근의 '테스타로사'라는 커피숍에서 고영태 등과 자주 회의를 가졌다. 그런데 차은택은 검찰 조사에서 테스타로사의 주인이 최서원이라고 거짓말을 했다. 마치 최서원의 아방궁 같은 곳에서 최서원이 주도해 일을 꾸민 것처럼 허위진술을 한 것이다.

자신의 회사 아프리카픽쳐스, 고영태와 만든 고원기획, 그리고 테스타로사 커피숍이 모두 인근의 한 영역에 존재하고, 테스타로사에 모여 수시로 K스포츠·미르재단 관련 회의를 가졌다면, 재단의 실세는 누가 봐도 차은택이 될 수밖에 없다. 그래서 테스타로사의 주인이 최서원이라는 거짓말이 필요했던 것이다. K스포츠·미르재단 사무실은 1킬로미터, 최서원이 주로 머무는 미승빌딩은 3킬로미터 멀리 떨어져있었다.

이를 취재한 우종창 기자는 "영역을 지배하는 사람이 그곳의 주인이다. 나는 현장답사를 통해 최서원 사건은 차은택의 영역 안에서 이뤄졌음을 확인했다"고 강조했다. 실제 미르재단 이사장부터 이사진까지 모두 차은택의 인맥이라는 건 말할 것도 없다.

그럼에도 차은택은 미르재단의 모든 인사권을 최서원이 휘둘렀다고 허위진술을 했다. 검찰의 입맛에 맞는 진술 덕분인지 그는 자신의 사적인 사업에 무수한 횡령 등 비리 혐의가 넘쳤음에도 고작 3년형을 선고 받았다. 그리고 대법원은 구속기간 만료를 이유로 석방시켜 1년 보름 정도의 징역형을 살았을 뿐이다. 결국 K스포츠·미르재

최서원의 소유로 잘못 알려진 테스타로사 커피숍 전경(위). 채널A는 김성현 미르재단 사무부총장이 테스타로사 커피숍의 운영사 이사였다고 2016년 10월 보도한 바 있다(아래). 김성현은 최서원이 아닌 차은택의 심복이었다. [출처 뉴스타파, 채널A]

단은 안종범과 전경련이 자금을 마련하고, 차은택이 실무 기획, 고영태가 손발 역할을 하는 등 이들이 한 팀처럼 움직여서 만든 결과였다. 반면 최서원은 주변인에 불과했다.

탄핵 언론들이 숨겨온 K스포츠 초대 이사장 정동구

　국정농단 사태 당시 탄핵 선동에 앞장선 언론사들이 최대한 숨기고 싶은 인물이 있었다. 레슬링 국가대표 출신이자 한국체육대학교에서 총장을 역임했던 정동구 박사였다. 2015년 정동구 박사는 K스포츠재단 초대 이사장으로 영입됐다.

　검찰 공소장에는 2015년 12월 20일 당시 청와대 경제수석 안종범이 대통령으로부터 "정동구 이사장, 김필승 사무총장, 정현식 감사, 이철용 재무부장을 임원진으로 하고, 사무실은 서울 강남 부근으로 알아보라"는 지시와 함께 재단의 정관과 조직도를 전달받았다는 내용이 나온다. 이러한 안종범의 주장에 따르면, K스포츠재단은 명백히 박 대통령의 지시에 따라 설립된 것처럼 보인다.

　하지만 초대 이사장 정동구 박사가 밝힌 내용은 다르다. 안종범이 만나자고 전화한 날은 그보다 하루 전인 12월 19일이었다. 이날 이사장을 맡아달라고 요청받았다는 것이다. 정동구 박사는 법정에서도 2015년 12월 19일 서울 강남 코엑스 인터컨티넨탈호텔 커피숍에서 안종범을 만나 "전경련이 기금을 대는 K스포츠재단 이사장을 제안받았다. 대통령이나 최서원과 관련된 말은 전혀 없었다"고 진술했다. 또한 취임 한 달이 지나지 않아 안종범에게서 사퇴 요구를 받았다며 "내가 너무 알려져 있다는 이유로 사퇴하고 고문을 하라고 했다. 매우 불쾌하고, 황당했다. 재단이 노출되는 것을 꺼린다는 생각이 들었다"고 증언했다.

　이처럼 초대 이사장의 선임과 해임을 안종범이 주도한 사실에서 알 수 있듯이 K스포츠재단 설립은 안종범이 기획한 일이었지만, 마치 박 대통령이 적극적으로 지시해서 재단을 만든 것처럼 안종범은 허위진술을 했던 것이다. 특히 정동구 박사는 최서원과 일면식도 없는 인물이다. 그러다보니 탄핵을 선동하는 언론들은 정동구 박사의 존재를 애써 숨겼던 것이다. 안종범이 주도적인 역할을 했다는 사실이 드러나기 때문이다.

　대신 언론들은 최서원과 단지 안면만 있던 정동춘 2대 이사장을 느닷없이 동네 '마사지사'로 만들어 등장시켰다.[1] 초대 이사장 정동구 박사의 해임 이후 2대 이사장 정동춘 박사의 취임까지 3개월이라는 긴 간극이 있었다. 롯데, SK, 부영 등 대기업에 대한 K스포츠재단의 무리한 자금 요청은 이사장이 공석으로 있던 이 3개월 사이에 벌어진 일이었다. 탄핵을 선동하는 언론들의 보도만 보더라도 '최서원의 마사지사'가 들어오기 전에, 안종범의 세력들이 모두 다 해치우려 했다는 사실을 알 수 있다.

1　정동춘 박사는 1980년 서울대 체육교육과에 입학, 같은 학과 대학원에서 스포츠의학 관련 박사학위를 받았다. 2016년 당시 28편의 연구논문을 발표한 학자이자 운동생리학 전문가였지만, 언론들은 동네 마사지사로 둔갑시켰다.

정동춘 박사를 '최순실의 단골 마사지사'로 둔갑시킨
2016년 9월 20일자 한겨레신문 1면 [출처 한겨레신문]

안종범·정호성·우병우, 대통령에 '최순실 태블릿' 사과 강요

　박근혜의 무죄를 믿는 다수의 보수층은 대체 왜 박근혜가 2016년 10월 24일 JTBC의 태블릿 보도 한 번에, 다음날 곧바로 사과를 하는 악수를 뒀는지 의아해 한다. 이 사과로 인해 박근혜 측은 국민을 속인 거짓말쟁이로 몰렸고, 이후에 쏟아진 무수한 거짓·조작 보도에 속수무책으로 당할 수밖에 없었다.

　그렇다면 대통령의 대국민사과는 누구의 작품인가. JTBC의 태블릿 보도가 있던 다음날, 대통령에게 사과를 강권한 청와대 인사는 안종범이라는 사실이 나중에야 드러났다. 안종범은 자신의 저서 『안종범의 수첩』에서 당시의 상황을 이렇게 설명했다.

"나는 이어서 정호성 비서관에게 전화했다. JTBC 보도 내용이 사실인가 물었고, 만일 사실이라면 큰일이니, 최대한 빨리 대통령의 해명이나 사과가 필요하다고 말했다. 정호성은 일부 사실이라는 답변을 하면서, 상당히 당황해하는 눈치였다. 나는 다음 날 아침 일찍 3인방과 민정, 홍보수석과 모여서 대책을 마련하여 대통령의 입장문을 만들자고 했다. 대국민 입장문의 핵심은 최순실이라는 비선실세가 있었음을 인정하고, 연설문을 수정하는 데 도움을 받았음을 확인하고 사과하는 것이었다. 문제는 집권 후에는 연설문 수정을 맡긴 적이 없다는 문구였다." (50쪽)

당시에는 안종범이나 정호성은 물론 우병우 민정수석과 김성우 홍보수석까지, JTBC가 꺼내든 최서원의 PC가 정말 최서원의 것이 맞는지 전혀 확인을 거치지 않았다. 특히 안종범의 저서에 등장하는 우병우 민정수석은 태블릿을 포함한 최서원 관련 논란을 제대로 조사하지도 않고, 무작정 안종범의 선동에 힘을 보태주는 역할로 나온다. 이에 대해 우병우 본인의 해명이 있어야 할 것이다.

당시에 JTBC는 청와대 기밀문서 200여건이 저장된 PC라고 보도 했는데, 훗날 대통령은 2017년 1월 26일 정규재(전 한국경제 주필)와의 인터뷰에서 "전혀 있을 수 없는 일"이라며 "내가 (최서원에게) 도움을 구한 것은 어느 기간에 어떤 연설문의 표현 같은 거, 홍보적 관점에서 어떻게 받아들여질까, 이게 다인데, 그게 어떻게 저렇게 많은 자료와 함께 어마어마한 얘기가 됐을까. 그건 바로잡아야 된다"고 의혹을 제기했다.

이 점에 대해서는 정호성 비서관이 가장 잘 알고 있을 것이다. 그럼에도 정호성은 JTBC 보도가 사실이라고 순순히 인정하면서 자신의 변호인이 법원에 신청한 태블릿 감정도 스스로 철회했다. 박 대통령과 태극기 세력이 태블릿 보도를 객관적으로 검증할 수 있는 기회마저 앗아버린 것이다.

안종범은 최서원이 연설문을 고친 적이 있다는 사실 하나만으로 '비선실세'라고 강조하는 듯한 표현을 저서에서 계속 사용했다. 안종범은 자신이 주도하다가 사단이 난 K스포츠·미르재단 사건을 대통령과 최서원에게 덮어씌워야 하는 입장이어서 국정농단 논란 초반부터 최서원을 비선실세라고 단정한 것이다. 안종범은 자신의 책에서 비선실세의 존재를 대통령이 더 빨리 인정했어야 했다고 수차례 다그치기도 했다.

그러면서 최서원이 K스포츠·미르재단의 비선실세라고 내놓은 증거는 재단 이사진이 모두 최서원의 인맥이라는 점 하나뿐이었다. 하지만 이 역시 왜곡이다. K스포츠재단의 초대 이사장 정동구, 사무총장 정현식은 모두 안종범을 통한 인맥이었고, 안종범이 나서서 영입한 인물들이다. 미르재단 이사진은 대부분 차은택 인맥에 속했고, 최서원이 아는 인물은 한복 전문가 한 사람뿐이었다.

이처럼 안종범, 정호성, 우병우 등은 국정농단 사태 초기에 대통령에게 사과를 강요하거나, 재판에서는 뇌물죄와 관련해 허위진술을 하고, 태블릿 조작의 진실을 철저히 외면하며 은폐했다. 그리고 공교롭게도 이들 3인방은 나중에 경미한 처벌만 받게 된다. 안종범은 뇌물죄가 인정됐지만 징역 4년, 정호성은 공무상비밀누설죄로만 1년 6개월, 우병우는 직권남용으로 징역 1년만 받고 풀려났다. 이들의 음해와 비방으로 8년 이상 투옥생활을 하고 있는 최서원과 비교하면, 검찰과 법원에서 아주 특별한 혜택을 받은 것이다.

최서원, "안종범 수첩은 사건의 끝을 따라다니는 메모"

최서원은 안종범의 저서 『안종범의 수첩』에 대해 2022년 2월 22일 미디어워치에 보낸 편지에서 다음과 같이 평가했다.

> 안종범의 책을 말하다.
>
> 이런 시기에 책을 낸 의도가 무엇인지 모르겠지만...그 책의 진실성이 얼마나 있을까 생각해본다. 검찰에서 수사를 받던 그의 비굴한 모습과 검찰에 협조하던 모습에서 청와대 수석다운 면모는 전혀 보이질 않았다.
>
> 그의 수첩은 사초라고 읽히기엔 너무 사건의 끝을 따라다니는 메모에 가까웠고. 증거가 필요하거나 정당성을 위해서는 늘 그 메모라는 게 등장했다.
>
> 적어도 청와대 수석이 박 대통령을 위하고 보호하는 얘기를 한 걸 들어본 적이 없다. 그런 그가 지금 와서 5년이 지난 이때 선거가 이뤄지고 있는 때에 탄핵세력의 정당성을 얘기해주고 싶었을까!

재단은 무슨 박 대통령의 말씀을 메모한 것 같이 따라가 적은 게 우연의 일치였을까? 나는 태어나서 그런 메모를 본 적이 없었다. 나는 안종범 수석하고는 일면식도 없었고 그도 재단에서 이 일이 터지고 나서야 나의 존재를 알았다고 법정에서 증언을 했다. 그런 그가 지금 와서 재단 구성을 따라가 보니 뒤에 내가 있었다니...재판을 받고 보니 그런 결론을 얘기를 하는 것인지 묻고 싶다.

재단에 모든 기부 출연은 안 수석이 각 기업을 통해 받은 것이 확인되었고 박 대통령도 전혀 각 기업에 출연금을 받은 것에 관여를 하지 않았고. 어떤 기업에서 얼마를 받았는지도 전혀 알지 못했다는 게 재판에서도 밝혀졌다. 그럼에도 지금 와서 재단 출연금을 각 기업에 박 대통령이 지시한 것 같이 말하는 것은 직무유기이자 대통령을 모셨던 수석으로서 참으로 비겁하기 그지없는 행위이다. 이제 와서 모든 걸 나에게 떠맡겨서 본인의 명예 회복을 하고 탄핵의 정당성을 인정해 주겠다는 것인가!

검찰에 그렇게 협조했으면 충분했지...이제 박 대통령의 등에 또 다른 배신의 비수를 꽂으려하다니...어찌 충성심이나 선의라는 건 전혀 없다는 것인지. 재판 받는 내내 그의 비굴함에 참으로 박 대통령의 곁에 저런 비열하고 비겁한 사람이 있었다는 게 너무 가슴이 아팠었다.

내가 재단에 모든 인사를 면담을 하고 결정했다고!! 안종범 수석이 보고 받고 각각 개인의 검증을 해서 전경련의 인사들과 소개한 것이 안 수석 아닌가? 내가 몇 사람을 간접적으로 추천했다고 해서 결정까지 할 수 있는 것은 과정상 불가능한 것 아닌지 묻고 싶다. 재단 문제는 기부금을 받고 진행한 것도 안종범 수석이고 재단을 총체적으로 진두지휘한 것은 본인인데 뒤에 서있는 나에게 그 책임을 묻는 건 분명 지금 이유가 있을 것이라 생각한다.

박 대통령께서 5년 가까이 억울한 옥고를 치르고 그 분이 재임 시 돈에 대해선 엄격했고 부정부패는 더더욱 하지 않았다는 걸 안종범 수석이 누구보다 잘 알 텐데 지금 퇴원하셔서 본인의 정치적 고향으로 가서 편히 쉬셔야 하는 분에게 또 나를 소환하여 본인의 책임을 또다시 남에게 씌우는 과오를 범하지 않길 바란다.

그리고 한 점 부끄럼 없는 수석이었는지도 스스로 물어야 할 것이다. 나는 주변에서 도와줘도 누구에게, 재단에 돈 한 푼을 건드리지 않았음은 재판에서 나온 사실이다. 내가 무슨 재단에 죄를 짓고, 뭘 말하고 싶은 건지 모르지만 이제 그 충성심 없는 그 비열함을 억울하게 탄핵 당하신 박 대통령께 또다시 죄를 짓지 말길 바란다.

그렇게 재판에 문제가 있었고 비선실세인 나의 정체를 알았다면 왜 나서서 각 기업에 일일이 본인이 면담을 하여 재단 출연 요청을 했는지도 대답해야 하지 않을까 생각한다. 누구도 아닌 안종범 수석이 각 기업에 재단 출연금을 요청한 당사자 아닌가? 그 돈이 내 통장이나 내 주머니에 한 푼이라도 들어왔는지 묻고 싶고, 내가 그 재단에 이득을 본 것이 무엇인지 말해야 할 것이다. 그렇지 않으면 그 말에 대한 법적인 책임을 져야 할 것이다.

분명히 말하지만 나는 재단으로부터 이득을 본 적도 없고 재단에 누구도 나랑 직접적인 인과 관계에 있는 사람이 없음을 밝혀둔다.

탄핵 공신 안종범·정호성·유영하, 윤석열 정권에서 승승장구

윤석열은 자신이 직접 한동훈과 함께 특검 수사로 구속시킨 보수 인사들을 대통령이 된 후에 거의 대부분 석방·사면시켰다. 여기에는 박근혜 측 인사뿐만 아니라, 이명박 측 인사들도 포함됐다. 여기까지는 국민 통합의 차원으로 이해할 수 있다. 그런데 더 나아가 박근혜 정권의 국정농단과 엮여있는 인사들에게 요직과 공천까지 주는 건 이해하기 어렵다.

특히 '최순실 국정농단'의 상징적 인물인 정호성 비서관을 시민사회수석실 3비서관으로 발탁할 때는 많은 비판과 논란이 있었다. 특검 수사결과가 정당했는지 여부를 떠나 최서원의 국정농단에 적극 협조한 인물로 알려져 있기 때문이다.

민주당은 '국정농단 시즌2'라며 "국정농단 범법자를 사면하고 기용까지 하는, 국민을 무시하는 행태"라고 비판했다. 조국혁신당도 "아무리 쓸 사람이 없어도 탄핵당한 전직 대통령의 비서관을, 그것도 윤 대통령이 검사 시절 구속수사하고, 대통령이 되자마자 사면·복권해준 정 비서관을 재활용하느냐"고 지적했다.

그러자 한편에서는 윤석열이 과거에 정호성을 수사해보니 좋은 사람이라고 평가했다는 설들이 등장했다. 2017년 윤석열 수사팀장의 입장에서 좋은 사람이라고 한다면 정호성이 수사를 받으면서 어떤 긍정적인 역할을 했다는 것인데, 정호성이 가장 큰 역할을 한 건 태블릿 관련 검증을 회피, 진실을 은폐했다는 것이다.

당시에 정호성은 민간인 최서원에게 국가기밀을 수시로 넘겨준 혐의(공무상비밀누설죄)로 구속됐고, 이때 주요 전달 경로가 소위 '최순실 태블릿'이었다. 정호성이 이메일로 청와대 문건을 보내면, 최서원이 태블릿으로 확인했다는 것이 JTBC와 검찰, 특검의 주장이었다. 그러다보니 최서원이 사용한 태블릿이 정말 맞는지가 정호성 재판에서도 핵심 이슈였다.

당시 정호성의 변호인이었던 차기환 변호사[2]는 손석희 앵커와 JTBC 기자들을 증인으로 신청하고, '최순실 태블릿'에 대한 포렌식 감정도 신청한 상황이었다. 하지만 정호성은 2017년 1월이 되자 돌연 차기환 변호사의 접견을 거부하고, 특검에 불려가 밤샘 조사를 받고서는 '최순실 태블릿'에 대한 증거조사까지 포기해버렸다.

만일 정호성이 계획대로 태블릿 감정을 밀어붙였다면 태블릿 조작은 그 무렵에 거의 다 드러났을 것이다. 그리고 훗날 필자가 태블릿 조작을 제기하다 서울중앙지검 윤석열 지검장과 한동훈 3차장에 의해 구속되는 일도 없었을 것이다. 2017년 10월 서울중앙지검 국정감사 당시 윤석열은 김진태 의원(현 강원도지사)이 태블릿 조작을 강하게 추궁하자 "태블릿은 최순실이 쓴 게 맞다고 정호성이 인정했다"며 정호성을 내세워 발뺌하기도 했다.

---

2 필자의 태블릿 재판에서 변호인을 맡았던 차기환 변호사도 윤석열 정권에서 빛을 본 인물 중 하나다. MBC의 대주주인 방송문화진흥회(방문진)의 이사로 영입됐고, 윤석열 탄핵 때에는 대통령 변호인단으로 활약했다.

2017년 10월 국정감사에서 김진태의 질의에 답변하는
윤석열 당시 서울중앙지검장 [출처 JTBC]

안종범의 경우 2021년 출소 이후 본인 스스로 공직에 오르지는 못했다. 대신 K스포츠·미르재단 출연금 문제로 본인과 함께 수사받은 최상목과 방기선이 각각 경제부총리와 국무조정실장이 되면서 윤석열 정권의 경제 정책을 좌지우지했다. 안종범이 배후에 이러한 위치에 있어선지 안종범이 만든 연구기관 '정책평가연구원'의 2023년 6월 행사에는 한덕수 국무총리와 장·차관 등 윤석열 정권의 실세들이 대거 모여들었다.[3]

---

3 안종범이 2022년 정책평가연구원(PERI)을 개원하고 2023년 6월 20일 개최한 국제학술행사에 한덕수 국무총리, 방기선 기획재정부 1차관, 최상대 기획재정부 2차관, 박민수 보건복지부 2차관, 김현숙 여성가족부 장관, 이원재 국토교통부 1차관, 권기섭 고용노동부 차관, 김기현 당시 국민의힘 대표, 강석훈 KDB산업은행 회장 등이 대거 참석했다.

박 대통령의 변호사였던 유영하도 윤석열 정권에서 빛을 본 인물 중 하나다. 유영하는 국정농단 재판 도중에 김한수 전 청와대 행정관과 내통하며 긴밀한 관계였다는 사실이 뒤늦게 알려져 보수 진영을 경악케 했다. '최순실 태블릿' 개통 후부터 김한수가 개인 카드로 요금을 전부 납부한 사실이 필자의 태블릿 재판에서 밝혀지는 등 태블릿 실사용자가 김한수였다는 증거들이 속출했지만, 이를 끝까지 부인하며 김한수를 도운 인물이 유영하였다.

유영하는 2004년 검사를 그만두고 정계에 입문한 후 경기 군포에서 세 차례 총선에 도전하다 고배를 마셨고, 박근혜, 문재인 정권에서도 배지badge를 달지 못하다가, 윤석열 정권에 들어 대구에 공천을 받아 기어코 배지를 다는 데 성공했다. 대구는 국민의힘이 깃발만 꽂아도 당선되는 보수의 텃밭이다. 이 과정에서 유영하가 대통령실에 공천 청탁을 하고, 현역 의원이던 홍석준을 밀어내 전략 공천을 받은 정황이 담긴 녹취록이 총선 기간 중에 공개되는 일도 있었다.

박근혜 뇌물죄 사건에서 각종 허위진술로 대통령에게 덮어씌우고 빠져나간 안종범 세력, 그리고 '최순실 태블릿' 조작수사의 진실을 은폐하는 데 결정적으로 기여한 정호성과 유영하. 이들이 윤석열 정권에서 승승장구 하는 모습은 박근혜 탄핵의 진실이 왜 아직도 재야에 파묻힐 수밖에 없는지 단적으로 보여준다고 할 수 있다.

제4장

JTBC의
태블릿 공습,
진실의 벽에 막히다

두 번의 사기탄핵, 진실은 터졌다

JTBC의 덫에 걸려든 청와대 비서실장

2016년 10월 중순 대한민국 정치권은 대통령과 최순실이 대기업을 움직여 K스포츠·미르재단 설립을 주도했다는 '국정농단' 이슈로 들끓었다. 하지만 확실한 증거는 나오지 않고 있었다.

박근혜 지지층은 직계 가족도 거리를 두는 대통령이 최서원의 말만 듣고 돈을 챙길 이유가 있냐며 대통령에 대한 신뢰를 버리지 않고 있었다. 대통령과 청와대는 그렇게 하루하루 KO 펀치를 피해가며 버티고 있었다.

그러던 중 JTBC는 2016년 10월 19일 「"20살 정도 차이에 반말"…측근이 본 '최순실-고영태'」라는 단독 기사를 내보낸다. 닷새 뒤 10월 24일에 본격적으로 시작되는 태블릿 특종보도를 염두에 두고 미리 깔아두는 빌드업build-up 같은 보도였다.

손석희 앵커	최 씨가 실제로 대통령의 연설문을 고쳤다는 다른 증거나 정황도 있습니까?
심수미 기자	그 부분에 대해서는 추가 확인은 어려웠는데요, 최순실 씨가 허풍을 떨고 다녔거나 고영태 씨가 거짓말을 했을 가능성에 대해서 물론 무시할 수 없을 것 같습니다. 하지만 고 씨는 최 씨의 말투나 행동, 습관을 묘사하며 평소 태블릿PC를 늘 들고 다니고, 그걸 통해서 연설문이 담긴 파일을 수정했다고 말했습니다.

이날 심수미 기자는 또 다른 기사 「최측근의 증언 "최순실, 대통령 연설문 고치기도"」에서 다음과 같이 고영태의 발언을 인용했다.

> 고영태 씨는 최순실 씨를 '회장'이라고 불렀습니다. 고 씨에게 최순실 씨에 대해 묻자, 먼저 박근혜 대통령과의 관계를 언급했습니다. 고 씨는 **"회장이 제일 좋아하는 건 연설문 고치는 일"**이라고 말했습니다.

대통령을 조용히 챙기는 가정부나 집사 정도로 알려진 최서원이 연설문을 좌우지한다는 보도는 상상 이상의 충격이었다. 대통령의 국정 지침이 담긴 연설문을 최서원이 마음대로 고쳤다면, 세부적인 국정 운영에도 충분히 개입했을 거라는 추론이 가능했다.

여론이 악화되자 청와대 이원종 비서실장은 10월 21일 국회에 나와 "봉건시대에도 있을 수 없는 일"이라고 해명했다. "최순실 씨가 청와대에 영향력을 행사하는 게 가능하냐"는 새누리당 민경욱 의원의 질문에는 "입에 올리기도 싫은 얘기"라며 "정상적인 사람이라면 누가 믿겠나. 시스템으로 성립 자체가 안 된다"고 강조했다.

당시에 이미 태블릿을 확보하고 있었다는 JTBC 측은[1] 이원종 실

---

[1] JTBC는 2016년 10월 18일 서울 강남구 ㈜더블루케이 사무실에 있던 고영태의 책상서랍에서 태블릿을 처음 발견했고, 이틀 뒤 10월 20일 ㈜더블루케이를 다시 방문해 태블릿을 가져왔다고 주장한다. 따라서 JTBC가 주장하는 태블릿 입수 날짜는 2016년 10월 20일이다.

장의 발언 이후 '이제 본격적으로 태블릿 보도를 해도 되겠다'는 확신이 들었다고 한다. 당시 언론들이 전한 고영태의 발언과 이원종 실장의 해명은 훗날 정확한 사실이 아닌 것으로 드러났다. 하지만 둘의 발언은 며칠 뒤 2016년 10월 24일에 시작되는 태블릿 조작보도의 기폭제가 되고 만다.

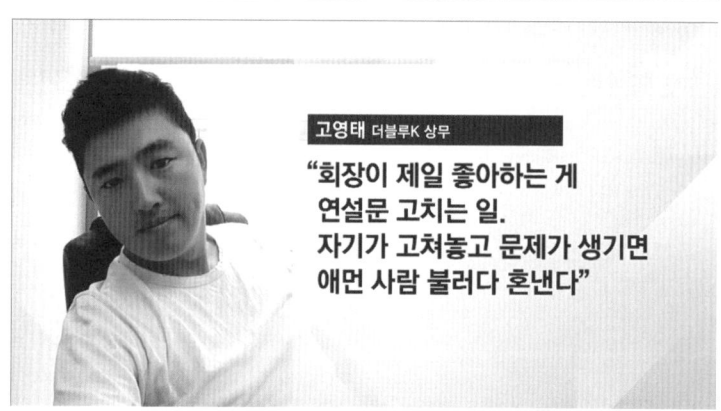

2016년 10월 19일 JTBC는 "최서원이 태블릿PC를 늘 들고 다니고, 그걸 통해서 연설문 파일을 수정했다", "회장(최서원)이 제일 좋아하는 게 연설문 고치는 일"이라는 고영태의 발언을 단독 보도했다. [출처 JTBC]

고영태, "연설문 고치는 걸 '좋아한다' 말한 적 없다"

심수미 기자의 보도는 고영태가 먼저 부인하고 나섰다. 2016년 12월 8일 국회 청문회에 나온 고영태는 최서원이 연설문을 고치는 걸 "좋아한다"고 JTBC에 말한 적이 없다며 "(최서원이) 잘하는 게 뭐 있냐 물어봤을 때 다른 건 모르겠고 연설문 고치는 건 잘하는 것 같다는 식으로 얘기했다"고 증언했다.

이완영 의원 "최순실이가 연설문 고치는 것을 좋아한다" 이런 말을 수시로 했습니까?

고영태 아닙니다. 좋아한다는 말을 하지 않았고요.

이완영 의원 그럼요?

고영태 '연설문을 고치는 것 같다' 이렇게 얘기한 적이 있습니다.

최교일 의원 JTBC와 인터뷰에서 최순실이 연설문 고치는 것을 좋아했다 이렇게 말한 적이 있지요?

고영태 잘하는 게 뭐 있냐 물어봤을 때 다른 건 모르겠고 연설문 고치는 건 잘하는 것 같다 그런 식으로 얘기했습니다.

- 2016년 12월 8일 국회 속기록

그나마 연설문 고치는 건 '잘하는 것 같다'는 표현과 연설문 고치는 걸 '제일 좋아한다'는 표현은 뉘앙스가 하늘과 땅 차이다. 고영태는 이 차이를 알고서 증언한 것이다. '좋아한다'는 표현에는 자발적,

상습적, 상시적이란 의미가 포함되어 있다.

이날 청문회에서 고영태는 '최서원이 늘 태블릿을 들고 다녔다'는 말도 JTBC에 한 적이 없다고 강조했다. 최서원은 태블릿 같은 걸 쓸 줄 모르는 사람이라며 "정확하게 (말씀드리면) 태블릿PC를 쓰는 걸 본 적이 없고요. 가끔 컴퓨터를 쓰는 건 봤습니다"라고 답했다.

이에 새누리당 하태경 의원이 "지금 국민들은 청와대 문건이 최순실의 태블릿으로 가고, 거기에서 최순실이 작성해서 다시 돌려주고 이렇게 알고 있는데 오늘 증인의 말씀과 (JTBC의) 보도가 너무 다르다"고 하자, 고영태는 "그래서 말씀드렸듯이 태블릿을 습득하고 방송에 냈던 그 JTBC 기자분이 (청문회에) 나와서 명확히 설명해 주셔야지 저도 오해를 받지 않는다"고 강조했다.

이처럼 청문회에서 확신에 찬 어조로 증언한 고영태는 검찰 조사에서도 '최서원이 태블릿을 들고 다닌다'는 사실을 부정한 바 있다. 2016년 10월 27일 검찰 조사에서 고영태는 최서원이 사용한 건 태블릿이 아니라, '노트북'이라고 진술한 것이다.

최서원을 가까이서 지켜봤다는 장시호(최서원의 조카)와 박헌영(K스포츠재단 과장)도 마찬가지였다. 장시호는 2016년 12월 7일 청문회에서 "사용하지 못하는 걸로 알고 있다. 그걸로(태블릿으로) 메일을 열어본다든가 하는 건 못하는 걸로 안다"고 밝혔다. 박헌영도 12월 15일 청문회에서 "(최서원이) 태블릿을 쓰는 모습은 한 번도 보지 못했다"고 반복해서 증언했다.

최서원이 **태블릿을 들고 다니며** 연설문을 수정했다는 10월 19일 심수미의 단독 기사는 이렇게 훗날 인터뷰 당사자인 고영태뿐만 아니라 장시호, 박헌영 등 여러 증인들에 의해 공개적으로 반박됐다. JTBC는 고영태의 인터뷰 발언을 자신들의 입맛에 맞게 조작해서 미끼를 던졌다고 볼 수 있다.

그리고 이틀 뒤인 10월 21일 이원종 비서실장이 "봉건시대에도 있을 수 없는 일"이라고 해명하자 기다렸다는 듯이 24일부터 태블릿 보도를 시작, 청와대를 거짓말쟁이로 몰아갔다. 이 때문에 청와대는 언론들의 온갖 허위보도에 어떠한 해명이나 대응을 할 수 없는 지경에 몰리고 말았다.

JTBC 태블릿 보도 이후 쏟아진 '가짜뉴스'

JTBC는 태블릿 특종 첫 날(2016년 10월 24일) 태블릿을 'PC'라고만 보도하면서 그 PC가 왜 최서원의 것인지 확실한 증거를 거의 제시하지 못했다. 이 때문에 보수층 사이에서는 최서원의 것이 아닐 수도 있다는 조작설이 퍼지고 있었다. 하지만 다음날인 10월 25일 더 이상 진위 여부를 따질 필요가 없는 사태가 벌어진다. JTBC 보도와 관련해 대통령이 대국민 사과를 한 것이다.

존경하는 국민 여러분, 최근 일부 언론 보도에 대해 국민 여러분께 제 입장을 진솔하게 말씀드리기 위해 이 자리에 섰습니다. 아시다시피 선거 때는 다양한 사람들의 의견을 많이 듣습니다.

최순실 씨는 과거 제가 어려움을 겪을 때 도와준 인연으로 지난 대선 때 주로 연설이나 홍보 등의 분야에서 저의 선거운동이 국민들에게 어떻게 전달됐는지에 대해 개인적인 의견이나 소감을 전달해 주는 역할을 했습니다. 일부 연설문이나 홍보물도 같은 맥락에서 표현 등에서 도움 받은 적이 있습니다. 취임 후에도 일정 기간 동안은 일부 자료들에 대해 의견을 물은 적은 있으나 청와대 보좌체계가 완비된 이후에는 그만뒀습니다.

저로서는 좀 더 꼼꼼하게 챙겨보고자 하는 순수한 마음으로 한 일인데 이유 여하를 막론하고 국민 여러분께 심려를 끼치고, 놀라고 마음 아프게 해드린 점에 대해 송구스럽게 생각합니다.

대통령이 JTBC 보도를 인정한다는 듯이 사과를 해버리니 JTBC 보도에 의문을 갖고 있던 미디어워치 같은 언론들의 검증 취재는 한 달 이상 늦춰졌다. 그리고 대통령은 탄핵안이 가결될 때까지 온갖 날조·왜곡 보도에 무방비로 노출될 수밖에 없었다. 당시 월간조선의 배진영 기자는 대통령을 허위 음해하는 가짜뉴스가 25종류나 된다면서 그 사례들을 지적했다.

1. 트럼프, "여성 대통령의 끝을 보려거든 한국의 여성 대통령을 보라" 발언 - YTN
2. 미국 대사관, 최태민을 '한국의 라스푸틴'이라고 평가 - 중앙일보

3. 최순득은 박근혜 대통령과 성심여고 동기동창 - 경향신문

4. K스포츠 이사장은 최순실 단골 마사지집 사장 - 전 언론

5. 최순실 아들, 청와대 근무 - 시사저널

6. 건설산업사회진흥재단은 '제3의 미르' - 채널A

7. 박근혜, 세월호 가라앉을 때 '올림머리' 하느라 90분 날렸다 - 전 언론

8. 박근혜, 불법 줄기세포 시술 - SBS

9. 대통령, 차움 시설 무상 이용…가명은 '길라임' - JTBC

10. 靑, 태반주사 8개월간 150개 구매…수술용 혈압제 무더기 구매…비아그라에 이어 '제2의 프로포폴'까지 구입 - 전 언론

11. 주진우, "섹스 관련 테이프 나올 것" - 뉴스프로

12. 청와대서 사용하던 마약류가 사라졌다 - 전 언론

13. 청와대 의약품 대장 속 '사모님'은 최 씨 자매 중 한 명 - 전 언론

14. 안민석, "신주평, 공익복무 때 독일서 신혼생활 의혹" - 전 언론

15. 최순실, 대통령 전용기로 해외순방 동행 - 채널A

16. 경호실이 최순실 경호했다 - KBS

17. '보안손님' 차은택과 발모제 의혹 - 채널A

18. 박근혜, 최순실을 '선생님'이라고 불러 - 동아일보

19. 대통령 옷값은 최순실이 냈다 - 전 언론

20. 박근혜, 평일에도 관저에서 TV 시청 - 채널A

21. '통일대박'은 최순실 아이디어 - 전 언론

22. 최순실, DMZ 평화공원 사업에도 간여 - 한겨레

23. 최순실, 무기 로비스트 린다 김과 친분 - 전 언론

24. 박근혜 대통령이 무속에 빠졌다 - 전 언론

25. 美 대사관도 촛불 지지?…'1분 소등' 동참 - 중앙일보

배진영 기자가 정리한 가짜뉴스는 일부 유튜버들의 저급한 선동

이 아니다. 모두 '제도권' 언론들이 쏟아낸 조작·날조 보도다. 훗날 JTBC는 '최순실 태블릿'을 탄핵의 스모킹건(smoking gun, 결정적 증거)이라고 표현했는데, 사실 정확한 평가라고 할 수 있다. 사실인지 아닌지 불확실했던 국정농단이 실제 존재하는 팩트라고 확신을 갖게 만든 것이 '최순실 태블릿'이기 때문이다.

태블릿이라는 '물증物證'이 등장하자 그제서야 언론들은 박근혜와 청와대를 맹폭격하기 시작했다. 문제는 상당수가 허위·날조 보도였다는 점이다. 결국 JTBC의 태블릿 보도는 언론들이 거짓보도를 쏟아내도록 물꼬를 트는 역할을 했다. 이에 청와대가 무방비로 무너지면서 대통령의 지지율이 한 자릿수 이하로 수직 낙하했다. 당장이라도 탄핵당할 수 있는 환경이 단숨에 만들어진 것이다.

태블릿이 아닌 'PC'라고 첫 보도한 JTBC

앞서도 설명했듯이 2016년 10월 24일 태블릿 보도 첫날에 JTBC는 최서원이 청와대 문건을 'PC'로 받아봤다고 보도했다. 이날 JTBC는 태블릿의 '태'자도 꺼내지 않았다. 누가 들어도 데스크톱PC를 떠올리도록 'PC'라는 표현만 일관되게 쓴 것이다.

그 이유에 대해 JTBC 손용석 기자(당시 특별취재팀장)는 2018년 10월 필자의 재판에 증인으로 나와 "최순실 측의 대응에 혼선을 주기

(위) JTBC는 2016년 10월 24일 태블릿 보도 첫 날 'PC' 또는 '컴퓨터'라고만
표현해 마치 데스크톱PC를 입수한 것처럼 보도했다.
(아래) 다음날인 10월 25일 JTBC의 특종보도를 인용한 타 언론사들도
'최순실 PC'라고 표현할 수밖에 없었다. [출처 JTBC, 채널A]

위해 데스크톱PC인 것처럼 보도했다"고 증언했다. 시청자에게 정확한 정보를 전달해야 하는 언론사가 보도 대상자를 혼란케 하기 위해 고의로 거짓 보도를 했다는 말이다.

하지만 그보다는 청와대가 제대로 대응을 못하도록 만들 목적이 더 컸을 것이다. 만일 보도 첫 날부터 '태블릿'이라고 정확히 말했다

면, 태블릿을 한 번도 써본 적이 없는 최서원 측이 즉시 반발할 게 뻔하다. 그렇게 되면 청와대 역시 JTBC 보도의 진위를 따져봤을 것이다. 태블릿은 소유자가 특정이 되는 모바일 기기이기 때문에 개통자가 누구인지부터 확인했을 것이고, 개통자가 최서원이 아닌 청와대에서 일하는 김한수 행정관으로 드러나면,[2] 태블릿이 어떻게 최서원의 것이냐는 논란에 빠질 수밖에 없다. 더불어 청와대 행정관(김한수)의 태블릿에 청와대 문건들이 잔뜩 들어있는 게 무슨 국정농단이냐는 반박도 당하게 된다.

이처럼 소유자를 즉시 확인할 수 있는 태블릿과 달리 'PC'라고 보도하고, 더욱이 그 'PC'를 어디서 입수했는지 출처도 명확히 밝히지 않는 바람에 청와대나 최서원은 아무런 대응을 못했던 것이다. 결국 다음날 대통령은 "연설문 표현에서 최순실의 도움을 받은 바 있다"는 대국민 사과를 할 수밖에 없었다.

보도 대상자를 상대로 '속임수'를 쓴 JTBC의 행태는 언론 윤리상 있을 수 없는 일이었다. 이 목적만을 위해 국민들까지 동시에 속였다. JTBC는 모두를 속이는 기만 행위로 10월 25일 대통령의 사과까지 끌어낸 후, 다음날인 26일 자신들이 입수한 건 '태블릿PC'였다는 사실을 처음으로 공개했다.

---

[2] 뒤에서 자세히 설명하겠지만, 태블릿의 개통자 명의는 ㈜마레이컴퍼니다. 개통 당시 (2012년 6월) 마레이컴퍼니의 대표이사는 김한수였다. 그 후 4년이 지나 국정농단 사태가 벌어진 2016년 10월 시점에 김한수는 청와대 행정관으로 일하고 있었다.

대통령의 사과를 끌어낸 JTBC는 다음날인 10월 26일에야 자신들이 입수한 'PC'가 태블릿PC였다는 사실을 처음으로 밝혔다. [출처 JTBC]

태블릿에는 문서 수정 프로그램이 없었다

2016년 10월 24일 태블릿 보도 첫날, JTBC가 가장 이슈로 띄운 것은 대통령의 드레스덴 연설문이었다. JTBC 김태영 기자는 「발표 전 받은 '44개 연설문…극비 '드레스덴'까지」라는 보도에서 다음과 같이 전했다.

> 박 대통령은 신년기자회견에서 통일대박론을 제안합니다. 그리고 2개월 뒤 독일 드레스덴 연설에서 구체적인 방법론을 내놓습니다. [독일 드레스덴 연설(2014년 3월 28일) : 한국의 자본·기술과 북한의 자원·노동이 유기적으로 결합하는 것을 의미하며, 장차 한반도 경제공동체 건설에 기여할 수 있을 겁니다.]

당시 연설은 오바마 대통령이 공식 지지하는 등 국내외적으로 커다란 반향을 일으켰습니다. 그만큼 극도의 보안 속에 작성됐던 걸로 전해집니다. 그런데 JTBC 취재팀이 입수한 최순실 파일에 따르면 최 씨는 박 대통령 연설이 있기 하루 전, 드레스덴 연설문의 사전 원고를 받아본 것으로 확인됐습니다. 박 대통령 연설이 시작된 건 한국시각으로 3월 28일 오후 6시 40분쯤. 최 씨가 파일 형태로 전달된 원고를 열어본 건 3월 27일 오후 7시 20분입니다. 하루가 빠릅니다. 그런데 최 씨가 미리 받아본 원고 곳곳에는 붉은 글씨도 있습니다. 이 부분은 박 대통령이 실제로 읽은 연설문에서 일부 내용이 달라지기도 했습니다.

JTBC는 대외·안보 정책 전반을 다룬 드레스덴 연설문조차 최서원이 미리 받아보고, 수정했다는 취지로 보도했다. 그러면서 빨갛게 수정한 드레스덴 연설문과 최서원의 사진을 오버랩한 영상을 화면에 띄웠다. 그리고 이틀 뒤인 10월 26일 손석희 앵커는 "저희들의 보도는 대부분 태블릿PC를 근간으로 하고 있다"며 "JTBC는 최순실 씨가 태블릿PC를 들고 다니면서 연설문도 고치고, 회의 자료도 보고받았다고 보도해 드렸다"는 멘트로 뉴스를 시작했다. 최서원이 "태블릿을 들고 다니면서 연설문을 고쳤다"고 분명히 표현한 것이다.

사실 이보다 일주일 전인 10월 19일 심수미 기자도 마찬가지였다. 심수미는 「'20살 정도 차이에 반말'…측근이 본 '최순실-고영태'」라는 기사에서 "(최서원이) 평소 태블릿PC를 늘 들고 다니고, **그걸 통해서** 연설문이 담긴 파일을 수정했다"고 보도한 것이다. 최서원이 '태

JTBC는 2016년 10월 24일 보도에서 빨갛게 수정한 드레스덴 연설문과 최서원의 사진을 오버랩한 영상을 띄웠다. 이러한 보도와 함께 연설문을 받아본 PC가 태블릿PC였다는 10월 26일자 보도가 더해지면서, 시청자들은 최서원이 태블릿을 들고 다니며 연설문을 수정했다고 인식했다. [출처 JTBC]

블릿을 통해서' 연설문을 수정했다는 것 말고는 다른 해석의 여지가 없는 문장이다.

하지만 태블릿에는 문서 수정 프로그램이 없었다는 사실이 나중에야 밝혀졌다. 문서 열람만 할 수 있는 '한글뷰어'라는 프로그램만 설치되어 있었다. 2017년 11월 실시된 국과수(국립과학수사연구원) 포렌식 감정에서 확인된 사실이다. 따라서 JTBC가 입수한 태블릿은 문서 파일을 볼 수만 있지 수정까지 하는 건 불가능했다.[3]

---

3 본 책 5장에서 설명할 예정이지만, 태블릿의 '한글뷰어' 프로그램은 2012년 11월 27일(대선 유세 첫 날)에 설치됐다. 그 이전 태블릿은 요금 미납으로 석 달간 이용 정지됐다. 김한수는 11월 27일 오후 1시 10분경 자신의 개인카드로 연체요금(37만 5,460원)을 한꺼번에 납부하고 이용 정지를 풀었다. 그리고 5분 뒤인 1시 15분경 한글뷰어를 곧바로 설치했다. 따라서 태블릿에 한글뷰어를 설치한 사람은 김한수라고 추정할 수 있다.

> 변호인-2-(1)-①항 : 이건 태블릿PC에 설치된 문서 작성 및 수정·저장 프로그램은 어떠한지
>
> 1) 감정당시 감정물 태블릿PC에 설치된 어플리케이션 목록을 분석한 결과 표 6과 같으며, 이 중 ==문서 작성 및 수정·저장이 가능한 어플리케이션은 발견되지 않음.== 한편, 네이버 오피스, 구글, 넷피스 24 등과 같이 온라인 상에서 문서 작성 및 수정·저장이 가능하지만, ==인터넷 접속 기록을 살펴본 결과, 해당 서비스에 접속한 이력은 발견되지==

> ==않음==(아래 표 6의 어플리케이션 목록은 자동분석보고서 2종의 결과를 통해 작성된 목록임).

2017년 11월 국과수는 태블릿에 문서 수정 애플리케이션(프로그램)은 없으며 온라인상으로 문서 수정을 한 흔적도 발견되지 않았다는 감정 결과를 발표했다.

훗날 JTBC 기자들은 필자의 태블릿 재판에 나와 문서 수정 프로그램이 없다는 사실을 나중에야 알게 됐다고 증언했다. 하지만 포렌식 기록과 맞지 않는 변명일 뿐이다. JTBC는 태블릿을 입수한 날(2016년 10월 20일)부터 태블릿의 문서들을 열람했다. 그렇다면 '한글 뷰어'로 열람했을 것이고, 태블릿에서는 문서 수정을 할 수 없다는 사실도 곧바로 알아챘을 것이다.

결국 필자의 재판에서 JTBC는 "태블릿으로 문서를 받았다"고만 보도했지 "태블릿으로 수정했다"고 보도한 적은 한 번도 없다고 주장했다. 놀라운 것은 JTBC가 이렇게 뻔뻔한 거짓말로 일관해도 검찰과 법원은 진실한 주장이라며 JTBC의 손을 들어줬다는 점이다. 필자에 대한 구속영장, 공소장, 1심 판결문은 "태블릿에 문서 수정

앱(프로그램)이 없으므로, JTBC의 보도는 허위"라고 지적한 필자를 구속하고, 유죄 판결을 내린 것이다.

하지만 앞서도 살펴봤듯이 JTBC는 연설문을 '태블릿으로' 수정했다고 여러 차례 보도했다. 특히 2016년 12월 8일 「JTBC 뉴스룸 '태블릿PC' 어떻게 입수했나」에서 심수미는 "태블릿PC 수정"이라는 표현까지 썼다. 이 보도를 보고도 '아, 최순실은 태블릿으로 연설문을 확인만 하고, 수정은 전화로 지시했구나', 이렇게 이해할 시청자가 얼마나 있었을까.

손석희 앵커 그런데 어제 고영태 씨는 국정조사에서 태블릿PC를 쓰는 걸 본 적이 없다, 최 씨가. 그렇게 얘기하지 않았나요?

심수미 기자 저도 어제 그 화면을 봤습니다. 하지만 고 씨는 분명히 저와 있었던 그 자리에서 최순실이 **태블릿PC 수정**과 관련해서 말을 하면서 최순실이 하도 많이 고쳐서 **화면이 빨갛게 보일 지경**이라는 표현도 했었습니다. 실제로 드레스덴 연설문을 보면 수정된 부분에 빨간 글씨가 많이 보입니다.

JTBC는 이제 와서 태블릿으로 열람만 했다고 주장하지만, 이것도 사실 증거가 없다. 국과수 포렌식 기록에 따르면, 드레스덴 연설문은 kimpa2014@gmail.com이라는 이메일로 다운로드 받았다. 김휘종 당시 청와대 행정관이 2014년에 만든 계정이다. 김휘종은 청와대 직원들이 공용으로 사용할 목적으로 계정을 만들었고, 이를 정호성 비서관에게 보고했다고 진술한 바 있다. 정호성은 최서원에게 kimpa2014@gmail.com을 알려준 기억이 없다고 했다. 최서원도 이런 메일 계정이 존재한다는 사실 자체를 모른다고 진술했다.

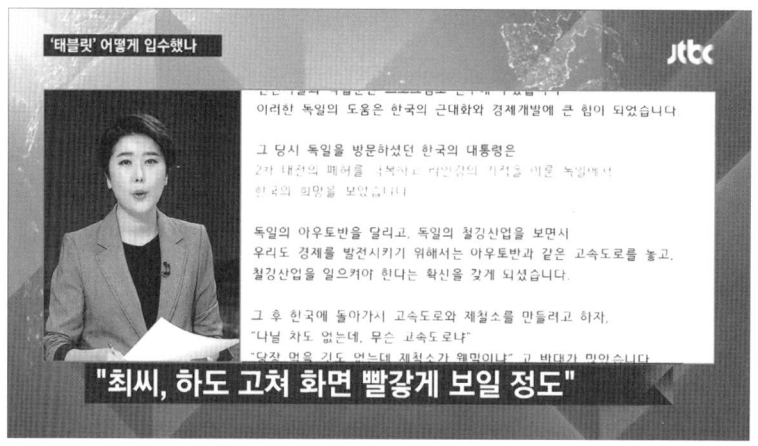

JTBC는 2016년 12월 8일자 보도에서도 "태블릿PC 수정", "화면이 빨갛게 보일 지경" 이라는 표현과 함께 화면의 좌측 상단에는 '태블릿 어떻게 입수했나'라는 제목을 넣고, 화면 오른쪽에는 빨갛게 수정된 드레스덴 연설문을 띄웠다. [출처 JTBC]

결국 최서원이 kimpa2014@gmail.com을 공유했다는 증거가 없는 이상, 드레스덴 연설문을 태블릿으로 받은 그 누군가는 최서원일 확률이 없는 것이다. 오히려 kimpa2014@gmail.com의 존재야말로 태블릿 사용자가 최서원이 아닌 청와대 홍보 직원 김한수나 김휘종일 수밖에 없다는 결정적인 증거가 된다.

3	정상	Incoming	한류3	[null,"kimpa2014@gmail.com","\uc1a1\ud30c\ub791"]	2014-03-27 PM 07:32:19		Body2_00002.html
- Snippet			:	@@ < 1안 : 3대 원칙을 넣은 것> 저는 남북간의 장벽을 허물고 통일을 준비하는 과정에서 3대 원칙을 지켜나 가고자 합니다. 첫째, 인도주의 원칙입니다. (Agenda for Humanity) 먼저 분단으로 상처받은 이산가족들의 아픔부터 덜어야 합니다. 당연히 함께 살아야 할 가족 간의 만남조차 외면하면서 민족을 말할 수는 없습니다. 자그마치 70년입니다. 이 분들이 평생 아들 딸 한번 만나보기는 ...			
- To			:	[[null,"kimpa2014@gmail.com","\uc1a1\ud30c\ub791"]]			
- 해시값 (SHA1)			:	4AC0B2561A65C35A59598F637FB9FA4A53BA8842 (Body2_00002.html)			

국과수 포렌식 기록에 따르면, 태블릿 사용자는 2014년 3월 27일 kimpa2014@gmail.com 이메일을 통해 드레스덴 연설문을 다운로드 받았다.

최서원의 셀카? 5살 여자아이의 셀카

JTBC의 태블릿 보도를 보면 정말 최서원의 것인지 객관적인 근거가 없어도 너무 없었다. 태블릿에 저장된 최서원의 사진 2장이 전부라고 해도 과언이 아니다. 하지만 이 역시 충분한 근거라고 보기 어렵다. 예를 들어 필자의 사진이 누군가의 휴대폰에 있다고 해서 그 휴대폰이 필자의 것이라고 말할 수는 없는 것이다.

JTBC는 최서원의 사진을 크게 부각시키며 보도했지만, 태블릿의 사진갤러리에는 최서원 사진 2장 외에도 15장의 사진이 더 있었다. 총 17장의 사진은 모두 2012년 6월 25일 최서원과 조카들이 저녁 모임을 가질 때 식당 안에서 찍은 사진들이다. 따라서 태블릿의 사진갤러리에는 이날 식당에서 찍은 사진들만 존재하는 것이다.

최서원의 사진 2장 중에 특히 관심을 끌었던 건 '최서원 셀카' 사진이다. 나머지 한 장은 최서원이 입가에 손가락을 대는 사진인데,

최서원이 직접 찍은 셀카가 아니라 다른 사람이 촬영한 사진이다. 그런데 JTBC가 이 사진도 셀카인 것처럼 교묘히 편집하는 바람에 JTBC 보도를 인용한 일부 언론사들이 '최서원 셀카' 사진이 마치 2장인 것처럼 보도하기도 했다.

JTBC가 공개한 최서원 사진 2장. 오른쪽 사진을 '최서원 셀카'라고 하면서 태블릿이 최서원의 것임을 강조했다. [출처 JTBC]

'최서원의 셀카'라고 하는 사진도 자세히 보면 최서원이 촬영한 셀카가 맞는지 확실치 않다. 보통 셀카 사진에서는 시선이 카메라 정면 쪽을 향할 수밖에 없는데, 최서원의 시선 방향은 카메라 쪽이 아니라 다른 곳을 향하고 있다. 또한 태블릿은 한 손으로 들고 셀카를 찍기에는 크고 무겁다. 최서원 혼자서 태블릿을 들고 셀카를 찍을 때, 과연 '최서원 셀카' 같은 사진이 나올 수 있는지 의심스러운 것이다.

이 때문에 보수 진영의 김기수 변호사는 영상 전문가와 함께 동일 기종의 태블릿으로 실험을 해봤다. 그 결과 최서원 혼자서는 '최서원 셀카' 같은 사진이 도저히 나올 수 없다고 했다. 자세가 안 나온다는 것이다. 그렇다면 '최서원 셀카' 사진도 최서원이 아니라 누군가가 찍어준 사진일 가능성이 높다. 태블릿 카메라를 셀카 모드로 해서 촬영하긴 했지만, 카메라의 방향만 최서원 쪽으로 돌려서 찍은 사진이란 의미다. 그렇다면 누가 찍어준 것일까.

이날 식당에는 태블릿을 들고 다니며 사진을 찍어대던 5살짜리 여자아이가 있었다. 그래서 태블릿에는 여자아이의 셀카 사진이 7장이나 들어있다. 셀카 주인이 태블릿의 주인이라는 JTBC의 논리를 적용하면 태블릿의 주인은 여자아이나 그 부모여야 마땅하다. 여자아이는 최서원의 외조카 장승호의 딸이다. 이날 저녁 모임은 베트남에 있던 장승호가 귀국해서 이모 최서원과 사촌들이 오랜만에 모인 자리였다.

식사 장소는 청담동에 있는 한 중식당이었다. 식당 바로 옆 건물에 당시 김한수가 대표이사로 있던 '마레이컴퍼니' 사무실이 있었다. 이날 식당에는 최서원의 조카 이병헌과 장시호도 있었다. 이병헌과 김한수는 아주 절친한 고교 동창이다. 장승호, 장시호도 김한수와 오랜 기간 친분이 있었다. 김한수는 당시 최서원과 모르는 관계였지만 회사 사무실도 식당 옆 건물이고, 최서원의 조카들과 식사를 해도 전혀 어색하지 않은 자리였을 것이다. 훗날 최서원은 이날의 기억을 더듬어 이병헌의 친구가 잠시 들렀는데 나중에 다시 생각해보니 김한수가 맞다고 증언했다.

따라서 이날 태블릿은 김한수가 가져왔을 가능성이 높다. 장승호의 어린 딸이 김한수가 가져온 태블릿에 관심을 갖고 이리저리 들고 다니며 사진을 찍었다고 분석할 수 있다. 그래서 태블릿에 저장된 17장의 사진들 대부분이 초점이 심하게 흔들리고 피사체의 구도도 엉망이다. 당연히 어른이 찍었다고 보기 어려운 사진들이다. 연속성을 감안해도 셀카를 7장이나 찍은 여자아이가 나머지 사진도 다 찍었다고 봐야 자연스럽다. '최서원의 셀카' 역시 여자아이가 태블릿을 들고 다니며 대충 찍어준 사진일 가능성이 크다.

JTBC가 태블릿을 발견한 2016년 10월 18일 영상으로 촬영한 사진갤러리 화면.
5살 여자아이의 셀카 사진이 7장으로 가장 많이 나온다. [출처 JTBC]

태블릿에는 딱 한 장 초점이 깨끗한 사진이 있는데 바로 JTBC가 대대적으로 보도한 장승호의 사진이다. JTBC는 이 사진으로 최서원의 가계도까지 그려가며 비선실세 의혹에 열을 올렸다. 반면에 셀카 사진이 7장이나 들어있는 여자아이의 존재는 철저히 숨겼다. 그렇지 않으면 셀카 한 장으로 최서원의 태블릿으로 단정한 자신들의 논리가 뒤집힐 수 있기 때문이다.

저도猪島 사진, 청와대 홍보팀의 사용 증거

JTBC는 대통령이 대국민 사과를 하던 2016년 10월 25일 저녁부터 대통령의 사과 내용을 반박하는 보도를 내보냈다. 최서원이 연설문 표현을 조언해준 사실을 대통령이 인정하기는 했지만 "어려움을 겪을 때 도와준 인연"이라며 사적인 지인 정도로 선을 긋는 대통령의 사과는 거짓말이라는 것이다.

이날 밤 JTBC는 「공개 안 된 박 대통령 '저도4 휴가' 사진도 등장」이라는 기사에서 일반에 공개되지 않은 대통령의 여름휴가(2013년 7월) 사진들이 태블릿에 저장되어 있다며 최서원이 미공개 사진까지 미리 받아보고 파워포인트(PPT)로 보고도 받았다고 보도했다.

---

4 저도는 경남 거제시 장목면 유호리에 있는 섬이다. 이승만 정권 시절부터 대통령의 여름 휴양지로 이용됐다. 대통령 전용 별장인 '청해대(青海臺, 바다의 청와대)'가 있고, 군(軍) 시설이 있어 일반인의 출입을 제한했지만 2019년 9월 문재인 대통령이 일반 국민에게 개방하는 조치를 취했다.

이날 손석희는 "(최서원이) 대통령의 발언이나 홍보 업무뿐만 아니라 여름휴가 일정까지 챙겼다", "철저한 보안 속에 007 작전 같은 휴가를 갔는데 일반에 공개되지 않았던 사진, 그러니까 사실상 저도에서 찍은 모든 사진을 가지고 있었다"고 의미를 부여했다. 다음날인 10월 26일 손석희는 저도 휴가 사진을 다시 언급하며 아래와 같이 논평했다.

> 이 사진은 대통령이 취임 이후 가진 저도에서의 첫 여름 휴가 사진입니다. 하반기 국정 운영을 고민하겠다며 떠난 휴가로 당시 일정과 장소는 청와대 내부에서도 몇몇만 아는 비밀이었는데요. 역시 최순실 씨는 사전에 혹은 실시간으로 보고받았습니다. 안보기밀부터 국가정책, 인사와 대통령의 신변잡기까지 시시콜콜 보고받았던 것으로 확인이 됐는데요. 즉, 대통령의 해명처럼 단지 연설문이나 홍보에 도움을 받았다는 차원을 넘어서는 것들입니다.

이처럼 호들갑스러운 JTBC의 보도는 태블릿이 '최서원의 것'이 분명하고, 저도 사진을 다운로드 받을 때 사용한 메일(zixi9876@gmail.com) 계정도 최서원이 혼자 사용할 때만 가능한 주장이다. 만일 2013년 7월 당시에 청와대 홍보팀 직원이 태블릿을 갖고 있었고 zixi9876@gmail.com도 쓰고 있었다면, 태블릿에 있는 미공개 저도 사진이나 PPT 문서는 오히려 청와대 홍보팀의 업무 흔적에 해당한다.

우선 태블릿이 '최서원의 것'이라는 주장은 당시에도 근거가 거의 없던 JTBC의 일방적인 주장일 뿐이다. zixi9876@gmail.com은 최서원뿐만 아니라 정호성, 이재만, 안봉근, 김휘종, 김한수 등 청와대 직원들이 공유하던 이메일 계정이었다.

따라서 태블릿의 저도 사진은 오히려 김한수, 김휘종 등 당시 청와대 홍보 담당자가 태블릿을 사용한 증거라고 할 수 있다. 태블릿을 개통하고 직접 요금을 납부한 김한수이거나, 또는 김한수와 함께 홍보 업무를 하며 대통령 사진을 담당했던 김휘종일 확률이 높은 것이다.

JTBC는 최서원이 대통령의 비공개 휴가 일정까지 사전에 보고받는 비선실세임을 강조하기 위해 태블릿의 저도 휴가 사진을 보도했다. [출처 JTBC]

이러한 사실은 포렌식 기록에서 확인된 '철야 작업' 흔적에서도 드러난다. 이는 필자의 태블릿 재판 변호인이었던 차기환 변호사가 포렌식 전문가와 함께 분석한 내용이다. 차 변호사가 확인한 바에 따르면, 태블릿 사용자가 zixi9876@gmail.com 계정으로 "VIP초이스 사진입니다"라는 설명과 함께 저도 사진을 다운받은 시간은 2013년 7월 29일 저녁 7시 35분이다. 이어 태블릿 사용자는 밤 8시 12분까지 '기타사진', '다시 보냅니다', '기타 사진 다시 보냅니다', '기타2' 같은 메일에서 사진을 전달받았다.

627	정상	수신	zixi9876@gmail.com	zixi9876@gmail.com	2013-07-29 19:35:14	vip초이스	vip초이스 사진입니다
	- 유형		: 이메일				
628	정상	수신	zixi9876@gmail.com	zixi9876@gmail.com	2013-07-29 19:40:16	기타 사진	기타 사진입니다
	- 유형		: 이메일				
629	정상	수신	zixi9876@gmail.com	zixi9876@gmail.com	2013-07-29 20:09:25	다시보냅니다	
	- 유형		: 이메일				
630	정상	수신	zixi9876@gmail.com	zixi9876@gmail.com	2013-07-29 20:11:13	기타 사진 다시보냅니다	
	- 유형		: 이메일				
631	정상	수신	zixi9876@gmail.com	zixi9876@gmail.com	2013-07-29 20:12:27	기타 2	
	- 유형		: 이메일				

포렌식 기록을 보면 당시 태블릿 사용자는 청와대 홍보 담당자 중 한 명으로 추정된다. 청와대 직원들의 공용 이메일 zixi9876@gmail.com을 통해 "VIP초이스 사진입니다", "기타 사진 다시 보냅니다" 등의 소통을 하며 저도 사진들을 주고받았다.

국과수 포렌식 자료 '멀티미디어' 로그에서는 이렇게 다운로드 받은 저도 사진들을 태블릿 사용자가 수정한 흔적도 포착됐다. 수정 작업은 이튿날 7월 30일 새벽 3시 13분까지 이어졌다. 철야 작업으로 수정한 사진들은 같은 날 오후 5시 39분 대통령의 공식 페이스북을 통해 공개됐다.

태블릿에는 사진 공개 후의 반응을 보고하기 위한 것으로 추정되는 기록도 있는데, 당시 태블릿 사용자는 관련 작업을 다음날인 7월 31일 오후 1시 17분까지 했다. 그래서 태블릿에는 저도 사진을 올린 블로그를 캡처한 파일과 '페이스북.ppt'라는 제목의 사진 파일이 여러 장 남아있다.

이러한 기록은 전형적인 홍보 담당자의 업무 흔적과 일치한다. VIP가 선택한 사진을 받은 후, 다음날 공개 일정에 맞추기 위해 심야에 수정 작업을 하고 의견을 주고받던 기록인 것이다. 60대 컴맹 할머니인 최서원이 늦은 새벽까지 태블릿으로 저도 사진을 직접 수정하고, 일일이 화면 캡처를 하며 파워포인트(PPT)를 만들거나 들여다봤을 리는 만무하다. JTBC의 주장대로 대통령의 머리 위에서 국정 전반을 지휘하던 막강한 비선실세가 젊은 직원들이나 할 법한 실무 작업을 새벽까지 잠도 안 자고 했다는 것인가.

저도 휴가 사진은 SNS 홍보 담당자였던 김한수, 김휘종이 모를 수가 없는 기록이다. zixi9876@gmail.com 계정을 공유하던 정호성 비서관도 내막을 알고 있을 가능성이 높다. 그럼에도 이들은 JTBC의 저도 휴가 사진 보도에 한마디의 반박도 없이 지금도 입을 닫고 있는 것이다.

최서원도 모르는 젊은 여성의 사진과 연락처

2017년 8월경에는 검찰 측 포렌식 보고서[5]가 언론에 공개됐다. 보고서에서 특히 시선을 끈 것은 반복적으로 등장하는 젊은 여성의 사진이었다. 이 여성은 2012년 10월부터 석 달간 박근혜 캠프 SNS팀에서 일하던 김수민 씨로 밝혀졌다. 대선이 끝난 후 김한수, 김휘종(대선캠프 SNS팀장)이 청와대로 간 것과 달리 김수민은 화장품 회사에서 평범한 직장인으로 일하고 있었다.

태블릿에서 김수민의 흔적은 사진뿐만이 아니라 이메일 주소로도 남아있었다. 포렌식 보고서에 따르면 태블릿에 저장된 연락처는 전화번호와 이메일 주소 등 총 15개다. 전화번호는 김 팀장(김휘종 행정관), 춘 차장(고 이춘상 보좌관), 김한수(태블릿 개통자), 이병헌(김한수의 고교 동창) 4명뿐이다. 이메일 주소는 zixi9876@gmial.com, glomex@paran.com, amy.smkim@gmail.com 등 3건이다. 나머지는 단순한 별명이거나, 삭제된 연락처다.

이 중 amy.smkim@gmail.com이 김수민의 이메일 주소다. 김수민은 캠프에서 박근혜 후보의 SNS 홍보물을 만들어 페이스북

---

[5] 검찰은 2016년 10월 25일 포렌식을 실시했다. 검찰이 '포렌식 보고서'라고 명칭을 붙였지만 포렌식 과정에서 자동으로 생성되는 문건이며, 태블릿의 모든 파일과 기록들을 단순 나열한 수준의 보고서다. 따라서 포렌식 전문가의 분석은 들어가 있지 않다. 박근혜 대통령 재판에 증거로 제출되면서, 변호인을 거쳐 2017년 8월경 언론에 공개됐다.

에 올리는 업무를 담당했다. 이때 사용한 김수민의 페북 아이디도 'amie kim'이다. 김수민의 이메일 주소가 태블릿 연락처에 저장되어 있다는 것은 당시 '태블릿 사용자'와 김수민이 서로 연락을 주고받는 관계라는 뜻이다.

그런데 최서원은 김수민과 아무런 일면식도 없다. 김수민은 대선 캠프에서 석 달간 잠시 실무 직원으로 일한 게 전부다. 2012년 당시 최서원의 존재는 캠프에 전혀 알려지지 않았다. 최서원도 김수민을 모른다고 진술했다. 따라서 김수민의 사진과 이메일 주소가 태블릿에 있다는 것은 태블릿이 '최서원의 것'이 될 수 없음을 보여주는 대표적인 증거가 된다.

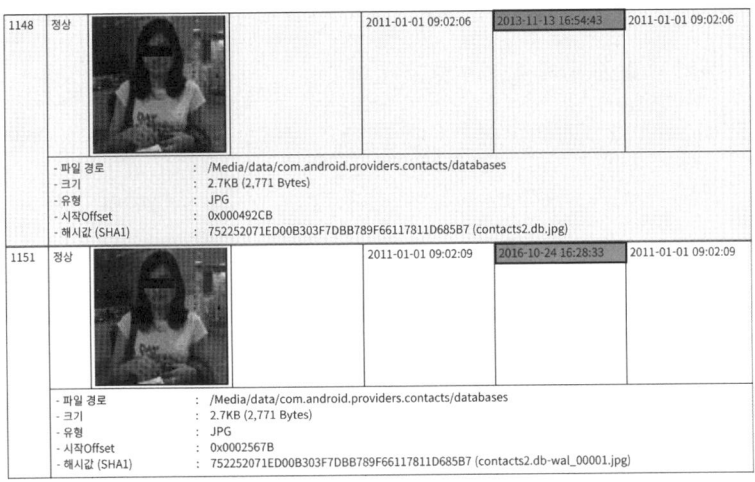

태블릿에는 최서원과 일면식도 없는 젊은 여성의 사진 53장이 저장돼 있다.
박근혜 캠프에서 근무한 김수민 씨의 사진이다. 김수민은 김휘종과
2012년부터 꾸준히 연락하는 관계였다.

그렇다면 김수민과 관련된 인물은 누구일까. 김휘종 전 청와대 행정관은 2012년 대선캠프에서 SNS팀장을 맡았고, 김수민과는 팀장과 팀원으로 인연을 맺었다. 그리고 2020년 무렵까지 둘은 꾸준히 연락하는 관계였다. 포렌식 기록에 따르면 김수민 사진은 2013년 11월 13일 태블릿에 처음 등장한다. 대선캠프가 해산되고 1년이 지난 시점으로 김휘종이 청와대 행정관으로 있던 시기였다. 따라서 이 무렵 태블릿은 어떠한 이유에서든 김휘종의 손에 있었다고 추정할 수 있다. 적어도 최서원의 사용 흔적이 될 수 없다는 점은 분명하다.

태블릿에는 동일한 김수민 사진이 52장 더 저장되어 있다. 포렌식 기록에 따르면 52장은 2016년 10월 18일에서 24일 사이에 반복적으로 생겨났다. JTBC가 태블릿을 갖고 있던 기간이다. 이렇게 52장이나 생성된 이유에 대해 포렌식 전문가들은 JTBC가 이 사진을 계속해서 클릭했기 때문으로 보고 있다.

이는 JTBC가 김수민의 사진을 알고 있었고, 반복적으로 들여다봤다는 뜻이다. 사진 속 인물에 대해 JTBC도 꽤 주목했다고 볼 수 있다. 하지만 JTBC는 이 사진의 존재를 철저히 숨기고 끝내 보도하지 않았다. JTBC가 자랑하는 취재력이라면 김수민이 누구인지부터 김휘종과의 관계까지 모두 파악했을지도 모른다.

카톡 '하이' 수신자는 김한수가 아니라 임태희 캠프

앞서도 설명했듯이 JTBC는 2016년 10월 24일 태블릿 보도 첫 날에는 '최순실의 PC', '최순실의 컴퓨터'라고 보도했다. 다음날 대통령이 대국민 사과를 하자 10월 26일부터 자신들이 입수한 게 태블릿PC라고 밝히기 시작했다. 그러면서 태블릿을 개통한 사람이 김한수 당시 청와대 행정관이라는 사실도 처음 공개했다.

당연히 시청자들은 김한수가 누구이고, 김한수가 개통한 태블릿이 어째서 '최서원의 것'인지 의아해 할 수밖에 없다. JTBC 입장에선 김한수가 개통해준 태블릿을 최서원이 쓴 거라는 논리가 필요했다. 그러려면 둘은 친밀한 관계여야 한다. 실제 이날 JTBC는 "둘 사이가 각별했다"고 표현했다. 최서원이 김한수에게 "하이"라는 카카오톡을 보냈다는 기사도 이런 맥락에서 나왔다.

JTBC는 「최순실 셀카 공개…'판도라의 상자' 태블릿PC에 주목한 이유」에서 최서원이 태블릿으로 보냈다는 카톡을 그래픽으로 재현한 화면을 내보냈다. 닉네임 '선생님'이 "하이"라는 메시지를 '한팀장'에게 보내는 그림이었다. 그러면서 최서원이 '선생님', 김한수는 '한팀장'이라고 보도했다. 당시 이 카톡 화면은 태블릿이 '최서원의 것'이라는 이미지를 강렬하게 전달하는 역할을 했다.

2016년 10월 26일 JTBC는 최서원과 김한수가 '각별한' 관계임을 보여주기 위해 둘이 카톡을 주고받았다고 보도했다. 그러면서 닉네임 '선생님'(최서원)이 '한팀장'(김한수)에게 카톡 "하이"를 보내는 화면을 그래픽으로 연출해 표현했다. [출처 JTBC]

하지만 국과수 포렌식 기록이 공개되면서 이날 보도는 결국 '가짜 뉴스'로 밝혀졌다. 카톡 "하이"를 받은 사람은 닉네임 '한팀장'이 맞지만, 닉네임의 카톡 아이디(ID)는 'yimcamp'였다. 미디어워치 태블릿진상규명단[6]은 'yimcamp'가 무슨 뜻인지 찾아보기 시작했다. 결국 'yimcamp'는 2012년 새누리당(현 국민의힘) 대선 후보 경선 당시 임태희 캠프의 홍보용 카톡 ID였다는 사실을 알아냈다. 'yimcamp'는 임태희(yim) 선거캠프(camp)라는 뜻이었다.

카톡에서 닉네임은 수시로 바꿀 수 있지만, 카톡 ID는 가입할 때 한 번 정해지면 바꿀 수가 없다. 따라서 JTBC가 보도한 카톡 "하이"는 임태희 캠프가 만든 카톡 계정(yimcamp)으로 보낸 것이고, 나중에 누군가가 '한팀장'으로 닉네임을 바꿨다고 할 수 있다.

---

6 변희재(대표), 서영표(연구팀장), 엄형칠(법률팀장), 이동환(변호사), 김원재(연구·행정)

그렇다면 태블릿을 들고 'yimcamp'에 카톡 "하이"를 보낸 사람은 누구일까. 이 사람이 2012년 당시 태블릿 사용자일 것이다. 우선 최서원은 "임태희라는 정치인을 모르고, 임태희 캠프의 누구도 아는 사람이 없다"고 미디어워치에 밝혔다. 최서원이 아니라면 누구일까.

포렌식 기록에 따르면 카톡 "하이"가 발신된 시점은 2012년 8월 3일 오후 5시였다. 2012년 대선 후보를 뽑기 위한 새누리당 경선이 중반부를 넘어서던 시기다. 이 무렵 임태희 캠프의 SNS 홍보팀과 접촉할 만한 사람은 누구일까. 홍보용 카톡 계정 'yimcamp'는 임태희 캠프 SNS팀이 사용하고 있었다. 이들과 실무적으로 접촉할 만한 사람은 결국은 김한수로 압축될 수밖에 없다.

당시 김한수는 박근혜 캠프에서 SNS 홍보팀장이었다. 두 캠프(임태희, 박근혜)는 여의도 맞은편 건물에 있어서 천천히 걸어도 5분 이내 거리였다. 서로 경쟁하는 캠프였지만, 당내黨內 경선이다. SNS 홍보 담당자끼리는 얼마든지 정보를 주고받으며 교류했을 가능성이 크다. 따라서 2012년 8월 3일 'yimcamp'에 카톡 "하이"를 보낸 사람은 김한수로 추정할 수 있다. 그렇다면 태블릿은 김한수의 손에 있었다는 뜻이다.

17) 카카오톡-친구목록 (167)

번호	상태	사용자ID	전화번호	카카오톡 이름	카카오톡 ID
1	정상	2047184	01050201010	이병헌	iamkingkong
	- 상태메시지		: www.hot-news.kr www.jjoy.co.kr		
	- 프로필 사진 URL		: http://th-p2.talk.kakao.co.kr/th/talkp/wkbit2yynJ/j82zftN4sgSRJglVsfry00/e5cyov_110x110_c.jpg		
2	정상	4401616	01090488167	김한수	sungmin1027
	- 프로필 사진 URL		: http://th-p4.talk.kakao.co.kr/th/talkp/wkcgg2HiXK/WeqtoSXbYsj281XjRjdnq0/rgf7bg_110x110_c.jpg		
3	정상	52895563		박근혜(국민행복캠프)	ghstory
	- 상태메시지		: 꿈이 이루어지는 나라!		
	- 프로필 사진 URL		: http://th-p52.talk.kakao.co.kr/th/talkp/wka5h2uEbw/OSFykR1VZNuDiBUIM016uk/34okyn_110x110_c.jpg		
4	정상	18295420		zeniahsecret	zeniahsecret
	- 상태메시지		: A man lives once. So live life to the fullest!^^		
	- 프로필 사진 URL		: http://th-p18.talk.kakao.co.kr/th/talkp/wkaD25IPWY/Avwt899e0EaimkYDiZFDt1/oh1yq6_110x110_c.jpg		
5	정상	53137254		김한수	yimcamp
	- 상태메시지		: 일을 꾸미는 것은 사람이나 그것을 이루는 것은 하늘이다. 준비된 여성대통령 박근혜.		
	- 프로필 사진 URL		: http://th-p.talk.kakao.co.kr/th/talkp/wkboHfnpYe/H0e9a5I9ZMDrlaESRoXY5K/2nxk5d_110x110_c.jpg		

국과수 포렌식 자료를 보면 태블릿에 '친구'로 등록된 김한수의 카톡 계정은 총 2개다. 하나는 김한수의 개인 휴대폰 번호(010-9048-8167)와 연동된 카톡 계정이다. 다른 하나는 전화번호 없이 ID 검색으로 친구 추가된 계정으로 카톡 ID는 'yimcamp'이고 사용자 ID는 '53137254'다.

20	정상	발신		2012-08-03 PM 05:09:07		하이
	- 채팅 유형		: 문자			
	- 채팅방 ID		: 2359720735417			
	- 채팅방 멤버		: 김한수			
	- 채팅방 멤버 ID		: 53137254			
	- 채팅방 유형		: 1:1메시지			
	- 사용자ID		: 18961660			

국과수 포렌식 기록에 따르면 태블릿에서 2012년 8월 3일 오후 5시 9분에 보낸 카톡 "하이"는 사용자 ID '53137254'에게 보낸 메시지다. '53137254'는 카톡 ID 'yimcamp'에 해당하므로, 결국 카톡 "하이"는 'yimcamp'로 보내는 메시지라고 할 수 있다.

이제 남은 의문은 임태희 캠프가 사용하던 'yimcamp'의 닉네임이 왜 '한팀장'으로 바뀌었나 하는 것이다. 이는 캠프 내에서 '한팀장'으로 불리던 김한수가 'yimcamp'라는 카톡 계정을 어느 시점부터 인수했다는 의미다. 2012년은 카카오톡 PC 버전이 출시되기 전이어서 하나의 카톡 계정은 모바일 기기 한 대에서만 사용이 가능했다.

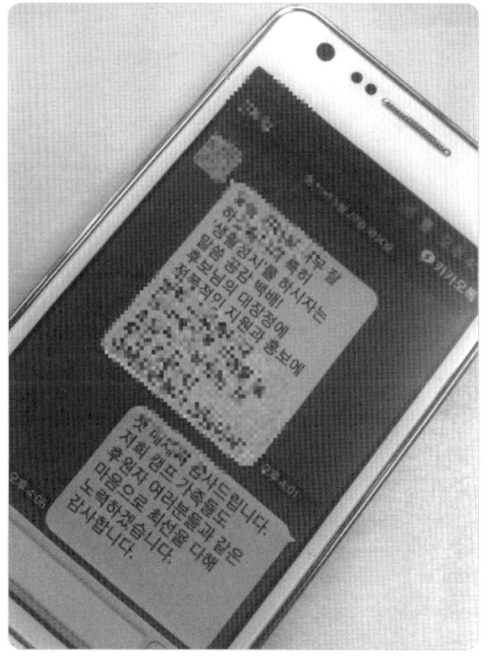

임태희 캠프는 당시 유행하던 SNS 소통을 위해 'yimcamp'라는 계정을 만들어 카카오톡 등에서 2012년 5월 말부터 홍보용으로 사용했다. 박근혜 캠프는 이보다 한 달 늦게 카카오톡 홍보를 시작했다. 김한수는 박근혜 캠프의 SNS 홍보 담당자였다. [출처 X(트위터)]

따라서 카톡 계정을 넘겨받았다는 것은 휴대폰 자체를 넘겨받았다는 뜻이 된다.

임태희 캠프의 SNS 담당자는 경선이 끝나지도 않은 시점에 왜 자신들이 사용하던 휴대폰을 김한수에게 넘겼을까. 추정컨대 2012년 8월이면 경선은 더 볼 것도 없이 박근혜 후보의 승리가 확실해진 시기였다.[7] 임태희 캠프의 SNS 실무진 입장에서는 승부는 정해져있고 캠프 해산도 곧 앞두고 있는데 홍보용으로 마련한 휴대폰은 처치 곤란한 물건이었을 것이다. 그래서 경선 이후에도 캠프가 유지되는 박근혜 캠프에 휴대폰을 미리 처분했을 가능성이 크다.

이 홍보용 휴대폰을 박근혜 캠프의 김한수(SNS 팀장)가 넘겨받았고, 휴대폰의 카톡 닉네임을 자신의 별칭인 '한팀장'으로 바꿨다. 그리고 김한수는 가지고 있던 태블릿을 꺼내서 이 휴대폰에 "하이"라고 테스트 메시지를 보내본 것이다.

그렇다면 "하이"라고 메시지를 보낸 카톡 계정, 즉 태블릿에 설치된 카톡 계정의 닉네임을 '선생님'으로 바꾼 사람은 누구일까. 김한수가 스스로 선생님이라고 생각해서 닉네임을 '선생님'으로 바꿨을까. 국과수 포렌식 기록에 따르면, 닉네임 '선생님'이 태블릿에 설정된 시점은 2016년 10월 22일 오후 8시 22분으로 나온다. 이 시점은 JTBC가 태블릿을 보관하고 있던 시기다.[8]

---

7   2012년 8월에 실시된 새누리당 대선 후보 경선은 일찌감치 박근혜로 결정된 것이나 다름없었다. 실제 박근혜는 압도적인 득표율(83.97%)로 새누리당 대선 후보가 됐다. 반면 임태희는 2.60%의 득표율로 김문수(8.68%), 김태호(3.20%)에 이어 4위에 그쳤다.

8   JTBC는 2016년 10월 18일 ㈜더블루케이 사무실의 고영태 책상서랍에서 태블릿을 처음 발견하고, 10월 20일 사무실을 다시 찾아 태블릿을 가져왔으며, 10월 24일 저녁 검찰에 제출했다고 주장하고 있다. 따라서 이 주장에 따르면 JTBC가 태블릿을 보관하고 있던 기간은 2016년 10월 20일부터 24일까지로 볼 수 있다.

이름	크기	생성 일시	수정 일시
com.android.contacts_preferences.xml.bak(73)	1222	2016-10-22 20:22:20	2016-10-22 20:22:20
com.android.contacts_preferences.xml.bak(72)	1280	2016-10-22 20:22:29	2016-10-22 20:22:29

```
파일  C:/국과수%20포렌식/com.android.contacts_preferences.xml.bak(73).xml
▼<map>
  <int name="filter.count" value="0"/>
  <int name="saveTab" value="2"/>
  <null name="filter.id"/>
  <boolean name="filter.groupReadOnly" value="false"/>
  <string name="defaultContactBrowserSelection-0-com.google-zixi9876@gmail.com
-1">content://com.android.contacts/contacts/lookup/3657if2d9e158c157c28/1</string>
  <null name="filter.accountType"/>
  <null name="filter.accountName"/>
  <null name="filter.groupSourceId"/>
  <string name="defaultContactBrowserSelection-
id">content://com.android.contacts/contacts/lookup/3657i60a9cbe609c4978d/12</string>
  <string name="defaultContactBrowserSelection--2-
-1">content://com.android.contacts/contacts/lookup/0r5-
```

```
파일  C:/국과수%20포렌식/com.android.contacts_preferences.xml.bak(72).xml
▼<map>
  <int name="filter.count" value="0"/>
  <int name="saveTab" value="2"/>
  <null name="filter.id"/>
  <boolean name="filter.groupReadOnly" value="false"/>
  <string name="defaultContactBrowserSelection-0-com.google-zixi9876@gmail.com
-1">content://com.android.contacts/contacts/lookup/3657if2d9e158c157c28/1</string>
  <string name="filter.accountType">com.kakao.talk</string>
  <string name="filter.accountName">선생님</string>
  <null name="filter.groupSourceId"/>
  <string name="defaultContactBrowserSelection-
id">content://com.android.contacts/contacts/lookup/3657i60a9cbe609c4978d/12</string>
  <string name="defaultContactBrowserSelection--2-
-1">content://com.android.contacts/contacts/lookup/0r5-
```

태블릿에 있는 'com.android.contacts_preferences.xml' 파일에는 사용자 연락처에 대한 환경 설정이 저장된다. 이 파일의 백업 파일들을 생성일시 순으로 확인하며 따라가다 보면 '선생님'이라는 닉네임이 보이지 않다가 어느 시점부터 등장한다. 확인 결과, 닉네임 '선생님'은 백업 파일 'com.android.contacts_preferences.xml.bak(72)'에서 처음 등장했다. 이 백업 파일의 생성·수정 시점(2016년 10월 22일 20시 22분 29초경)이 카톡 닉네임을 '선생님'으로 설정한 시점이다.

이것이 최서원이 카톡 "하이"를 김한수에게 보냈다는 2016년 10월 26일자 가짜뉴스의 전말이다. JTBC가 떠들썩하게 보도한 카톡 "하이"는 도리어 태블릿 사용자가 최서원이 아니라, 김한수라는 사실을 입증하는 또 하나의 결정적 증거를 알려준 셈이다.

애초에 김한수와 최서원은 "하이"라고 카톡을 주고받을 만큼 친밀한 관계도 아니었다. 둘 사이 전화 연락은 2012년 12월에 처음 있었다는 게 김한수의 주장이지만, 최서원은 통화조차 한 적이 없다고 일관되게 진술하고 있다. 더욱이 카톡은 말할 것도 없다. 카톡으로 연결되지도 않았고, 카톡으로 어떠한 대화도 한 바가 없다는 것이 김한수와 최서원의 공통된 증언이다.

검사도 인정한 JTBC 가짜뉴스…태블릿 LTE 위치정보

JTBC는 2017년 1월 11일 「태블릿 실체 없다? 팩트 체크로 짚어본 '7가지 거짓 주장'」에서 검찰과 특검이 통신사 위치정보를 확인해 최서원의 태블릿으로 확정했다는 소식을 전했다. 이날 심수미 기자는 다음과 같이 보도했다.

> 최순실 씨의 태블릿PC는 전원이 켜 있는 동안은 계속 자동적으로 LTE 망에 접속됩니다.
> 한동안 꺼져 있다가 저희 JTBC가 발견해 켠 순간부터 이동한 경로 등은 모두 통신사에서도 확인이 가능합니다.
> 만일 JTBC가 누군가에게 받았다, 검찰과 짰다고 한다면 **이 위치 정보를 확인해서 최씨의 것이라고 확인한 검찰과 특검**은 물론 건물 관리인, 통신사 모두 거짓말을 해야 맞는 겁니다.

2017년 1월은 대통령이 국회에서 탄핵되고 한 달이 지난 시점이지만 태블릿 실사용자나 입수 경위에 대한 논란은 여전했다. 정말 최서원의 것이 맞는지부터 해서 태블릿을 고영태의 책상에서 우연히 발견한 게 아니라 김한수에게서 직접 받은 게 아니냐는 의혹까지, 논란이 수그러들 기미가 보이지 않았다.

바로 이런 시기에 JTBC가 새롭게 꺼내든 것이 'LTE 접속기록'이다. 태블릿이나 휴대폰은 지역마다 촘촘하게 세워져있는 통신사 기지국과 LTE망으로 늘 연결되어 있다. 어디에 있느냐에 따라 연결되는 기지국이 달라지기 때문에 이동통신사가 보유한 LTE 접속기록은 위치정보 역할을 하게 된다.

심수미 기자가 보도한 내용은 태블릿이 LTE망에 접속한 기록을 검찰과 특검이 SK텔레콤에게서 확보했고, 접속한 기지국 위치들을 보니 최서원의 동선動線과 일치하므로, 태블릿은 최서원의 것으로 확정됐다는 의미다. 이게 사실이면 대단한 특종이다. 처음 공개된 내용일 뿐만 아니라, 과학적인 기록을 근거로 해서 더 이상 반박의 여지도 없기 때문이다.

하지만 필자는 검찰과 특검이 왜 이런 중요한 내용을 진작에 발표하지 않았는지 의문을 가졌다. 그래서 2018년 10월 1일 필자의 태블릿 재판에 증인으로 나온 심수미에게 보도의 근거를 물었다. 그러자 심수미는 "검찰 특수본이 언론 브리핑에서 했던 것 같은데 정확하게 기억나지 않는다"고 발뺌했다. 언론 브리핑에서 나온 내용이면 다른 언론사들도 보도할 수밖에 없다. 하지만 검찰이 LTE 위치정보를 확인했다는 보도는 심수미의 기사뿐이었다.

필자는 태블릿 재판에서 LTE 위치정보를 확인한 사실이 있는지, 있다면 근거를 제출하라고 검찰에 요구했다. 하지만 아무런 회신이 없었다. 결국 홍성준 검사가 답변했다. 홍성준은 필자를 기소하고 사전 구속시킨 검사다. 홍성준은 2018년 10월 25일 검사 의견서를 통해 "통신사와 검찰 모두 갖고 있지 않은 자료"라고 밝혔다. LTE 위치정보는 처음부터 존재하지 않았다고 시인한 것이다. JTBC의 단독 기사가 명백한 '가짜뉴스'로 판명되는 순간이었다.

국과수 감정결과도 조작 보도한 JTBC

태블릿 특종 보도 1년 후인 2017년 11월 27일 손석희는 「국과수 "최순실 태블릿PC 수정 조작 흔적 없다"」에서 앵커 멘트를 통해 "국과수는 '태블릿PC에 대한 조작과 수정은 없었다'는 결론을 법원에 통보했습니다. 최순실 씨가 실제 사용자라고 못 박았던 검찰의 결론을 국과수가 최종적으로 확인해 준 것입니다"라고 말했다.

하지만 국과수 보고서⁹에는 이러한 내용들이 존재하지 않는다. 먼저 국과수는 다수가 공용으로 사용했을 가능성을 우선 제시했다. 그러면서 단수의 사용 가능성도 배제할 수 없다고 단서를 달아 모호하게 넘어갔을 뿐이다. 손석희가 말한 것처럼 "태블릿 사용자는 최서원"이라는 결론은 보고서 어디에도 찾아볼 수 없다.

국과수 보고서를 작성한 나기현 연구관은 2018년 5월 23일 최서원 관련 재판에 증인으로 불려 나왔다. 이때 최서원 측 변호사가 "JTBC는 '국과수도 최순실의 태블릿이라고 확정했다'고 대대적으로 보도하고 있는데, 국과수는 보고서에서 '최순실의 태블릿'이라고 확정한 사실이 있습니까?"라고 물었다. 나 연구관은 머뭇거리다가 "없습니다"라고 답했다.

국과수 연구관마저 이렇게 증언하자 곧바로 보수 진영이 들썩였다. JTBC와 검찰이 일방적으로 몰아가던 태블릿 선동에 제동이 걸렸기 때문이다. 검찰 같은 권위 있는 기관이나 포렌식 전문가를 끌어들여 태블릿 조작 논란을 막아왔던 JTBC도 국과수 연구관의 증언에 난감할 수밖에 없었을 것이다.

그러자 검찰은 다음날 필자에게 사전 구속영장을 청구했다. 서둘

---

9   정확한 명칭은 '디지털분석감정서'다. 최서원 재판에서 검찰과 변호인이 질의한 사항들에 한해 국과수가 포렌식 감정을 하고 그 결과(디지털분석감정서)를 2017년 11월 21일 서울중앙지방법원에 회신했다. 본 책에서는 간략히 '국과수 보고서'로 호칭한다.

> 변호인-9-(1)항 : 이건 태블릿PC의 실사용자 확인(단수 또는 다수인지 여부)
>
> 1) 시험고찰 '라'항의 변호인-1-(1)항 분석결과로 갈음함.
>
> 2) 감정물 태블릿PC에 등록된 구글 계정이 다수의 기기에 등록되어 사용된 점, 감정물 태블릿PC에 다수의 구글 계정으로 접속된 점을 보았을 때 다수의 사용자에 의해서 사용되었을 가능성도 있음.
>
> 3) 다만, 하나의 구글 계정을 통해 다수의 안드로이드 운영체제의 기기에 등록이 가능한 점, 단수의 카카오톡 계정 및 전화번호가 발견된 점, 특정 일자에 특정 장소에서 발견된 위치 정보(GPS)가 함께 발견된 점으로 보았을 때, 다수의 구글 계정에 접근가능한 단수의 사용자가 사용하였을 가능성도 배제할 수 없음.
>
> 4) 상기의 이유로 제시된 감정물 태블릿PC에 대한 분석 결과만으로는 사용자가 단수인지 다수인지 명확하게 판단하기 어려움.

국과수는 포렌식 보고서에서 사용자 누구인지 확인한 바가 없다.
보고서에서는 다수의 사용자가 태블릿을 사용했을 가능성을 가장 먼저 제시했다.

러 필자의 입을 막기 위해 사전 구속이라는 무리수를 둔 것이다. 검찰은 "JTBC가 국과수 보고서도 조작 보도했다"는 미디어워치의 보도마저 구속사유에 집어넣었다. 필자는 곧바로 구속됐다. 미디어워치의 나머지 기자들도 전원 기소됐다.[10] 태블릿 조작이라는 의혹을 제기해 JTBC의 명예를 훼손했다는 혐의다. JTBC가 조작 보도를 마음껏 할 수 있었던 배후에는 이처럼 검찰과 특검, 법원의 비호가 있었던 것이다.

---

10 2018년 12월 태블릿 재판 1심은 미디어워치 기자들에게 각각 징역 1년(황의원), 징역 6개월 및 집행유예 2년(이우희), 벌금 500만원(오문영)을 선고했다. 필자에게는 징역 2년을 선고했다.

검찰이 발표한 독일 동선 일치설…카톡 수신자는 김한수로 밝혀져

박 대통령에 대한 국회 탄핵안이 가결된 직후인 2016년 12월 11일 노승권 서울중앙지검 1차장은 '최순실 태블릿' 관련 수사 브리핑에 나섰다. 이날 노승권 1차장은 태블릿에서 발신된 카톡 3건에 대해 발표했다. 3건 모두 2012년 7월 15일 독일에서 발신된 카톡이었다. 노승권 1차장은 당시 독일에 간 최서원이 한국에 있는 '사무실 직원'에게 업무를 지시하는 카톡이라고 밝혔다.

대한민국 검찰이 이 정도로 공식 브리핑을 하니 태블릿은 이날 최서원의 것으로 확정됐다고 해도 과언이 아니었다. 태블릿과 최서원이 독일에서 한 몸처럼 움직였다는 '독일 동선動線 일치설'이 이렇게 탄생했다. 모든 언론은 대서특필했다. 한동훈은 서울중앙지검 3차장 시절이던 2017년 10월 국회에 나와 태블릿이 최서원의 것인 핵심 이유에 대해 독일 동선 일치설을 강조하기도 했다.

하지만 태블릿진상규명단은 카톡 수신자가 최서원의 직원이 아니라 '김한수'라는 사실을 4년 뒤에 밝혀냈다. 진상규명단이 이를 밝힐 수 있었던 건 국과수 포렌식 자료가 카톡 메시지를 기록하는 특징 때문이다.

포렌식 자료를 보면 카톡이 발신에 성공한 경우 '채팅방ID' 항목에 '20156867610260', '23597207354170'과 같이 정상적인 14자리 숫자의 채팅방 ID를 기록한다. 반면 카톡 발신에 실패한 경우 채팅방 ID 대신 마이너스(-) 부호와 함께 해당 카톡을 받기로 되어있는 사용자(수신자)의 ID를 기록한다.

포렌식 자료에는 발신 실패한 카톡 메시지가 여러 건 기록되어 있다. 예를 들어 2012년 6월 25일 발신 실패한 "하이"라는 메시지에는 채팅방ID 항목에 '-2047184'가 기록됐다. 2012년 8월 3일 발신 실패한 "하이"라는 메시지에도 '-53137254'가 기록됐다. 여기서 마이너스(-) 부호를 뺀 '2047184', '53137254'는 카톡 친구를 가리키는 사용자 ID다.

진상규명단은 이 같은 원리를 이용해 2012년 7월 15일 태블릿에서 발신된 카톡 3건의 수신자를 밝힐 수 있었다. 당시 독일에 있던 태블릿 사용자는 "잘 도착했어. 담주 초에 이팀하구 빨리해서 시작해. 내가 얘기한 중요한 사항 정리해서 빨리해", "일정표 좀 메일로 보내라고 김팀 얘기해줘", "인터넷이 잘 안돼. 거기서 어떻게 해봐" 같은 카톡 메시지를 보냈으나 현지 인터넷 사정으로 모두 발신에 실패했다.

이 같은 흔적은 포렌식 기록에 고스란히 남았다. 2012년 7월 15일 오후 4시 56분경부터 발신된 3건의 카톡 메시지는 모두 사용자 ID '4401616'에게 보내려던 것으로, 수신자 '4401616'은 당시 전화번호 010-9048-8167을 사용하던 김한수의 ID로 확인됐다.[11]

---

11   본 책 164페이지의 포렌식 기록 참조. 카카오톡 친구에서 2번 항목을 보면 사용자 ID '4401616'은 김한수의 개인 휴대폰(010-9048-8167)에 해당하는 카톡 계정임을 알 수 있다.

태블릿에서 카톡 발신에 실패한 경우

채팅방ID : 마이너스(-) + 메시지 받기로 한 **사용자ID**

예시) **-2047184**

13	정상	발신		2012-07-15 PM 04:56:24		잘 도착했어 담주초에 이팀하구 빨리해서 시작해 내가얘기한주 요한사항정리해서 빨리해
	- 채팅방ID		: -4401616			
	- 상태		: 실패			
14	정상	발신		2012-07-15 PM 05:00:01		일장표좀 엘로보내라구 김팀에 기해줘
	- 채팅방ID		: -4401616			
	- 상태		: 실패			
15	정상	발신		2012-07-15 PM 07:03:27		인터넷이잘안되 거기서어떻게 해봐
	- 채팅방ID		: -4401616			
	- 상태		: 실패			

2012년 7월 15일 태블릿에서 보낸 카톡 메시지 3건은 모두 ID '4401616'에게 보내려던 것으로, '4401616'은 전화번호 010-9048-8167을 쓰던 김한수의 ID이다.

카톡 메시지를 수신한 사람이 '김한수'라면, 태블릿에서 해당 카톡을 보낸 사람은 최서원이 될 수가 없다. 2012년 7월 당시 김한수와 최서원은 서로 모르는 사이였기 때문이다. 또한 둘 사이에 카톡을 한 차례도 주고받지 않았다는 것이 김한수와 최서원의 공통된 진술이다.

결국 2012년 7월 태블릿을 독일에 가져가서 사용한 사람은 최서원이 아니라, 김한수와 긴밀히 업무를 협의할 만한 '김한수의 지인'이라는 결론에 이른다. 2012년 7월 당시 김한수와 업무를 논의하는 위치에 있던 사람은 누구일까. 이 사람이 누구인지는 김한수를 수사해봐야 알 수 있을 것이다. 분명한 것은 검찰이 주장한 '독일 동선 일치설'은 과학적인 포렌식 기록에 따라 거짓으로 드러났다는 사실이다.

노승권 1차장은 독일에 간 최서원이 태블릿으로 한국에 있는 사무실 직원에게 업무 지시를 내리는 카톡 3건을 보냈다고 수사 브리핑을 했다. 하지만 이는 거짓이었다. 태블릿진상규명단이 포렌식 자료를 살펴본 결과, 독일에 간 '김한수의 지인'이 김한수에게 보낸 카톡으로 밝혀졌다. 이때 '김한수의 지인'은 최서원이 될 수가 없다. 당시 최서원은 김한수와 카톡을 주고받은 적이 없으며 카톡으로 연결된 적도 없기 때문이다.

독일 카톡의 진실로 '김한수의 2012년 알리바이' 붕괴

2012년 7월 독일 카톡 3건의 수신자가 '김한수'라는 사실이 밝혀지면서 그동안 독일 동선 일치설을 주장하던 검찰은 코너에 몰렸다. 검찰이 카톡 3건을 계속 내세우려면 '2012년 7월 김한수는 카톡으로 업무 요청을 받을 만큼 최서원과 이미 여러 차례 만났고, 서로 잘 알고 있는 관계였다'로 김한수의 알리바이를 바꿔야 한다.

또한 김한수는 태블릿을 개통만 해주었을 뿐 곧바로 이춘상 보좌관에게 넘긴 후로는 "누가 쓰고 있는지 전혀 몰랐다"는 알리바이도 바꿔야 한다. 김한수에게 업무 지시를 하는 카톡 3건이 검찰의 주장대로 최서원이 보낸 거라면, 태블릿을 최서원이 쓰고 있다는 사실을 김한수는 2012년 7월에 이미 알고 있었다는 뜻이기 때문이다. 하지만 이렇게 하나씩 바꾸다 보면 김한수의 2012년 알리바이 전체가 무너진다.

즉, △ 개통 이후 태블릿의 행방을 전혀 몰랐다는 김한수의 증언, △ 2012년 가을경 서울 압구정동의 중식당에서 최서원에게 처음 인사했고 그 자리에서 최서원이 흰색 태블릿을 가방에 넣는 걸 보았다는 목격담, △ 2013년 1월 초 최서원이 "태블릿PC는 네가 만들어 줬다면서?"라고 묻기 전까지 태블릿을 누가 쓰고 있는지 몰랐다는 김한수의 법정 증언 모두를 검찰 스스로 탄핵해야 한다. 김한수의 이러한 증언들로 태블릿을 '최서원의 것'으로 판단한 박근혜 대통령 1심 판결[12]도 검찰은 부정해야 한다.

---

12 박근혜 대통령 1심 판결에서 태블릿을 '최서원의 것'으로 판단한 근거는 총 3가지다. 그 중 2가지가 김한수가 주장하는 2012년 알리바이(김한수의 특검 진술, 법정 증언)에 해당한다. 김한수의 2012년 알리바이가 부정되면 법원이 제시한 근거 3가지 중 2가지가 탄핵되는 것이다. 본 책 218페이지 참조.

따라서 검찰은 김한수의 2012년 알리바이를 쉽게 버릴 수가 없다. 그렇다고 이와 모순되는 독일 카톡 3건을 버리기도 어렵다. 독일 동선 일치설은 그나마 태블릿이 최서원의 것이라는 몇 안 되는 근거 중 하나였다. 검찰이 단순 실수를 한 것도 아니다. 노승권 1차장의 수사 발표는 당시 서울중앙지검 고형곤 검사의 2016년 10월 28일자 '수사보고'를 근거로 하고 있다. 고 검사는 별다른 근거도 없이 독일 카톡 3건을 최서원이 업무 지시를 내리는 메시지로 규정했다. 처음부터 실사용자를 최서원으로 단정한 채 자의적으로 허위 보고를 한 셈이다.

2016년 12월 11일 노승권은 독일 동선 일치설뿐만 아니라 또 하나의 결정적인 허위 사실을 유포했다. 노승권은 '태블릿이 최서원의 소유가 맞느냐'는 기자의 질문에 그렇다고 하면서, 정호성 비서관이 청와대 문건을 최서원에게 넘길 때마다 "보냈습니다" 같은 문자메시지를 보냈는데, 그 문자메시지가 태블릿에 남아 있다고 답했다. 하지만 이 발표도 훗날 거짓말로 들통 났다. 나중에 공개된 국과수 포렌식 기록을 살펴본 결과, 태블릿에는 정호성의 문자메시지가 단 한 건도 없었다.

2016년 12월 11일 당시는 대통령 탄핵안이 국회를 통과한 지 이틀이 지난 시점이면서 태블릿 입수경위나 실사용자에 대해 여전히 논란이 일던 시기였다. 이런 결정적 시점에 검찰의 수사책임자가 전면에 나서 카톡 3건을 내세운 독일 동선 일치설, 태블릿에 남아있는 정호성 문자메시지라는 두 가지 큰 거짓말을 함으로써, 국민적 논란을 단번에 잠재운 것이다.

노승권 1차장은 태블릿에 정호성이 보낸 문자메시지가 있다고 발표했지만, 훗날 허위 발표로 드러났다. [출처 JTBC]

국과수 포렌식으로 밝혀진 검찰의 증거 인멸·훼손·조작

JTBC가 태블릿을 검찰에 넘긴 시점은 2016년 10월 24일 오후 7시 30분경이다. 검찰이 제출한 포렌식 보고서에 따르면 검찰은 다음 날인 10월 25일 오후 5시 14분에 포렌식을 시작했다. 그리고 1년여 뒤인 2017년 11월 15일 최서원 재판에서 국과수가 한 번 더 포렌식을 했다. 따라서 JTBC가 입수한 태블릿은 총 두 번 포렌식을 한 것이다.

그렇다면 원칙적으로 2016년 10월 25일의 검찰 포렌식 기록과 2017년 11월 15일의 국과수 포렌식 기록은 변화가 없어야 한다. 동일한 기기에서 추출한 기록이기 때문이다. 소위 말하는 '무결성 유지'다.[13] 압수한 시점부터 어떠한 변경도 없어야 디지털 증거물로서 가치가 있다. 검찰이 준수해야 하는 포렌식 관련 대검 예규[14]에서는 "디지털 증거는 압수·수색·검증한 때로부터 법정에 제출하는 때까지 훼손 또는 변경되지 아니해야 한다(제4조)"고 규정하고 있다.

하지만 검찰과 국과수의 포렌식 기록은 곳곳에서 큰 차이를 보인다. 2016년 10월 25일과 2017년 11월 15일 사이 검찰이 보관하는 동안 태블릿에는 많은 변화가 있었다. 이는 검찰이 인위적으로 무결성을 훼손했다는 뜻이고, 나아가 증거물을 조작한 정황이라고 볼 수 있다. 어떻게든 최서원이 사용한 태블릿으로 만들어야 하기 때문에 조작을 할 만한 동기는 충분하다.

대표적으로 카톡 채팅방 개수부터 큰 차이가 있다. 2016년 10월 25일 검찰 포렌식 보고서 4쪽에는 채팅방이 445개(정상 312개, 삭제 0개, 알수없음 133개)로 나온다. 그런데 2017년 11월 15일 국과수 보고서 5쪽에는 채팅방이 30개(정상 8개, 삭제 22개, 알수없음 0개)로 나온

---

13 무결성(無缺性)은 '결함이 없는 성질'을 뜻하는데, 정보통신 분야에서는 정보나 데이터가 변경이나 누락, 손상 없이 본래 상태 그대로 유지되는 것을 의미한다.

14 정확한 명칭은 '디지털 증거의 수집·분석 및 관리 규정'이다. 검찰이 포렌식을 수행할 때 반드시 지켜야 하는 규칙이다. 본 책에서는 2016~2017년 국정농단 수사 당시 적용된 규정(대검찰청 예규 제805호, 2015. 7. 16. 일부개정)을 기준으로 설명한다. 현재는 2024년 10월에 개정된 규정(대검찰청 예규 제1449호, 2024. 10. 1. 일부개정)이 적용되고 있다.

다. 1년 사이에 '채팅방' 415개가 사라진 것이다. 포렌식 전문가들은 양쪽이 똑같이 '파이널 모바일 포렌식스'라는 프로그램을 사용했는데 이처럼 큰 차이가 생기는 것은 있을 수 없는 일이라고 지적했다. 카톡은 '실사용자'를 추정할 수 있는 결정적 증거다.

2016년 10월 31일의 포렌식 기록도 대표적인 검찰의 조작 정황이다. 이날은 검찰이 포렌식을 실시하고 6일이 지난 시점이기 때문에 1년 뒤에 실시된 국과수 포렌식 감정에서 포착됐다. 봉인된 봉투 속에서 잠자고 있어야 할 태블릿이 이날 다시 구동되면서 총 5,696건의 파일이 생성·수정·삭제됐다. 이때 수정·삭제된 파일은 연락처, 통화기록, 문자메시지, 이메일, 위치·시간 값 등과 연관된 파일이었다.

국과수는 포렌식 보고서 35~36쪽에서 "2016년 10월 18일부터 10월 31일까지 생성·수정된 파일들이 다수 발견되어 **태블릿 전체에 대한 무결성이 유지되지 않음**"이라고 판정했다. 하지만 "파일의 해시값 및 파일 관련 정보들의 연관성을 함께 확인할 필요성이 있음"이라며 정확한 원인 분석은 유보했다. 2016년 10월 31일에 검찰이 구체적으로 무슨 조작을 했는지는 결국 태블릿 이미징파일[15]을 보다 자

---

15 이미징파일은 법률적으로 유효한 증거로 사용될 수 있도록 정보저장매체에 저장된 전자정보를 포렌식 도구를 사용하여 동일하게 복사해서 생성한 파일을 말한다(대검찰청 예규 제1449호 제3조 제8항). 즉, 태블릿 같은 디지털 기기에 저장되어 있는 모든 파일들과 데이터, 시스템 설정값 등을 통째로 복사한 증거물이다. '사본화 파일', '이미지파일', '포렌식 이미지'라고 부르기도 한다.

세히 들여다보고 종합적으로 분석해야 한다. 필자가 이미징파일을 내놓으라고 끈질기게 검찰에 요구하는 이유다.

> **변호인-8항** : 2016.10.18. 이후 기록된 데이터의 무결성 여부
> 1) 2016.10.18.자 이후 태블릿PC의 무결성 여부에 대한 질의로 판단되며, 이를 위해 태블릿PC 사본화 파일을 파일시스템 기반으로 분석한 결과, 표 14와 같이 2016.10.18.자부터 2016.10.31.자까지 생성, 수정된 파일들이 다수 발견되어 2016.10.18.자 이후 태블릿PC의 전체에 대한 무결성이 유지되지 않음, 파일들의 생성/수정 시간을 확인할 수 있는 파일시스템 정보는 '파일시스템 정보.xlsx'(HASH-MD5 : 16ec3f84cbc4fca8721d6ffe27cd8dcc)와 같이 별도 송부함.

국과수는 포렌식 보고서에서 "태블릿 전체에 대한 무결성이 유지되지 않았다"고 판정했다.

검찰이 2016년 10월 31일에 태블릿을 꺼내 전원을 켰다는 사실부터 명백한 증거 조작 범죄다. 포렌식 관련 대검 예규에 비추어보면 더욱 명확해진다. 먼저 제19조 제1항을 보면 포렌식 시작 단계에서 생성한 이미징파일은 검찰이 운영하는 '디지털수사통합업무관리시스템'(이하 '통합관리시스템')에 반드시 등록해야 한다.

제19조 (정보저장매체 등의 등록 및 책임자등의 참여)

① 제15조 제1항 단서의 압수·수색의 경우 및 제9조 제2항의 분석 의뢰를 받은 경우에는 대상 정보저장매체 등의 봉인을 해제한 후 이에 기억된 정보에 대하여 이미지 파일로 복제하여,

이를 디지털수사통합업무관리시스템에 등록하고, 대상 정보저장매체 등은 재봉인하여 지원요청자에게 인계한다.

대검 예규 제22조 제1항을 보면 포렌식이라는 것은 디지털 증거물을 직접 분석하는 게 아니라, 증거물의 '이미징파일'을 갖고서 분석해야 한다. 이는 원原 증거물의 훼손·변경을 막기 위한 당연한 조치다. 그리고 이미징파일은 제19조 제1항에서 보듯이 포렌식 분석에 들어가기 전에 이미 통합관리시스템에 등록된 상태여야 한다.

제22조 (이미지 파일 등에 의한 분석)

① 디지털 증거의 분석은 디지털수사통합업무관리시스템에 등록된 이미지 파일로 한다.

물론 검찰은 필요에 따라 포렌식을 여러 번 할 수도 있다. 2016년 10월 25일 실시한 포렌식이 미진했다면 10월 31일에 다시 할 수도 있다. 하지만 원原 디지털 증거물에 해당하는 태블릿 본체는 건드리지 말고 계속 봉인된 상태로 둬야 한다. 그리고 10월 25일에 이미 생성해놓은 '이미징파일'만 갖고서 두 번, 세 번 포렌식 분석을 해야 한다. 이렇게 본다면 검찰이 10월 31일에 전원을 다시 켜서 태블릿을 구동시킬 이유가 전혀 없는 것이다.

그렇다면 검찰은 어떻게 변명하고 있을까. 2020년 6월 18일 필자의 태블릿 재판에 증인으로 나온 송지안 검찰 수사관은 "(2016년 10월 31일) 전원이 켜진 건 확실하다"고 인정하면서도 "증거 봉투에 물리적 외력外力이 가해지는 경우 자동으로 전원이 켜질 수 있다"고 답했다. 탁 치면 꺼져있던 게 자동으로 켜진다니 그야말로 기상천외한 답변이다.

송지안은 2016년 10월 25일 포렌식을 수행한 담당자다. 홍성준 검사는 송지안의 답변이 마음에 들었는지 덩달아 "그런 사례가 종종 있는가요"라고 물었다. 송지안은 지체 없이 "종종 있는 것으로 알고 있습니다"라고 답했다. 기가 차는 장면이다. 이게 대한민국 검찰의 현 주소다.

두 번의
사기탄핵

진실은
터졌다

제5장

태블릿 조작
주범이자 실사용자
김한수

두 번의 사기탄핵, 진실은 터졌다

검찰보다 먼저 개통자를 알아낸 JTBC

　JTBC는 태블릿 보도 시작 이틀이 지난 2016년 10월 26일, 자신들이 입수한 것이 '태블릿PC'라고 처음으로 밝혔다. 그러면서 '김한수', '마레이컴퍼니' 같은 생소한 이름도 함께 등장시켰다. 태블릿은 마레이컴퍼니 법인 명의로 개통됐고, 청와대 뉴미디어실의 김한수 행정관이 마레이컴퍼니의 대표이사였다는 단독 기사를 내보냈다.

　언뜻 보면 아무런 문제가 없는 보도 같지만 검찰, 법원, 언론만 정상적이었다면 JTBC의 '조작보도'를 단번에 끝장낼 수 있는 보도이기도 했다. 태블릿 보도 첫 날 JTBC는 버려져있는 PC를 가져온 거라고 보도했다. 최서원 측이 사무실을 급하게 치우고 나가면서 버리고 간 PC였는데 그걸 가져와서 열어봤더니 청와대 문건이 가득한 '최순실 PC'였다는 것이다.

　그런데 그 PC가 10월 26일부터 태블릿으로 바뀌었다. 크고 무거운 PC는 버리고 간다고 쳐도 태블릿을 굳이 버린다? 봉투나 가방에 넣으면 되지 않을까. 멀쩡한 태블릿이 아무렇게나 버려져 있는 건 자연스러운 그림이 아니다.

　그래서인지 태블릿 입수경위는 훗날 더 구체적으로 각색됐다 dramatized. JTBC 기자가 2016년 10월 18일 서울 강남구 청담동 ㈜ 더블루케이 사무실을 방문했는데 고영태의 책상서랍을 열었더니 태블릿을 발견했다는 것이다. 그리고 이틀 뒤인 10월 20일 다시 가서 태블릿을 가져왔다는 것이 JTBC가 주장하는 입수경위다. JTBC는 이러한 입수경위를 2016년 12월 8일에야 처음으로 밝혔다.

한마디로 예기치 않게 '우연히' 주운 태블릿이라는 주장이다. 그렇다면 JTBC는 개통자를 어떻게 알아내서 2016년 10월 26일 단독 보도를 했을까. 이름도 생소한 '마레이컴퍼니'라는 회사가 명의자라는 사실까지 정확히 파악했다. 검찰이라면 이동통신사에 요청해서 손쉽게 알아낼 수 있을 것이다. 그래서 필자는 검찰이 먼저 알아낸 후 JTBC에 흘린 거라고 생각했다. 하지만 정반대였다.

검찰이 개통자를 확인한 시점은 2016년 10월 27일이었다. 검찰은 이날 개통자가 누구인지 SK텔레콤(이하 'SKT')의 공문을 받았다. 그렇다면 JTBC는 검찰보다 먼저 개통자를 파악하고 하루 전인 10월 26일에 단독 기사를 냈다는 얘기가 된다.

검찰도 몰랐던 개통자 명의를 JTBC가 어떻게 알아냈을까. 우연히 주운 모바일 기기의 개통자를 제3자가 정확히 알아낼 방법은 없다. 그래서 태블릿을 개통한 김한수가 직접 알려줬을 가능성이 크다. '마레이컴퍼니'라는 구체적인 이름까지 알려줄 사람은 김한수뿐이다. 이렇게 되면 태블릿은 그저 우연히 발견된 것이 아니라, **김한수에게서 건네받은 것**이 된다. JTBC가 주장한 '입수경위'가 무너지는 것이다.

필자는 이러한 사실을 2017년 1월에 파악했다. 김경재 당시 한국자유총연맹 총재는 1월 17일 한국프레스센터에서 열린 기자회견에

검찰이 SKT로부터 받은 '가입자 인적사항' 확인 공문.
개통 당시 가입자의 성명(마레이컴퍼니), 가입일자(2012. 06. 22.)를 확인할 수 있다.
그런데 SKT가 공문을 작성한 날짜(시행일자)를 보면 2016년 10월 27일이다.

서 "만약에 SKT가 누설했다면 통신비밀보호법 위반이다. SKT 담당자는 7년 이하, JTBC 기자는 5년 이하의 징역형을 받는다"고 설명했다. SKT 담당자가 무거운 처벌을 감수하면서까지 개통자 정보를 유출할 이유가 없다는 취지였다. 결국 김한수가 알려줬다는 의혹 제기다.

당시는 뭐 하나 의심스러운 혐의만 있어도 국정농단 관련자는 곧바로 구속되는 시기였다. 김한수는 국정농단 주범 중 한 명인 차은택에게 정부 광고를 밀어주다 배임 혐의에 걸려있었다. 하지만 구속은커녕 수사도 제대로 받지 않았다. 비리를 봐주는 대가로 JTBC나 검찰에 태블릿을 넘겨준 게 아닌지 의혹을 제기할 수밖에 없다.

그런데 JTBC 손용석 기자(당시 특별취재팀장)는 검찰 조사에서 "김필준이 SKT 대리점에 가서 개통자를 확인했다"고 주장했다.

> JTBC에서 2016. 10. 20. 태블릿PC를 가져왔고, 같은 달 24.에 검찰에 제출하였습니다. 그 사이의 기간에 김필준 기자에게 태블릿PC의 개통자를 확인해보라고 지시를 하니 김필준이 어디인지는 모르지만 SK텔레콤 대리점에 가서 확인을 해 왔습니다. 그 결과 마레이컴퍼니로 확인되었고, 마레이컴퍼니가 어떤 회사인지 확인해보니 김한수 청와대 행정관 소유의 회사로 확인된 것입니다.
>
> - 손용석 검찰 진술조서(2018년 4월 25일) p44

하지만 김경재 총재의 말처럼 현실적으로 불가능에 가깝다. SKT도 "제3자가 대리점에서 개통자를 확인하는 건 불가능하다"고 필자의 태블릿 재판에서 공식 답변했다. 하지만 태블릿 재판 증인으로 나온 손용석과 김필준은 대리점에서 확인했다는 주장을 굽히지 않았다. 그러면서 김필준은 "취재원 보호 문제로 더 이상 답변하지 않겠다"며 모르쇠로 일관했다.

김한수가 알려줬다고 말할 수 없으니 JTBC는 어쩔 수 없이 대리점에서 알아냈다는 쪽을 선택한 것으로 보인다. 그리고 당연히 이어지는 질문들, 예컨대 어느 대리점에서 알아냈는지, 불법인데 어떻게 알아냈는지 같은 질문에 대해서는 '취재원 보호'를 내세워 함구하는 것이다. 외통수에 걸렸던 JTBC는 이렇게 막무가내 전략으로 버텼다.

만일 김한수와 사전에 접촉해 태블릿을 받았고, 개통자를 비롯한 관련 정보까지 받은 게 드러나면 '입수경위'만 무너지는 게 아니라, 태블릿은 '최서원의 것'이라는 조작·선동까지 모조리 무너졌을 것이다. 그래서인지 언론은 물론 검찰과 법원까지 모두 침묵으로 일관했다. 검찰은 손용석, 김필준의 주장이 사실인지 더 이상 파고들지 않았고, 태블릿 재판 1심 박주영 판사도 JTBC의 주장이 말도 안 되는 해명인 걸 알면서도 더는 문제 삼지 않았다. 진실을 짓밟는 강력한 카르텔이 JTBC를 막아주고 있었다.

SKT가 필자의 태블릿 재판에 보낸 공식 답변. 제3자가 대리점에서 개통자를 확인하는 것은 불가능하다고 밝혔다. [출처 ㈜SK텔레콤 2018. 11. 23. 문서제출명령 회신]

검찰이 만들어낸 '2012년' 김한수 알리바이

휴대폰이나 태블릿 같은 모바일 기기는 거의 대부분 개통한 사람이 곧 사용자다. 하지만 JTBC가 입수한 '최순실 태블릿'은 김한수가 마레이컴퍼니 명의로 2012년 6월 22일 개통했다. 개통자(김한수)와 사용자(최서원)가 일치하지 않는 아주 예외적인 사례에 속하는 것이다.

이런 특징 때문에 JTBC나 검찰 입장에서는 개통은 김한수가 했지만 실제 사용자는 최서원이라는 논리가 필요했다. 그래서 JTBC는 2016년 10월 26일 개통자가 김한수라는 사실을 밝히면서 김한수와 최서원이 "각별한 사이"였다는 허구의 논리를 만들었다. 최서원이 카톡 "하이"를 김한수에게 보냈다는 '가짜뉴스'도 이런 맥락에서 나왔다.

그렇다면 검찰은 어떤 '허구의 논리'를 만들었을까. 검찰은 김한수가 개통은 해줬지만 '사용하지 않았다'는 논리부터 만들었다. 가장 유력한 사용자인 '개통자' 김한수를 개통 직후(2012년 6월 22일)부터 태블릿과 무관한 인물로 만드는 것이다. 실사용자에서 김한수를 우선 배제시켜야 그 자리에 최서원을 넣어 2012년 6월부터 2014년 4월까지 최서원이 사용한 태블릿으로 둔갑시킬 수 있다.[1]

---

1   국과수 포렌식 기록에 따르면, 태블릿은 2012년 6월 22일(개통일)부터 2014년 4월 1일까지 사용된 것으로 나온다. JTBC와 검찰은 이 기간 동안의 태블릿 사용자가 최서원이라고 주장하고 있다.

그래서 검찰은 태블릿이 개통되자마자 김한수의 손을 떠나 이춘상(캠프에서 김한수의 상관 역할, 2012년 12월 사망)을 거쳐 최서원에게 전달됐고, 그 후로는 김한수가 태블릿을 본 적이 없고, 사용한 적이 없으며, 누가 쓰는지도 몰랐다는 논리를 만들었다. 이른바 김한수의 '2012년 알리바이'다. 그리고 검찰은 법정에서 김한수에게 이렇게 증언하도록 만들었다.[2]

검사 그 이후(개통 이후)에는 어떻게 했나요.
김한수 그 이후에는 태블릿PC 자체에 대한 부분을 아예 인지하지 못하고, 선거기간에 정신이 너무 없었기 때문에 그 이후에는 그와(요금 납부와) 관련된 생각을 다시 해 본 적이 없습니다.

 - 김한수 증인신문조서(2017년 9월 29일) p7

검사 증인이 태블릿PC를 개통하고 물건을 개봉한 다음에 이춘상 보좌관에게 전달했고, 그 이후에는 증인이 이 태블릿PC를 사용한 사실은 전혀 없는 것이지요.
김한수 예.
검사 그리고 그게 어떻게 사용되었는지에 대해서는 실제로 증인이 본 바는 없지요.

---

2 2017년 9월 29일 박근혜 대통령 재판에 증인으로 나온 김한수는 태블릿에 대해 "아는 바가 전혀 없다", "사용한 사실이 없다", "태블릿 자체를 아예 인지하지 못했다", "개통 이후로 만져본 적이 없다" 같은 위증들을 반복했다.

김한수	아는 바가 전혀 없습니다.

- 김한수 증인신문조서(2017년 9월 29일) p55~56

변호인	증인의 인지 범위에서 다른 용도를 아는 것이 있는지를 묻습니다.
김한수	없습니다. 개통 이후로 제가 만져본 적도 없기 때문에 사용자가 어떤 의도를 가지고 사용했는지는 제가 생각할 수 없습니다.

- 김한수 증인신문조서(2017년 9월 29일) p61

검찰이 이렇게 허구의 '2012년 알리바이'를 만들 당시 가장 큰 걸림돌은 '요금납부' 문제였다. 김한수가 요금을 내고 있었다면, 어떤 방식으로든 김한수가 요금납부 사실을 당시에 인지할 수밖에 없는데, "태블릿을 완전히 잊고 지냈다"는 알리바이가 현실적으로 가능하냐는 의문에 봉착한다.

자신이 개통한 태블릿을 누가 쓰고 있는지도 모르는 상황에서 매달 요금을 내줬다는 것도 상식에 맞지 않는 일이다. 따라서 검찰은 김한수가 아닌 다른 누군가를 요금 납부자로 내세워야 했다. 김한수도 모르는 사이에 누군가가 계속 요금을 내고 있었다고 해야 '2012년 알리바이'가 자연스럽다.

그래서 검찰은 또 하나의 허구를 추가했다. 2012년 6월 개통 시점부터 2013년 1월까지 마레이컴퍼니 법인이 자동으로 알아서 요금을 결제했다는 것이다. 그 기간 김한수는 선거 캠프 일로 너무 바빠서 태블릿의 존재를 잊고 있었고, 법인카드에서 요금이 알아서 빠져나가는 바람에 요금 납부를 잊고 있었다는 논리까지 자연스럽게 만들어졌다.

그렇다면 2013년 2월 이후는 누가 요금을 냈다는 것일까. 이때부터는 김한수가 '개인카드'로 냈다는 것이다. 하지만 태블릿을 완전히 잊고 지내다가 왜 갑자기 요금을 내기 시작했는지 설명이 필요하다. 그래서 최서원이 2013년 1월 자신에게 전화를 걸어 "태블릿은 네가 만들어 줬다면서?"라고 물어봐서 그 때 비로소 태블릿을 누가 사용하는지 알게 됐다는, 또 하나의 그럴싸한 거짓을 추가했다.[3] 그리고 김한수는 얼마 되지 않는 요금이기 때문에 자신이 내도 괜찮겠다고 생각했다는 것이다.

> **검사** '이춘상이 최순실에게 증인이 개통해 준 PC를 사용하게 했다면 증인이 얼마 되지 않는 요금 정도는 매월 납부해도 될 것 같아서 증인 이름으로 결제자를 변경했다'고 검찰에서 진술한 사실은 있지요.

---

[3] 2013년 1월 최서원이 김한수에게 전화해 인수위에 들어가라고 권유하고, "태블릿은 네가 만들어 줬다면서?"라고 말했다는 것은 아무런 증거가 없는 김한수의 주장일 뿐이다. 최서원은 통화를 했다는 사실부터 강하게 부인한다. 이런 전화를 할 만한 위치에 있지도 않았고, 김한수와 이런 대화를 나눌 관계도 아니었다는 것이다. 하지만 김한수의 이러한 허위 증언은 박 대통령 1심 판결에서 태블릿을 '최서원의 것'으로 판단하는 핵심 근거에 포함됐다.

김한수	예, 그 사실은 있습니다. (하략)

- 김한수 증인신문조서(2017년 9월 29일) p7

변호인	그래서 증인이 그 이야기("태블릿PC 네가 만들어 줬다면서?")를 듣고 혹시 최서원이 내가 만들어 준 태블릿PC를 쓰고 있을 수도 있다고 생각했다는 것인가요.
김한수	예, 그렇게 추론할 수 있는 상황이었다고 생각합니다.

- 김한수 증인신문조서(2017년 9월 29일) p24

검사	최서원이 증인에게 "태블릿PC 네가 만들어줬다면서?"라고 물어본 사실에 근거해 봤을 때 '태블릿PC는 최서원이 사용하고 있겠구나'라고 증인이 생각했다는 취지이지요.
김한수	예.

- 김한수 증인신문조서(2017년 9월 29일) p57

본래 하나의 큰 거짓말을 하려면 여러 개의 거짓말이 함께 따라 붙는다. 검찰은 개통 직후부터 김한수를 태블릿과 무관한 인물로 배제하기 위해 '2012년 알리바이'를 만들어 거짓에, 거짓을 보탰다. 거짓 퍼레이드의 출발은 2012년 6월부터 2013년 1월까지 마레이컴퍼니에서 요금이 나갔다는 것이다.

검찰은 이러한 거짓 알리바이가 사실인 것처럼 꾸미기 위해 태블릿 '신규계약서'라는 물증物證을 내세웠다. 그리고 박 대통령 재판에 증거로 제출했다. 신규계약서에는 마레이컴퍼니가 법인카드(외환카드)로 요금을 자동 납부한다는 내용이 들어있었다.

하지만 훗날 태블릿 재판 항소심에서 밝혀진 사실은 아래와 같다. 국정농단 수사 3년 만에 드러난 진실이다.

- 2012년 6월부터 2013년 1월까지 태블릿 요금은 마레이컴퍼니 법인이 아니라, 김한수 개인이 전부 납부했다.
- 마레이컴퍼니 법인카드에서는 단 1원도 빠져나가지 않았다.
- 태블릿은 요금 미납으로 2012년 9월 10일부터 80일 간 이용 정지됐다.
- 2012년 11월 27일 미납요금 37만 5,460원을 개인카드로 한꺼번에 납부한 사람은 김한수로 밝혀졌다. 이용 정지가 풀리자마자 김한수는 곧바로 유세문을 다운받는 등 선거캠프 업무용으로 태블릿을 사용했다.
- 검찰은 2012년 6월부터 마레이컴퍼니가 요금을 낸 것처럼 꾸미기 위해 김한수에게 위증을 교사하고, '신규계약서'를 조작했다.

뒤에서 자세히 설명하겠지만, 태블릿 요금은 2012년부터 김한수 개인이 전부 납부했으며, 마레이컴퍼니가 요금을 낸 것처럼 기재된

'신규계약서'도 위조된 것으로 밝혀졌다. 가장 기반이 되는 사실부터 거짓으로 드러나면서 김한수의 '2012년 알리바이'는 도미노처럼 무너졌다. 태블릿 사용자는 '김한수'라는 주장이 더 이상 음모론이 아니라 객관적 진실이 되는 순간이었다.

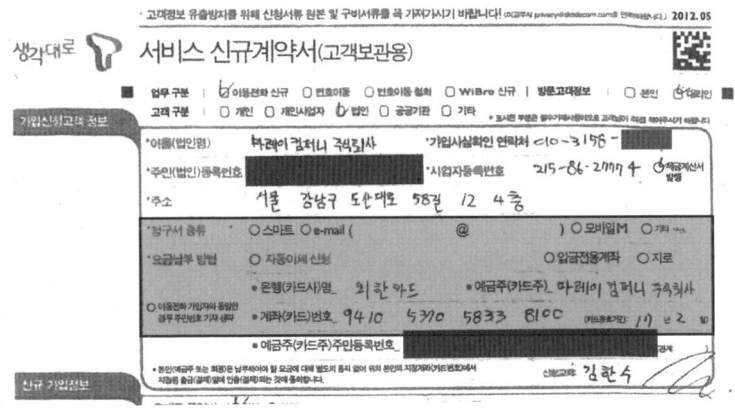

검찰이 제출한 태블릿 신규계약서의 '요금납부 방법'을 보면, 마레이컴퍼니 주식회사의 법인카드(외환카드)가 요금을 납부하는 것으로 기재되어 있다.

2012년 11월 27일 이용정지 해제한 김한수

대통령을 끌어내리는 중차대한 사건에서 검찰이 위증을 교사하고 증거를 조작하는 게 과연 가능한 일인가. 웬만해서는 믿기 어려울 것이다. 하지만 소설보다 더 소설 같은 일이 현실에서 벌어졌다. 필자처럼 수사기관도 아닌 민간인이 한정된 자료만으로 조작수사를 밝힌 것도 사실 기적 같은 일이다. 기적은 사소한 기록 하나에서 출발했다.

2019년 10월 필자는 태블릿 재판 항소심을 받고 있었다. 1년간의 옥살이를 하고 풀려난 지 넉 달쯤 지난 무렵이다. 재판을 반전시키기 위해 거의 매일 사건 기록과 포렌식 자료를 들춰 보던 시기였다. 그러던 어느 날 필자와 진상규명단은 수천 페이지 포렌식 자료 속에 숨어있던 한 줄짜리 기록에 주목했다. "정지가 해제되었습니다"라는 문자메시지다.

179	정상	수신	114		2012-11-27 13:11:11		정지가 해제되었습니다.
	· 유형		: SMS				

2012년 11월 27일 13시 11분 "정지가 해제되었습니다"라는 문자메시지가 수신된 기록
[출처 국과수 포렌식 자료(파이널모바일 포렌식 분석보고서)]

태블릿이 2012년 11월 27일 정지가 해제되었다면, 그 이전까지는 이용 정지였다는 것이다. 김한수의 진술조서나 증인신문조서, 검찰이 제출한 태블릿 '신규계약서'에는 분명히 마레이컴퍼니가 2012년에 요금을 납부했다고 나오는데 이용 정지라고? 기존에 알려진 사실과 정면으로 배치되는 정황이었다.

기껏해야 월 5만원 수준의 요금이 '법인카드'에서 결제되는데 이

걸 내지 못해서 이용 정지라는 것은 좀처럼 있을 수 없는 일이었다.[4] 필자는 태블릿 재판에 문서제출명령을 신청했다. SKT를 상대로 △ 2012년 하반기에 태블릿이 이용 정지된 이유, △ 이용 정지된 기간, △ 2012년 11월 27일 누가 이용 정지를 해제했는지 관련 자료를 제출하도록 한 것이다.

그 결과 태블릿은 2012년 9월 10일부터 11월 27일까지 이용 정지였다는 사실을 알게 됐다. 사유는 요금 미납이었다. 필자가 가장 알고 싶은 것은 2012년 11월 27일 누가 이용 정지를 해제했는지 하는 것이다. 이날 누군가가 개인카드로 미납요금(37만 5,460원)을 납부한 기록은 있었지만, 그 카드의 주인이 누구인지 알 수 있는 카드 번호가 하필이면 가려져 있었다. 그래서 카드 번호가 공개된 자료를 다시 달라고 재판부에 요청했다.

그때부터 필자는 하루에도 여러 번 법원 사이트를 들락거렸다. 자료를 기다리는 동안 생각했다. 이용 정지를 해제한 자가 김한수라면 어떻게 되는 걸까. 김한수가 2012년 11월 27일에 밀린 요금을 냈다면, 김한수의 '2012년 알리바이'는 완전히 깨지게 된다. 검찰 수사결과도 허위였다는 게 드러난다.

---

[4] 마레이컴퍼니는 문구류를 납품하는 회사로 직원 5~6명을 둔 중소기업이었다. 2016년 10월 29일 검찰 조사에서 김한수는 마레이컴퍼니 연 매출이 25억원 규모였다고 진술했다. 따라서 5만원 남짓의 요금을 연체할 만한 회사는 아니었다.

마침내 자료가 도착했다. 자료에는 2012년 11월 27일 미납요금을 납부할 때 사용한 카드 번호가 공개돼 있었다. 곧바로 필자는 김한수가 2013년 2월부터 자신의 개인카드로 요금을 납부했다는 증빙 자료와 비교했다.[5] 이 자료는 검찰이 박 대통령 재판에 제출한 것으로 필자가 이미 확보해놓고 있었다. 비교해보니 카드 번호가 일치했다. 2012년 11월 27일 미납요금 37만 5,460원을 한꺼번에 납부하고 이용 정지를 해제한 사람이 김한수로 밝혀지는 순간이었다.

이동전화번호	정지기간	정지구분	정지사유	서비스관리번호
01040805783	20120910 ~ 20121127	F3 이용정지	미납	7217704494

태블릿은 요금 미납으로 2012년 9월 10일부터 11월 27일까지 '이용 정지'되었다.
[출처 ㈜SK텔레콤 2019. 12. 16. 문서제출명령 회신]

---

5 앞서도 설명했듯이, 검찰은 2012년 6월 개통 시점부터 2013년 1월까지 마레이컴퍼니가 요금을 납부했고, 2013년 2월부터는 김한수가 납부했다고 허구의 '2012년 알리바이'를 만들었다. 2012년 6월 ~ 2013년 1월 마레이컴퍼니가 요금을 냈다는 것(2012년 알리바이)은 나중에 거짓으로 밝혀졌지만, 2013년 2월부터 김한수가 납부한 것은 사실에 부합한다. 김한수는 2013년 2월부터 자신의 카드로 요금을 냈다는 사실을 증빙하기 위해 신한카드에서 발급받은 '개인(사업자)과거거래 현황'을 2017년 1월 박영수 특검에 제출했다.

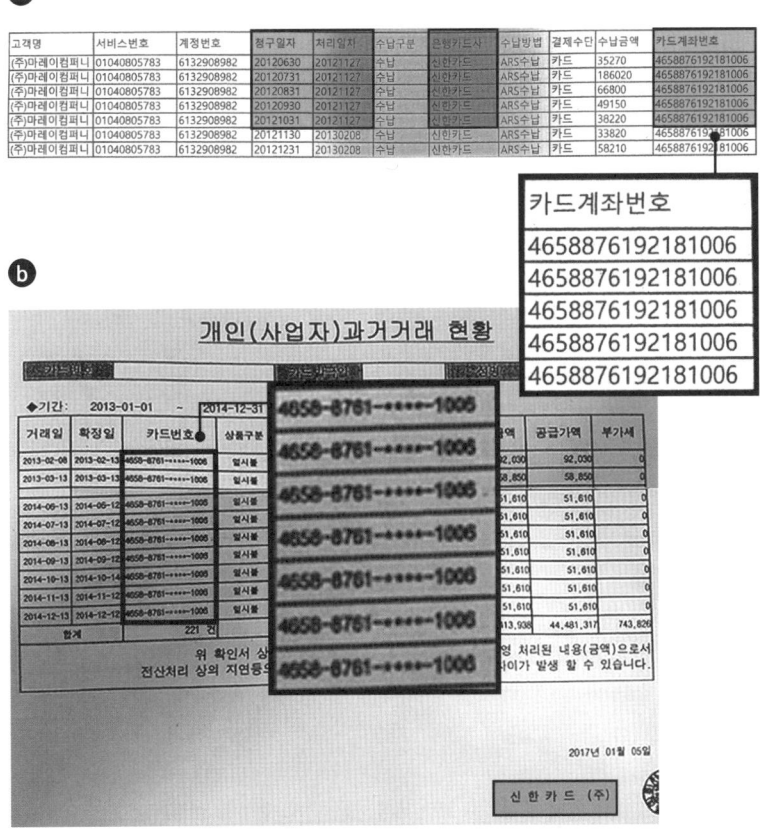

(a) 2012년 11월 27일 미납요금(2012년 6월~10월 요금)을 결제할 때 사용된 카드는 '신한카드 4658-8761-9218-1006'이다. (b) 김한수가 검찰에 직접 제출한 '개인(사업자)과거거래 현황'에는 김한수가 2013년 2월부터 개인카드로 요금을 납부한 내역이 나온다. 이 카드도 '신한카드 4658-8761-9218-1006'이다. 따라서 2012년 11월 27일 미납요금을 한꺼번에 납부, 이용 정지를 해제한 사람은 김한수로 확정됐다. (a)를 보면 2012년 11월, 12월 요금도 김한수가 신한카드로 직접 결제했다는 걸 알 수 있다. [출처 ㈜SK텔레콤 2020. 1. 20. 문서제출명령 회신]

그렇다면 2012년 6월부터 마레이컴퍼니가 요금을 납부했다는 김한수의 증언과 이를 입증해준다는 태블릿 '신규계약서'까지 모두 허위였다는 말이 된다. 필자는 교차 검증을 위해 ㈜하나카드에도 사실조회를 요청했다. '신규계약서'에는 마레이컴퍼니가 사용한 법인카드 회사[6]와 카드 번호가 적혀 있다. 이 카드에 대해 몇 가지 확인 요청을 한 것이다.

㈜하나카드의 사실조회 결과, 마레이컴퍼니 법인카드에는 처음부터 자동이체가 설정된 적이 없다는 사실이 확인됐다. 당연히 통신요금은 단 한 차례도 결제되지 않았다. 법인카드에 어떤 오류나 문제가 있어서 결제되지 않은 것인지 묻는 질문에는 '정상' 카드였다고 답변했다.

```
* 대상 : ㈜마레이컴퍼니
* 카드번호 : 9410-5370-5833-8100

1. 2012년 06월 22일경 월 통신요금 자동이체 설정이력
   → 없습니다.

2. 자동이체 설정이력 있는 경우, 자동이체 해지 등 변동사항
   → 없습니다.

3. 2012년 6월부터 2013년 2월까지 정상카드 여부
   → 정상
```

㈜마레이컴퍼니의 법인카드인 하나카드(구 외환카드)에는 태블릿 요금 자동이체가 처음부터 설정된 적이 없다는 사실이 확인됐다. [출처 ㈜하나카드 2020. 3. 10. 사실조회 회신]

---

6 태블릿 신규계약서에는 마레이컴퍼니 법인카드인 '외환카드'로 요금을 납부한다고 기재되어 있다. 외환카드는 2014년 하나카드에 합병됐다. 따라서 필자가 사실조회를 요청하던 2020년에는 외환카드 고객 정보를 하나카드가 갖고 있었다.

무너진 2012년 알리바이…태블릿 사용자는 김한수

2012년 태블릿 요금을 마레이컴퍼니가 아니라 김한수가 전부 납부했다는 사실이 밝혀지면서, 태블릿을 완전히 잊고 지냈다는 김한수의 진술부터 허위로 드러났다. 자신은 개통만 해줬을 뿐 태블릿 사용과는 무관하다는 '2012년 알리바이'가 깨져버린 것이다.[7] 더욱이 이용 정지를 해제한 직후의 태블릿 사용 기록이 캠프 홍보담당자 김한수의 업무와 부합한다면, 이 시기에 태블릿은 김한수의 손에 있었다는 의미다.

그래서 2012년 11월 27일에 해당하는 국과수 포렌식 기록을 살펴볼 필요가 있다. 포렌식 기록에 따르면 김한수는 이날 오후 1시경 태블릿의 전원을 켰다. 거의 석 달간 방치된 태블릿이 오랜만에 켜진 것이다. 그리고 자신의 휴대폰으로 SKT 고객센터에 전화를 걸어 미납요금 37만 5,460원을 ARS로 납부했다. 그러자 오후 1시 11분 "정지가 해제되었습니다"라는 문자가 태블릿에 도착했다.

문자를 확인한 김한수는 곧바로 '1일차 대전역 유세.hwp'를 다운로드 받았다(오후 1시 13분). 한글뷰어가 없다는 걸 확인했는지 재빨리 한글뷰어 앱을 설치하고(오후 1시 15분 23초) '1일차 대전역 유세.hwp'

---

[7] 검찰이 만든 김한수의 '2012년 알리바이'는, 2012년 7월 독일에서 태블릿으로 발신한 카톡 메시지 3건의 수신자가 '김한수'였다는 사실에서 또 한 번 깨지게 된다. 필자와 진상규명단이 2020년 4월에 국과수 포렌식 자료를 분석하고 밝혀낸 진실이다. 이 책 173페이지에 자세히 설명해놓았다.

를 한글뷰어로 열람했다(오후 1시 15분 50초). 30분 뒤에는 포털사이트 다음(daum)에 들어가 이메일을 확인했다(오후 1시 45분).[8]

이 날은 박근혜 후보의 대선 유세가 시작되는 날이었다. SNS 홍보담당자인 김한수가 평소보다 바빠지기 시작한 날이다. 박근혜 후보가 어디서 무슨 메시지를 내는지, 언론 동향이나 온라인 여론은 어떻게 나오는지 촉각을 곤두세워야 한다. 김한수는 홍보담당자로서 언제, 어디서든 업무를 할 수 있는 모바일 기기가 필요했고, 큰 화면으로 볼 수 있는 태블릿을 떠올렸을 것이다.

그래서 김한수는 어딘가에 방치해둔 태블릿을 다시 꺼내 미납요금을 한꺼번에 납부하고, 곧바로 업무에 사용했다. 이날 박근혜 후보는 오전 11시경 대전역 광장에서 유세를 시작했다. 김한수는 유세 내용을 파악하기 위해 이용 정지를 풀자마자 '1일차 대전역 유세.hwp'부터 확인한 것이다.

김한수는 언론 동향 파악에도 태블릿을 사용했다. 오후 3시 25분 네이버에 접속한 김한수는 박근혜와 관련된 기사들을 검색했다. 거의 1분 간격으로 「"박근혜 눈 촉촉해지면…" TV토론 대본 유출?」, 「박근혜 "가계부채 우선 해결"…70분 동안 '준비된 답변'」 같은 박근

---

8 당시 박근혜 캠프 내부에서 공유한 연락처 명단을 보면 김한수는 자신의 이메일 주소로 glomex77@daum.net을 기재했다. 캠프 직원끼리 소통하는 개인 업무용 이메일로 김한수는 다음(daum) 메일을 사용했다는 걸 알 수 있다. 반면 최서원은 다음 메일을 사용한 적이 없고 네이버 메일을 주로 썼다고 미디어워치에 밝힌 바 있다.

혜 관련 기사 5건을 훑어봤다. 그런 와중에 영자신문인 코리아타임스에 들어가 가십성 기사를 읽기도 했다.[9]

오후 4시 19분에는 김한수의 딸 사진 3장이 태블릿에 저장됐다. 앞서 4장에서 설명했듯이 김한수는 태블릿의 카톡 계정과 친구로 연결돼 있었다. 따라서 김한수가 태블릿을 통해 자신의 카톡 계정을 잠시 들여다보는 과정에서 프로필에 등록해놓은 딸 사진 3장이 태블릿에 다운로드 된 것으로 볼 수 있다. 김한수와 최서원은 카톡을 주고받은 적이 없고, 서로 연결된 적도 없다는 것이 둘의 공통된 증언이다. 그런데 태블릿에는 김한수의 개인 카톡 계정이 연결되어 있다.[10] 그렇다면 태블릿 사용자는 최서원이 아니라는 의미다.

---

9 해당 기사는 이날 코리아타임스 인기기사에 오른 사기 결혼(No job, no money; story of a man's lies) 관련 뉴스였다. 국과수 포렌식 자료를 보면 이처럼 코리아타임스, 코리아헤럴드 등 영자신문 기사나 영어권 언론(로이터 등) 기사를 읽은 기록들이 여러 건 나온다. 그렇다면 태블릿 사용자는 영어로 작성된 기사에 익숙한 사람이라고 할 수 있다. 최서원과 거리가 멀다. 반면에 김한수는 뉴질랜드에서 대학을 졸업한 유학파 출신이다.

10 앞서 4장에서 설명한 바와 같이 태블릿에 설치된 카톡에는 당시 김한수의 개인 휴대폰(전화번호 010-9048-8167)과 임태희 캠프로부터 인수한 휴대폰(ID yimcamp) 등 2개의 김한수 카톡 계정이 친구로 연결되어 있다.

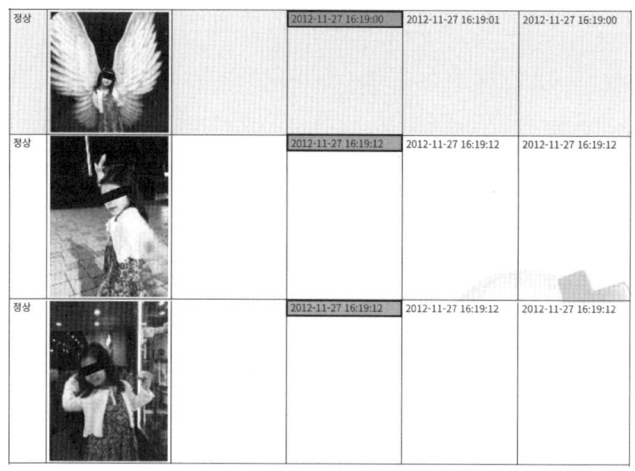

2012년 11월 27일 오후 4시 19분경 김한수의 딸 사진 3장이 태블릿에 저장됐다.

[출처 국과수 포렌식 자료(파이널모바일 포렌식 분석보고서)]

시간	기록
오후 1시경	이용 정지된 채 방치된 태블릿을 석 달 만에 다시 켬
1시~1시 11분	개인 신용카드로 연체요금 37만 5,460원을 ARS로 납부
1시 11분	태블릿으로 "정지가 해제되었습니다" 문자메시지 수신
1시 13분	태블릿으로 '1일차 대전역 유세.hwp' 다운로드
1시 15분	태블릿에 '한글뷰어' 앱 설치
1시 15분	태블릿으로 '1일차 대전역 유세.hwp' 열람
1시 45분	태블릿으로 포털사이트 '다음'에 로그인한 후, 이메일 확인
3시 27분 ~ 3시 29분	뉴스 검색 – 동아일보 「박근혜 눈 촉촉해지면…TV토론 대본유출?」, 한겨레 「박근혜 "가계부채 우선해결"…70분동안 준비된 답변」, 코리아타임스 「No job, no money; story of a man's lies」 등
4시 19분	김한수의 딸 사진 3장이 태블릿에 저장

2012년 11월 27일 대선 유세 첫날, 홍보담당자 김한수의 태블릿 사용기록

검찰과 특검, 김한수에게 허위진술 유도

　검찰은 태블릿 사용자가 최서원이라고 수사결과를 조작하기 위해 김한수의 '2012년 알리바이'를 만들었다. 하지만 마레이컴퍼니가 아닌 김한수가 2012년 요금을 전부 납부한 것으로 밝혀지면서 김한수의 '2012년 알리바이'는 허위로 드러났다. 해당되는 김한수의 진술이 모두 거짓이었다는 얘기다. 그래서 필자는 구체적으로 어떻게 김한수가 거짓말을 했는지 하나씩 따져봐야 했다.

　김한수에 대한 검찰 및 특검 소환 조사는 총 두 차례 있었다. 2016년 10월 29일과 2017년 1월 4일이다. 8개월 후인 2017년 9월 29일에는 김한수가 박근혜 대통령 1심 재판에 증인으로 나가 태블릿 관련 증언들을 했다.

　2016년 10월 29일 첫 검찰 조사는 서울중앙지검 김용제 검사가 담당했다. JTBC가 10월 26일 "태블릿 개통자는 김한수"라고 보도한 지 사흘이 지난 시점이었다. 이날 김한수는 태블릿과의 연관성을 최대한 부정하는 태도를 취했다. 개통만 해줬을 뿐 그 후로는 아는 게 전혀 없다는 식으로 발뺌했다. 요금 납부에 대해서도 전혀 몰랐다고만 답변했다.

　어쩌면 검찰도 원하는 방향이었을 것이다. 태블릿은 '최서원의 것'이어야 하기 때문이다. 검찰은 요금 납부에 대해 어느 정도 이미 조사를 했다는 듯이 김한수에게 질문을 던졌다. 이날 검찰이 내세운 건 2012년 6월 개통 시점부터 JTBC의 보도가 나온 2016년 10월까지 마레이컴퍼니가 계속 요금을 내고 있었다는 알리바이였다.

검사	해당 태블릿PC는 선거가 끝난 후에도 최근까지 계속 개통 상태였고, 마레이컴퍼니㈜에서는 진술인이 퇴사한 후에도 계속 요금을 부담하였던 것으로 보이는데, 그 경위가 어떻게 되나요.
김한수	저도 까맣게 잊고 있어서 전혀 몰랐습니다. (중략)
검사	김성태(2016년 10월 당시 마레이컴퍼니 대표)는 왜 진술인이 퇴사한 후에도 계속 통신요금을 부담하고 있었다고 하던가요.
김한수	제가 (김성태에게) 그런 질문은 하지 않았고, 김성태도 저에게 그에 대해서는 이야기하지 않았습니다.

- 김한수 검찰 진술조서(2016년 10월 29일) p12

하지만 개통 때부터 2016년 10월까지 마레이컴퍼니가 4년 넘게 요금을 내고 있다는 것은 너무 무리한 알리바이였다. 김한수의 카드 이용내역 하나로 금방 들통날 수 있는 거짓말이기 때문이다. 김한수가 개인카드로 납부한 내역은 실제 존재하는 자료이기 때문에 이를 통째로 무시하기가 어렵다.

그래서 검찰은 훗날 "2012년 6월부터 2013년 1월까지 마레이컴퍼니가 요금을 냈고, 2013년 2월부터 김한수가 냈다"는 것으로 알리바이를 수정했다. 앞서 설명했던 김한수의 '2012년 알리바이'다.

이 정도만 해도 김한수를 태블릿 사용과 무관한 인물로 만드는 데 충분하다고 생각했을 것이다. 이처럼 정교하게 다듬어진 거짓 알리바이는 2017년 1월 4일 두 번째 조사에서 완성됐다. 이날 조사는 특검에 파견된 김종우 검사가 담당했다.

> 검사   **검찰에서 확인한 바에 따르면,** 위 태블릿PC의 사용요금은 2013. 1. 31.까지는 마레이컴퍼니에서 지급하다가 그 이후부터는 진술인의 개인명의 신한카드로 결제된 것으로 **확인되었는데** 어떠한가요.
>
> 김한수   네, 맞습니다. 요금 납부 부분은 제가 잊고 있었는데 (2013년 2월부터는) 제가 태블릿PC 요금을 저의 개인명의 신용카드(신한카드)로 납부하였습니다. (중략)
>
> 검사   태블릿PC의 개통시부터 2013. 1. 31.까지 사용요금은 진술인이 운영하던 법인인 마레이컴퍼니에서 지급하였고, 2013. 2.경부터 2016. 12.까지 사용요금은 진술인 개인이 지급하게 된 이유는 무엇인가요.
>
> 김한수   2013. 2.경부터 청와대 행정관으로 근무하게 되었기 때문에, 2013. 1.경에 마레이컴퍼니에서 퇴사하였고, 그 과정에서 저의 필요에 의해 태블릿PC의 사용료 납부자를 변경하게 된 것입니다.
>
> — 김한수 특검 진술조서(2017년 1월 4일) p4~6

김종우 검사는 "검찰에서 확인했다"는 표현을 반복해서 쓰면서 2012년 요금을 마레이컴퍼니가 냈다는 허위사실을 김한수에게 제시했다. 김한수도 맞장구를 치며 적극 호응했다. 이 정도면 검찰이 '조작수사'를 목적으로 허위 진술을 유도하고 허위 공문서(진술조서)를 작성했다고 볼 수 있다.

8개월 뒤인 2017년 9월 29일 김한수는 박근혜 대통령 1심 재판에 증인으로 소환됐다. 이날 검찰은 2017년 1월 4일 조사에서 만들어놓은 허구의 '2012년 알리바이'를 재확인하는 증인신문을 했다. 김한수가 법정에서도 허위 증언을 하도록 '위증 교사'까지 한 것이다.

검사	위 태블릿PC를 개통한 2012. 6.경부터 2013. 1. 31.까지의 사용요금은 증인이 운영하던 법인인 마레이컴퍼니㈜에서 지급하였지요.
김한수	그렇게 확인했습니다.
검사	그 이후인 2013. 2.경부터 2016. 12.까지의 사용요금은 증인 개인 명의의 신용카드로 지급하였지요.
김한수	예.
검사	증인은 2013. 2.경부터 청와대 행정관으로 근무하게 된 것이지요.
김한수	예.
검사	그래서 2013. 1.경 마레이컴퍼니㈜를 퇴사하였고, 이에 따라 위 태블릿PC의 사용요금 납부자를 마레이컴퍼니㈜에서 증인 개인으로 변경하게 된 것이지요.
김한수	예, 추후 그렇게 확인했습니다.

- 김한수 증인신문조서(2017년 9월 29일) p4

태블릿 사용자를 최서원으로 만들기 위해 검찰이 이렇게 적극적으로 나섰다면 얘기가 달라진다. 태블릿 사건은 JTBC의 특종 욕심이나 사주社主의 정치적 야망 때문에 벌어진 조작보도의 차원이 아니었다. 필자는 프레임을 바꿔야 했다. 태블릿 조작의 주범은 JTBC를 넘어 검찰로 확대됐다. 물론 배후에는 검찰을 사냥개로 부리는 더 큰 세력이 있을 것이다. 태블릿은 이제 조작보도라기보다 '조작수사'라는 프레임으로 사건을 바라봐야 했다.

거짓에 거짓을 쌓아올린 김한수의 진술

앞서 본 바와 같이 김한수의 '2012년 알리바이'는 2017년 1월 4일 2차 소환 조사에서 완성됐다. 따라서 이날 작성된 진술조서는 그 자체가 허위 공문서로서 법적인 신빙성이 전혀 없다고 볼 수 있다.[11] 2012년 요금 납부자를 마레이컴퍼니로 조작했을 뿐만 아니라, 그 연장선에서 추가된 아래의 두 가지 진술도 모두 거짓이라고 봐야 한다.

- 2012년 가을 최서원이 이춘상 보좌관과 만난 중식당에서 최서원이 흰색 태블릿을 가방에 넣는 모습을 보았다.

---

11 허위 공문서에 불과한 김한수의 2017년 1월 4일 진술조서는 박근혜 대통령 1심 재판과 필자의 태블릿 재판에 모두 증거로 제출됐다.

- 2013년 1월 최서원이 전화를 걸어 인수위에 들어가라고 권유하며 "태블릿PC는 네가 만들어 주었다면서?"라고 물은 적이 있다.

최서원이 흰색 태블릿을 들고 다니는 걸 보았다는 목격담은 2017년 9월 29일 증인신문에서 다시 거론됐다. 이날 검사는 내친 김에 김한수가 봤다는 그 흰색 태블릿을 '김한수가 개통한 태블릿'으로 확정짓고서 질문을 던졌다. 이에 김한수는 흰색 태블릿을 보기는 했지만, 자신이 개통한 태블릿이라는 생각은 당시에는 하지 못했다고 답변했다.

검사 식사가 끝날 즈음에 이춘상 보좌관이 자리에서 일어났고, 증인이 최서원에게 인사를 드리기 위해서 그 자리로 갔는데, 그때 증인이 개통하여 이춘상 보좌관에게 전달한 흰색 태블릿PC를 최서원이 가방에 넣는 것을 본 사실이 있지요.
김한수 흰색 태블릿PC를 본 사실은 있습니다. (중략)
변호인 2012. 9.경 만나러 가기 전에 이춘상 보좌관으로부터 피고인 최서원에 대한 어떤 이야기도 들은 바 없지요.
김한수 예. (중략)
변호인 그러면 증인이 이춘상 보좌관에게 준 태블릿PC가 왜 피고인 최서원에게 전달되어서 최서원이 사용할 수 있다고 생각했나요.
김한수 당시에는 그것이 같은 태블릿PC겠다라는 생각을 할 필요가 없었고, 이 일이 발생하고 진술하는 과정에서 그 태블릿PC가 동일한 PC일 수도 있겠다는 추론입니다.

- 김한수 증인신문조서(2017년 9월 29일) p5, 17

하지만 **2012년 가을** 최서원이 태블릿을 들고 다녔다는 목격담은 그 자체가 포렌식 기록과 전혀 맞지 않는 주장이다. 앞서 설명했듯 이 태블릿은 2012년 9월 10일부터 11월 27일까지 이용 정지 상태였기 때문이다. 전화나 문자는 물론 인터넷 접속도 할 수 없어 모바일 기기로서 아무런 쓸모가 없는 깡통 태블릿이었다. 이런 태블릿을 최서원이 무겁게 들고 다니며 사용했다는 건 신빙성이 매우 떨어진다.

이용 정지였지만 와이파이(Wi-Fi)를 쓰면 된다고 생각할 수 있겠으나, 2012년 당시는 집밖에서 와이파이를 쓸 수 있는 공간이 지금과 달리 극히 제한적이었다. 국과수 포렌식 자료에도 이용 정지 기간에 와이파이에 접속한 기록은 나오지 않는다. 또한 태블릿은 2012년 8월 15일을 끝으로 석 달 넘게 인터넷 사이트에 접속하지 않았다. 8월 중순부터 사실상 사용하지 않고 방치한 것이다.[12]

---

12 국과수 포렌식 자료에 따르면 태블릿에 한글 뷰어가 설치된 건 2012년 11월 27일이다. 따라서 그 이전에는 태블릿으로 문서 파일을 거의 열어보지 않았다는 의미다. 뉴스 검색이나 이메일 수신, 카톡 송수신 정도로 사용한 것이다. 그리고 태블릿은 2012년 8월 15일을 끝으로 더 이상 인터넷 사이트에 접속하지 않았다. 이용 정지 기간(9월 10일 ~ 11월 27일) 동안 이메일이 수신된 기록은 몇 건 있으나, 이건 구글 메일 서버에 이메일이 도착한 기록일 뿐 태블릿으로 수신했다는 뜻은 아니다. 따라서 태블릿은 2012년 8월 중순 이후로 사용되지 않다가 9월 10일부터 이용 정지가 됐고 11월 27일에 김한수가 이용 정지를 풀면서 다시 활발히 사용된 것이다.

2013년 1월 최서원이 전화해서 인수위에 들어가라고 권하며 "태블릿은 네가 만들어 줬다면서?"라고 말했다는 내용도 허위 사실로 봐야 한다. 이에 대해 최서원은 누구에게 자리를 권할 만한 위치에 있지도 않았고, 그런 통화 자체를 한 바가 없다고 강력히 부인하고 있다.

더욱이 김한수는 인수위나 청와대에 들어간 경위에 대해 필자에게는 자신의 부친과 장인이 박 대통령의 오랜 후원자여서 그 추천으로 들어갔다고 2013년에 솔직하게 말한 적이 있다.[13] 하지만 김한수는 2017년 9월 29일 법정에서는 최서원의 추천으로 들어갔다고 증언했다.

검찰이 "태블릿은 네가 만들어 줬다면서?"라고 최서원이 말했다는 허위사실을 만들어낸 이유는 다른 게 아니다. '2012년 알리바이'를 위해서다. 2012년 6월부터 2013년 1월까지 마레이컴퍼니가 요금을 내고 있었고 그 기간에 김한수는 태블릿을 본 적이 없고, 누가 쓰고 있는지도 몰랐다는 게 '2012년 알리바이'다.

그런데 김한수가 2013년 2월부터 갑자기 요금을 내기 시작했다? 뭔가 설명이 필요하다. 완전히 잊고 있었던 태블릿의 존재를 김한

---

13 2013년에 필자는 한국인터넷미디어협회(보수 성향 인터넷신문사 단체) 회장으로 청와대 뉴미디어실 행정관이던 김한수와 매달 한 번씩 간담회를 한 적이 있다. 하지만 당시에 김한수는 인터넷 미디어 정책에 아무런 배경지식이나 관심이 없었다. 이런 인물이 어떻게 청와대에 들어갔는지 궁금해서 김한수에게 물었더니 자신의 부친과 장인 덕택이라고 답변한 것이다.

수가 다시 떠올려야 하고, 누가 쓰고 있는지도 알게 되었을 때 비로소 자신이 요금을 내야겠다고 생각할 여지가 생긴다. 그래서 검찰은 2013년 1월 최서원이 "태블릿은 네가 만들어 줬다면서?"라고 말했다는 허위사실을 새롭게 추가한 것이다.

    검사   추가로 진술할 내용은 무엇인가요. (중략)
    김한수 앞서 말씀드렸던 2013. 1. 초순경 제가 최순실과 두 번째 통화를 했던 날, 최순실이 저에게 인수위에서 일할 것을 권유하면서 "인수위에서 일하려면 너가 운영하는 회사를 정리해야 한다, 그런데 태블릿PC 너가 만들어 주었다면서?"라는 말을 하였습니다.
            저는 그 말을 듣고 최순실이 태블릿PC를 제가 만들어 주었다는 사실을 알고 있다는 것을 알게 되었습니다. 또한, 그 이야기를 듣고 회사를 정리하면서 제 개인 카드로 납부하는 것으로 결제자를 변경하였던 것입니다.

                          - 김한수 특검 진술조서(2017년 1월 4일) p12

이처럼 김한수는 2013년 1월 최서원과의 통화에서 태블릿을 누가 쓰고 있는지 알게 되어 자신이 요금을 납부하게 됐다는 취지로 진술했다. 김한수는 2017년 9월 29일 증인신문에서도 마찬가지로 답변했다. 바꿔 말하면 2013년 1월 최서원과 통화하기 전까지 김한수는 태블릿이 어디에 있는지 전혀 몰랐다는 뜻이 된다.

하지만 실제로는 그보다 두 달여 전인 2012년 11월 27일에 김한수는 직접 밀린 요금을 내고 이용 정지를 푼 후 곧바로 사용했다. 태블릿은 2012년부터 김한수의 손에 있었던 것이다. 태블릿이 어디에 있는지 몰랐다는 주장부터 거짓이고, 그 연장선에서 만들어진 2013년 1월 최서원과의 통화 역시 허구일 수밖에 없다.

박근혜 판결문에 인용된 김한수의 위증

태블릿 사용자에 대한 법원의 공식 판단은 박근혜 대통령 1심 재판에서 이루어졌다. 공무상비밀누설죄에서 다뤄진 것이다. 하지만 2심과 대법원 판결에서는 태블릿에 대한 언급이 전혀 없다. 결국 태블릿 관련 법원의 판단은 박 대통령 1심 판결이 유일한 판단이자, 최종 판단인 것이다.[14]

박 대통령 1심 판결문을 보면 아래와 같이 총 3가지 근거를 들어 태블릿은 "최서원이 사용한 것으로 봄이 타당하다"고 판정 내렸다. 3가지 근거 중 2가지(①, ③)가 2017년 1월 4일 김한수의 진술조서

---

14 검찰은 필자의 태블릿 재판에서 "박 대통령 1심과 정호성 1심·2심·3심이 최서원의 것으로 인정했다"며 전가의 보도처럼 활용하고 있다. 하지만 정호성 1심·2심·3심 판결문 어디를 봐도 태블릿에 대한 판단은 나오지 않는다. 정호성은 태블릿이 누구의 것인지 포렌식 감정을 신청했다가 스스로 철회했고, 검찰과 JTBC의 주장에도 딱히 반박한 적이 없었다.

에 나오는 내용, 즉 '2012년 알리바이'와 관련된 내용이다. 법원 판단에서 김한수의 진술이 차지하는 비중이 그만큼 절대적이었다는 사실을 알 수 있다.

차. 공무상비밀누설죄에 관한 주장에 대하여(판시 범죄사실 제9항)

1) 이 사건 태블릿PC에서 발견된 문건에 관하여 공무상비밀누설죄가 성립되지 않는다는 주장에 대하여 앞서 유죄의 증거로 거시한 증거들에 의하여 인정되는 다음과 같은 사정들, 즉

① 이 사건 태블릿PC를 처음 개통한 김한수는 이 법정에서 "2012. 6.경 박근혜 대통령 후보의 선거캠프에서 함께 일하던 이춘상 보좌관의 요청에 따라 위 태블릿PC를 개통한 후 이춘상에게 이를 전달하였고, 그 이후인 2012년 가을경 이춘상이 최서원을 만나는 자리에 이춘상을 수행하여 함께 갔는데, **그 자리에서 최서원이 위 태블릿PC와 같은 색상인 흰색 태블릿PC를 가방에 넣는 것을 본 사실**이 있다.", "2013. 1. 초순경 최서원이 전화하여 대통령직 인수위원회에서 일할 것을 권유하면서 **'그런데 태블릿PC는 네가 만들어 주었다면서?'**라고 이야기하였다.", "최서원의 권유에 따라 대통령직 인수위원회에서 일하기로 마음먹고 운영하던 회사(마레이컴퍼니 주식회사)를 정리하면서 **위 태블릿PC의 사용요금 납부자를 위 회사에서 '김한수' 개인으로 변경**하였는데, 당시 '이춘상이 최서원에게 위 태블릿PC를 사용하게 하였다면 얼마 되지 않는 요금 정도는 매월 납부해도 될 것 같아서 납부자를 변경했던 것'이다."라고 진술한 점,

② 정호성은 수사기관에서부터 이 법정에 이르기까지 일관되게 '별지 범죄일람표 4 순번 1, 35, 38 기재 각 문건을 비롯하여 이 사건 태블릿PC에서 발견된 인사 관련 문건, 연설문, 말씀자료 등을 최서원과 공유하던 이메일을 통해 최서원에게 전달한 사실이 있다'고 진술한 점,

③ 최서원으로서는 위 태블릿PC를 자신이 사용하는 등으로 위 태블릿PC가 자신과 관련 있는 물건이기 때문에 김한수에게 **'이 사건 태블릿PC는 네가 만들어 주었다면서?'**라고 이야기하였다고 봄이 일반 경험칙에 부합하는 점

등을 종합하면, 적어도 이 사건 태블릿PC에서 발견된 문건을 정호성이 최서원에게 전달한 기간 동안에는 위 태블릿PC를 최서원이 사용한 것으로 봄이 타당하고, 별지 범죄일람표 4 순번 1, 35, 38 기재 각 문건 또한 정호성이 최서원에게 전달한 것으로 볼 수 있으므로, 피고인과 변호인의 이 부분 주장은 받아들이지 아니한다.

- 박근혜 대통령 1심 판결문(2018년 4월 6일 선고) p285~286

판결문에서 제시한 근거 ①, ③은 앞서 설명한 것처럼 모두 허위로 밝혀졌다. 김한수가 2012년 요금까지 모두 납부한 것으로 드러났기 때문에, 판결문에 나오는 "태블릿 사용요금 납부자를 마레이컴퍼니에서 김한수 개인으로 변경했다"는 내용부터 허위사실이다.

김한수의 '2012년 알리바이'가 거짓으로 드러나면서 이를 전제로 꾸며낸 "태블릿은 네가 만들어 줬다면서?"라고 최서원이 말했다는

것도 앞서 설명한 것처럼 허위일 수밖에 없다. 2012년 가을 최서원이 태블릿을 들고 다녔다는 목격담도 태블릿은 이용 정지 상태였고 포렌식 기록에도 이 시기에 사용된 흔적이 없다는 점에서 신빙성이 전혀 없는 거짓말이다.[15]

판결문이 제시한 3가지 근거에서 ①과 ③이 이렇게 엉터리로 판명된 가운데 근거 ②도 반박이 가능하다. 근거 ②는 태블릿에서 발견된 청와대 문건은 정호성이 최서원에게 전달한 문건이므로, 태블릿은 '최서원의 것'이라는 내용이다. 결론부터 말하면 일부 사실관계는 맞지만 논리적으로 틀렸다.

만일 정호성이 최서원만 볼 수 있는 이메일 계정으로 문건을 보냈다면 판결문의 논리는 타당하다. 하지만 태블릿에 있는 청와대 문건들은 전부 zixi9876@gmail.com, kimpa2014@gmail.com을 통해 다운로드 받았다. 두 이메일 계정은 정호성, 김한수, 김휘종 등 청와대 인사 5~6명이 아이디를 공유하며 사용하던 공용(公用) 계정이었다. 검찰 수사결과에 나오는 내용이다.

---

15 객관적 검증이 불가능한 김한수의 단순 목격담을 판단의 근거로 삼은 것부터 문제라고 할 수 있다. 그렇게 따지면 필자는 2013년에 김한수가 '흰색 태블릿'을 들고 다니는 걸 여러 번 본 적이 있다. 당시 필자(한국인터넷미디어협회장)와 김한수(청와대 뉴미디어실 행정관)는 한 달에 한 번 정도 만나는 관계였다. 김한수는 간담회 자리는 물론 식사 자리에서도 흰색 태블릿을 들고 다녔다. 무슨 용도로 들고 다니는지 대화도 나눴기 때문에 필자는 또렷이 기억하고 있다. 김한수의 2012년 목격담을 법원이 인정해 준다면, 필자의 '2013년 목격담'도 법원이 인정해 줄 것인지 묻지 않을 수가 없다.

정호성은 이 중 zixi9876@gmail.com을 최서원에게 알려줬다. 정호성이 문건을 보낼 때마다 최서원뿐만 아니라 청와대 인사 5~6명도 동시에 문건을 받은 것이다. 따라서 정호성이 보낸 문건이 태블릿에 있다는 것은 이메일 공유자 중 한 명이 태블릿 사용자라는 사실까지만 입증해준다. 만약 김한수가 태블릿을 사용했다면, 이때도 정호성이 최서원에게 보낸 문건은 태블릿에 남아있는 것이다.

결론적으로 박 대통령 1심 판결이 제시한 근거 ①, ②, ③이 모두 터무니 없는 것으로 밝혀졌다. 태블릿이 누구의 것인지 다시 판결해야 하는 것이다. 박 대통령 1심 판결은 2018년 4월 6일에 나왔다. 태블릿은 '최서원의 것'이라는 법원의 공식 판단이 처음 나온 것이다. 그러자 검찰은 이 판결문을 핵심 근거로 한 달여 뒤인 5월 30일에 필자를 사전 구속시켰다.

태블릿 '신규계약서'도 조작됐나

앞서 살펴본 것처럼 김한수가 2012년 11월 27일 미납요금을 전부 납부하고 곧바로 사용했다는 것은 이날 태블릿이 김한수의 손에 있었다는 뜻이다. 검찰이 줄곧 고수했던 2012년 6월부터 2014년 4월까지 최서원이 사용했다는 강력한 프레임이 2012년 11월 27일 시점에서 두 동강이 나버린 것이다. 즉, 2012년도 요금을 마레이컴퍼니가 납부했다는 허위사실을 마치 '진실'인 것처럼 꾸미기 위해 검찰이 만든 증거들은 모두 조작된 증거라는 의미다.

요금납부 조작을 잡을 당시 필자가 가장 먼저 떠올린 건 태블릿 '신규계약서'였다. 태블릿이 개통될 때(2012년 6월 22일) 작성됐다는 신규계약서에는 마레이컴퍼니 법인카드로 납부한다고 적혀있었다. 하지만 앞서 설명했듯이 법인카드에는 애초에 자동이체가 설정되지 않았고, 요금이 나간 적도 없다는 사실이 확인됐다. 그렇다면 신규계약서도 조작이라는 말인가.

박 대통령 1심 판결문을 다시 들여다봤다. 공무상비밀누설죄에서 어떤 증거들을 검찰이 제출했는지 살펴보니, 태블릿 개통이나 요금납부와 관련된 서류는 △ 통신가입자조회 결과, △ 태블릿PC 서비스 신규계약서, △ 개인사업자 과거 거래현황(2013. 2. ~ 2016. 12.) 등 3건으로 압축할 수 있었다.

1. 통신가입자조회 결과 1부(순번 38), 마레이컴퍼니(주) 등기부등본 및 건물 등기부 등본 각 1부(순번 39), 최순실 개인별 출입국 현황 1부(순번 64), 최순실 딸 정유라 주민등록등본(순번 71), 정호성 제1부속실장 가족관계증명서(순번 72), 정호성-최순실 문자메시지 송수신내역(IM-A800S) 1부(순번 369), 태블릿PC 서비스 신규계약서 순번 718), 태블릿PC 촬영 사진 3장(순번 719), 개인사업자 과거 거래현황(2013. 2. ~ 2016. 12.) 2부(순번 721), 2016. 10. 25.자 조선일보 기사 「박근혜 대통령 대국민 사과 전문」(순번 774)

박근혜 대통령 1심 판결문에서 증거목록을 보면 태블릿 개통, 요금납부와 관련해 검찰이 제출한 증거는 ① 통신가입자조회 결과, ② 태블릿PC 서비스 신규계약서, ③ 개인사업자 과거 거래현황(2013. 2. ~ 2016. 12.) 등 3건이다. [출처 박근혜 대통령 1심 판결문]

'통신가입자조회 결과'는 태블릿 개통자를 알려주는 서류로서 정확히 2016년 10월 27일 SKT가 검찰에 보낸 답변 공문이다.[16] 개통자 명의(마레이컴퍼니)와 개통일(2012년 6월 22일)을 입증해준다. '개인사업자 과거 거래현황'은 2017년 1월 김한수가 카드사(신한카드)에서 발급받아 검찰에 제출한 카드 이용내역이다. 김한수가 2013년 2월부터 2016년 12월까지 개인카드로 요금을 납부했다는 사실을 입증해준다.

그렇다면 '태블릿PC 서비스 신규계약서'(이하 '신규계약서')는 어떤 이유로 제출됐을까. 개통에 관한 정보는 '통신가입자조회 결과'라는 서류 하나만으로 충분히 입증 가능하다. 요금납부 증빙은 '개인사업자 과거 거래현황'으로 가능한데, 검찰이 제출한 서류는 2013년 2월 이후에 대해서만 입증해준다. 결국 '신규계약서'는 2012년 6월부터 2013년 1월까지 요금납부 때문에 제출된 물증物證이었다.

검찰이 사건을 조작할 생각이 없었다면 2012년 6월부터 2013년 1월까지 요금납부 내역도 '개인사업자 과거 거래현황'을 제출했을 것이다. 실제로 이때도 김한수가 개인카드(신한카드)로 요금을 냈기 때문이다. 하지만 손쉽게 구할 수 있는 서류(개인사업자 과거 거래현황) 대신 '신규계약서'를 검찰이 제출한 이유는 2012년 6월부터 2013년 1월

---

16 JTBC는 검찰보다 먼저 개통자가 ㈜마레이컴퍼니라는 사실까지 정확히 알아내고 2016년 10월 26일 단독 보도했다. 이 때문에 김한수가 태블릿 정보를 알려줬다는 JTBC와 김한수의 '사전 유착' 의혹이 생겨났다.

까지의 요금을 마레이컴퍼니가 낸 것처럼 조작하기 위해서다.

'신규계약서'가 애초에 이런 목적으로 제출됐으니 그 자체가 조작된 증거일 수밖에 없다. 검찰이 정직하게 수사했다면 신규계약서는 처음부터 필요가 없는 증거였다. 필자는 검찰이 제출한 신규계약서를 다시 한 번 살펴보기 시작했다. 그리고 다음과 같은 사실을 파악할 수 있었다.

- 검찰은 신규계약서 전체에서 1쪽만 발췌해서 제출한 점

- 신규계약서 출력일시가 2016년 11월 1일 오전 11시 45분인 점

- 신규계약서 배경에 삽입된 코드 'D13665467'을 통해 계약서가 출력된 휴대폰 대리점을 추정할 수 있는 점[17]

- 계약서 1쪽 전체가 한 사람의 필체로 일괄 작성된 점, 즉 고객이 작성하지 않는 부분까지 고객 한 사람의 필체인 점

- 김한수의 서명과 사인이 기재된 점

- 2012년 6월 22일 대리점을 방문, 계약서를 작성한 사람을 추정할 수 있는 '가입사실확인 연락처'가 있는 점

- 계약을 체결한 '대리점(신청서 접수점)'과 '계약일자'가 누락되어 있어 정상적으로 완성된 계약서로 볼 수 없는 점

---

17 나중에 SKT에 확인한 결과, 'D13665467'은 계약서를 출력한 대리점 직원의 ID였다. 이를 통해 검찰이 제출한 신규계약서는 2016년 11월 1일 '부천시 원미로 38'에 위치한 SKT 대리점에서 출력됐다는 사실이 확인됐다.

박근혜 대통령 재판에 검찰이 증거로 제출한 '신규계약서' 1쪽 상단 부분. (a)는 신규계약서를 출력한 시점(2016년 11월 1일 오전 11시 45분)이다. (b)는 계약서를 출력한 대리점 직원의 ID다. (c)는 요금납부 방법이다. 마레이컴퍼니의 법인카드(외환카드)로 납부한다고 기재되어 있다. (d)는 개통 당시 마레이컴퍼니 대표이사였던 김한수의 서명과 사인이다.

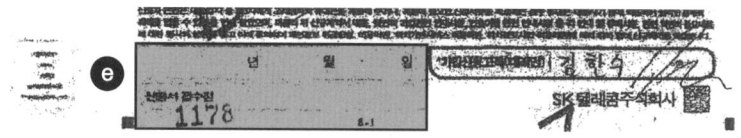

'신규계약서' 1쪽 하단 부분. (e)를 보면 대리점명(신청서 접수점)과 계약일자가 누락되어 있다.

신규계약서 1·3쪽이 조작된 정황

필자는 보다 명확한 사실 확인을 위해 태블릿 재판에서 SKT를 상대로 문서제출명령을 신청했다. 검찰이 신규계약서 1쪽만 제출했기 때문에 계약서 전체를 제출해 달라는 요청이었다. 그리고 필자는 2020년 4월에 신규계약서 8쪽 전체를 받아냈다. 검찰이 제출한 신규계약서보다 글자가 선명했고, '가입사실확인 연락처' 등 검찰이 가려놓은 내용도 확인할 수 있었다.

8쪽 전체를 보니 1쪽부터 5쪽까지 작성자의 필체와 사인sign이 있었다. 6쪽부터 8쪽까지는 약관을 비롯해 깨알 같은 문구들만 있었다. 계약서에서 가장 눈에 띄는 건 1, 3쪽과 2, 4, 5쪽의 필체와 사인이 완전히 다르다는 점이다. 하나의 계약서에 서로 다른 두 종류의 필체와 사인이 공존하고 있는 것이다. 이것만으로도 정상적인 계약서가 아니었다. 또한 계약서 1, 3쪽에 없던 형광펜 표시[18]가 2, 4, 5쪽에는 있었다.

계약서 1, 3쪽(왼쪽)과 계약서 2, 4, 5쪽(오른쪽)의 필체와 사인이 완전히 다르다.

이처럼 계약서는 1, 3쪽과 2, 4, 5쪽이 서로 이질적이었다. 계약서가 한 곳에서 한 번에 작성된 게 아니라, 각기 다른 시간과 장소에서

---

18 여기서 말하는 '형광펜 표시'라는 것은 은행이나 휴대폰 대리점에서 서류를 작성할 때 고객이 직접 써야 할 부분을 알려주기 위해 직원이 해당 부분을 형광펜으로 표시해주는 것을 말한다.

따로 작성된 것으로 의심할 수 있었다. 계약서 1, 3쪽의 필체는 김한수가 진술조서, 증인신문조서에 기재한 필체와 거의 일치했다. 따라서 1, 3쪽은 김한수가 썼다고 잠정 결론을 내렸다. 그렇다면 2, 4, 5쪽은 누가 썼을까.

필자는 '가입사실확인 연락처'가 누구의 전화번호인지 알아보기 위해 이동통신사 3곳을 상대로 사실조회를 요청했다. 그 결과 '가입사실확인 연락처'는 김성태의 전화번호였다. 김성태는 2012년 6월 개통 당시 김한수의 마레이컴퍼니 직원이었다. '가입사실확인 연락처'가 김성태의 전화번호라면 개통 당일 계약서를 작성한 사람은 김성태일 확률이 높았다.

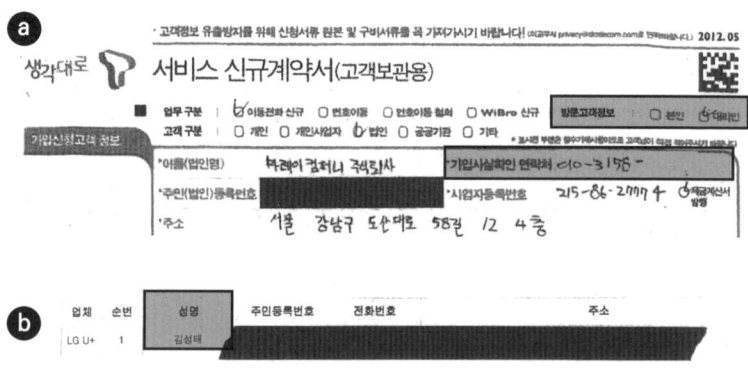

(a) 계약서 1쪽 '가입사실확인 연락처'에 전화번호가 적혀 있다. '방문고객정보'는 대리인에 체크되어 있다. 대리점을 방문한 사람이 마레이컴퍼니 대표이사(본인)가 아니라 직원(대리인)이라는 의미다. (b) 필자의 태블릿 재판에서 사실조회를 한 결과 '가입사실확인 연락처'에 적힌 전화번호는 직원 김성태의 것으로 확인됐다. 따라서 계통 당일 계약서 작성자는 김성태일 확률이 높다. [출처 ㈜LG유플러스 2020. 11. 16. 사실조회 회신]

이렇게 계약서 전체를 살펴본 후 필자는 계약서 조작을 거의 확신했다. 본래 개통 당일에 김성태가 작성한 계약서에서 1, 3쪽만 따로 떼 내어 검찰이 원하는 내용으로 김한수가 위조한 것으로 1차 결론을 내렸다.

계약서 1쪽과 3쪽은 요금납부를 비롯해 계약과 관련된 주요 내용을 담고 있다. 특히 계약서 1쪽 '요금납부 방법'이 핵심이다. 검찰과 김한수는 계약서 1, 3쪽을 다시 쓰고, 요금납부 방법에는 마레이컴퍼니가 법인카드로 납부하는 것처럼 기재했다. 그리고 검찰은 계약서 1쪽만 증거로 제출했다.

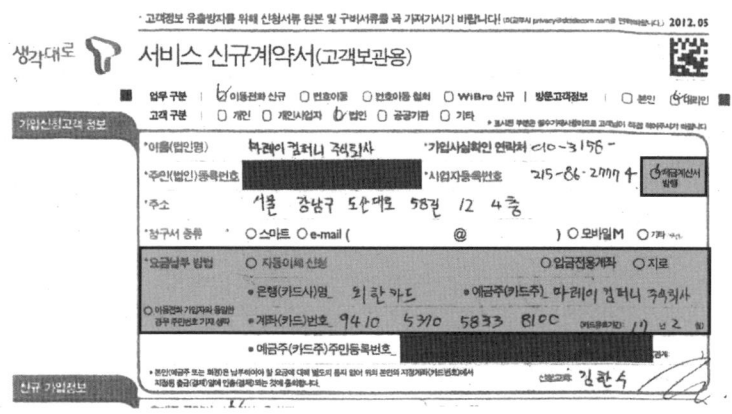

신규계약서를 보면 '세금계산서 발행'에 체크가 되어있다. 법인카드(신용카드)로 결제할 때는 세금계산서를 절대 발행하지 않는다. 매출이 이중으로 인식되기 때문이다. 김한수는 '마레이컴퍼니 법인카드로 납부한다'고 위조하는 것에만 집중하고 나머지는 본래 계약서에 적힌 내용을 통째로 베껴 적었을 것이다. 그렇다면 본래 계약서 역시 '세금계산서 발행'에 체크가 되어있다는 뜻이다. 즉, 김한수가 조작하기 전의 본래 계약서에는 법인카드 결제가 아니라, **지로 결제나 통장 자동이체**가 적혀 있었다는 사실을 추정할 수 있다.

여기에는 SKT의 협조가 반드시 필요하다. 원본 계약서의 1, 3쪽 대신 새로 위조한 1, 3쪽을 SKT 서버에 올려놓아야 하기 때문이다. 따라서 현재 SKT 서버에 보관중인 태블릿 신규계약서는 김성태가 계약 당일 작성한 원본과 김한수가 추후에 다시 작성한 1, 3쪽이 혼재된 버전이라고 할 수 있다. 이렇게 서버에 올려놓아야, 요청이 있을 때마다 일관되게 조작된 계약서를 제출할 수 있어서 뒤탈이 없다.

한 계약서에 서로 다른 두 개의 사인sign

'신규계약서'는 한 눈에 봐도 정상적인 계약서가 아니다. 서버에 멀쩡히 있던 계약서를 다시 꺼내서 조작을 했으니 정상적일 리가 없다. 특히 김한수가 다시 작성한 1, 3쪽에서 비정상적인 특징들이 집중적으로 나타난다. 대표적인 사례는 세 가지다.

우선 계약서 1쪽에 반드시 있어야 할 대리점(신청서 접수점)과 계약일자가 누락되어 있다. 계약서 어디를 봐도 대리점과 계약일을 알 수가 없다. 현업 종사자들에게 보여주니 어떻게 이런 걸 누락할 수 있는지 되물었다. 대리점 수익과 직결되는 부분이기 때문이다.

계약서 3쪽에 '연락받을 번호'가 비어있는 것도 정상이 아니다. 별표(*)가 표시된 필수 기재사항이다. 반드시 있어야 할 내용이 비어있는데 계약서 등록이 과연 가능했을까. 필수 기재사항이 비어있는 것은 정상적으로 완성된 계약서가 아니라는 뜻이다. 앞서 지적한 대리점과 계약일자 누락도 마찬가지다. 김한수가 급하게 다시 쓰다가 벌어진 현상으로 추정할 수 있다.

신규계약서에서 볼 수 있는 가장 희한한 특징은 서로 다른 두 종류의 사인이 하나의 계약서에 공존한다는 것이다. 계약서 1, 3쪽의 필체와 사인이 2, 4, 5쪽과는 완전히 다르다. 계약서 1쪽에는 가입자 명의와 요금납부 방법이 있다. 3쪽(단말기할부매매계약서)에는 태블릿 기기 할부대금이 적혀 있다. 계약서 1쪽과 3쪽이 요금납부와 직결되어 있는 것이다.[19]

따라서 검찰이 '2012년 알리바이'를 조작하려면 계약서 1, 3쪽을 위조해야 한다. 계약서 1쪽은 육안으로 봐도 김한수의 필체다. 김한수도 특검 조사, 증인신문에서 자신의 필체라고 이미 인정했다. 그리고 계약서 3쪽의 필체와 사인은 계약서 1쪽과 같았다. 그렇다면 계약서 1, 3쪽은 김한수가 썼다고 봐야 한다. 나머지 2, 4, 5쪽은 김한수가 아닌 다른 사람의 필체와 사인이다. 개통 당일(2012년 6월 22일)에 대리점을 방문한 김성태가 쓴 것으로 추정된다.

---

19 계약서 2쪽은 개인정보 수집 동의, 4쪽은 SK플래닛 위치정보 수집 동의, 5~8쪽은 각종 안내사항과 유의사항, 약관으로 이어져있다. 따라서 계약서 1, 3쪽을 제외한 나머지 페이지는 상대적으로 덜 중요하다고 할 수 있다.

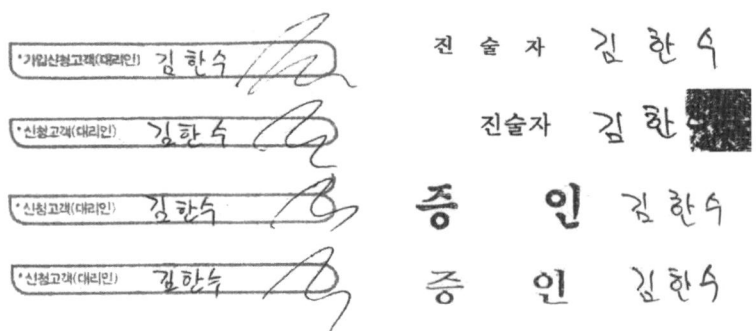

태블릿 '신규계약서' 1, 3쪽의 필체(왼쪽)는 김한수의 진술조서, 증인신문조서에 기재된 김한수의 필체(오른쪽)와 동일하다. 구체적으로 '김'에서 'ㄱ'의 모양, 'ㅁ'의 모양과 획수, '수'에서 'ㅅ'의 모양, 'ㅜ'의 모양과 획수가 서로 일치한다.

2017년 1월 4일 특검 조사에서 김한수는 "제 글씨가 맞는 것을 보니 제가 작성한 문서가 맞습니다"라고 계약서 1쪽의 필체가 자신의 것이라고 이미 인정했다. 2017년 9월 29일 증인신문에서도 마찬가지로 답변했다. [출처 김한수 특검 진술조서(2017년 1월 4일)]

신규계약서 1, 3쪽(왼쪽)과 2, 4, 5쪽(오른쪽)의 필체와 사인이 다르다.
'김'에서 'ㅁ', '수'에서 'ㅅ', 'ㅜ'를 보면 전혀 다른 필체임을 알 수 있다. 사인은 완전히 다른 형태다.

2022년 8월 필자는 더 확실한 검증을 위해 문서감정기관에 필적 감정을 의뢰했다. 2017년 1월 4일 진술조서와 2017년 9월 29일 증인신문조서에 나오는 김한수의 필적과 신규계약서 1, 3쪽의 필적을 비교하는 것이다. 감정결과는 예상대로였다. 신규계약서 1, 3쪽은 김한수가 썼다는 결론이 나왔다.

> 6. 감 정 결 과
> 1) 서비스 신규계약서 1쪽, 3쪽 신청고객란 '김한수' 성명필적과 특검 진술조서, 증인신문 녹취서에 첨부된 선서서 '김한수' 성명필적은 각 필적에서 현출되는 동일 특징점을 고려하여 볼 때 동일(同一)한 필적으로 사료됨.
> 2) 서비스 신규계약서 1쪽에 기재된 숫자필적과 수사과정 확인서에 기재된 숫자 필적은 각 필적에서 현출되는 동일 특징점을 고려하여 볼 때 동일(同一)한 필적으로 사료됨. 끝.

신규계약서 1, 3쪽의 필적과 특검 진술조서, 증인신문조서에 기재된 김한수의 필적은
"동일한 필적"이라는 결과가 나왔다. 감정결과에서 '서비스 신규계약서'는
태블릿 신규계약서를 뜻한다. [출처 승&장 문서감정연구원 2022. 8. 9. 필적 감정서]

한 사람의 필체로 작성된 1쪽·3쪽

　신규계약서 1, 3쪽에서 **고객이 작성하지 않는 부분**까지 김한수의 필체로 작성된 것은 무엇을 의미할까. 계약서 1쪽 '신규 가입정보'에 나오는 휴대폰 출고가, 할부원금, 매월 납부액, 요금제, 월 정액요금, 월 요금할인액, 모델명, 일련번호, USIM 일련번호, 약정기간, 약정위약금 같은 항목까지 전부 김한수의 필체다. 계약서 3쪽 '할부매매정보'의 모델명, 일련번호, 할부원금도 마찬가지다.

　대한민국 어느 대리점에 가도 '신규 가입정보'나 '할부매매정보'에 나오는 복잡하고 세세한 항목까지 고객에게 일일이 적으라고 요구하지 않는다. 일반 고객이 알아서 스스로 적을 수 있는 내용도 아니다. SKT 대리점 경력이 있는 업계 전문가들이 이구동성으로 지적하는 내용이다. 이들 항목은 돈과 직결되기 때문에 대리점 직원이 계산기를 들고 고객에게 설명하면서 신중을 기해서 적어주는 부분이다.

　그렇다면 신규계약서 1, 3쪽에서 왜 이런 현상이 나온 걸까. 김한수는 계약서 1쪽에서 마레이컴퍼니가 법인카드로 납부한다는 내용으로 고치기만 하면 된다. 이게 계약서 조작의 주 목적이다. 나머지 부분은 본래 계약서에 있는 내용을 통째로 옮겨 적어야 한다. 이 과정에서 김한수는 **고객이 작성하지 않는 부분**까지 자신의 필체로 베껴 쓸 수밖에 없었던 것이다.

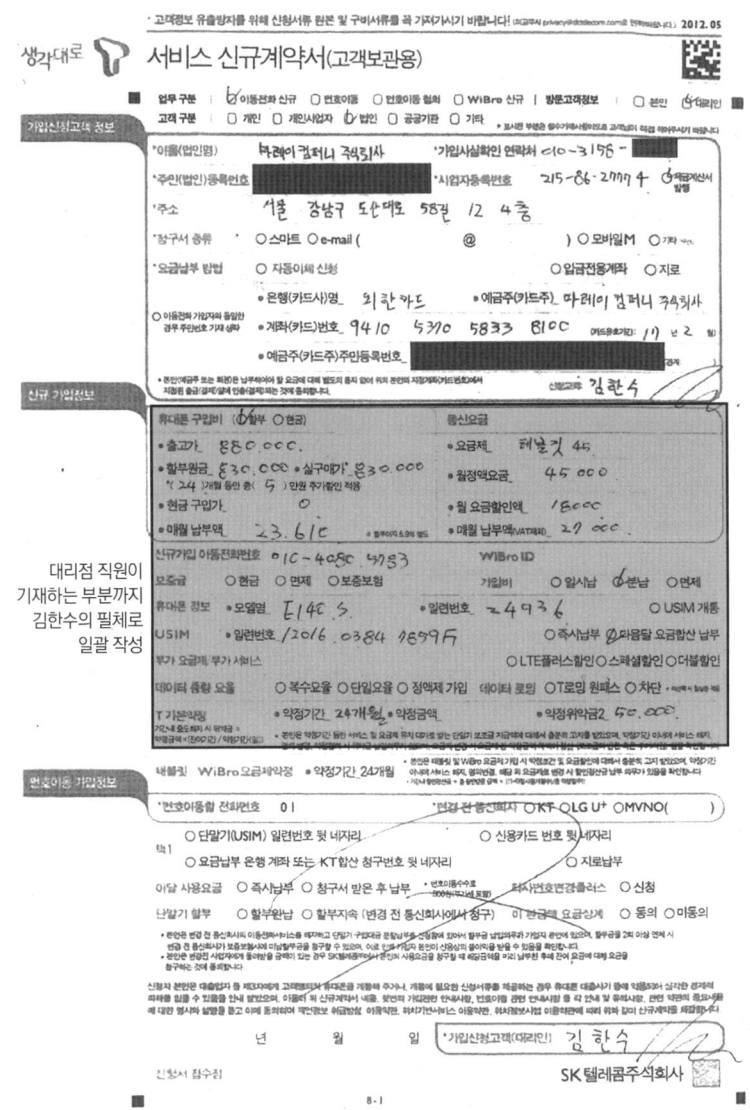

태블릿 '신규계약서' 1쪽. 고객이 작성하지 않는 출고가, 할부원금, 요금제, 월 정액요금, 월 요금할인액, 매월 납부액, 모델명, 일련번호, USIM 일련번호 같은 항목들까지 전부 김한수의 필체로 작성되어 있다.

형광펜 표시가 없는 1쪽·3쪽

신규계약서에는 형광펜 표시가 곳곳에 있다. 대리점 직원이 고객이 직접 써야 하는 항목을 형광펜으로 일일이 표시해준 것이다. 그런데 형광펜 표시가 1, 3쪽에는 없고 2, 4, 5쪽에만 존재한다.

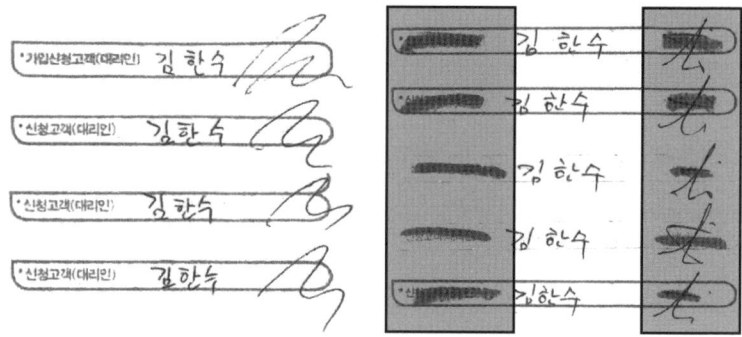

계약서 1, 3쪽(왼쪽)에는 형광펜 표시가 없다. 반면 계약서 2, 4, 5쪽(오른쪽)에는 고객이 서명할 부분에 일일이 형광펜 표시를 해놓았다.

계약서 1, 3쪽은 가입자 명의, 요금납부, 계약 조건을 담고 있어 특히 중요하다. 보다 신중하게 써야 할 1, 3쪽에 도리어 형광펜 표시가 없는 것이다. 대리점 직원이 1, 3쪽은 빼고 2, 4, 5쪽에만 형광펜 표시를 해야 할 이유도 없다. 가장 합리적인 설명은 본래 1, 3쪽에도 형광펜 표시가 당연히 있었지만, 김한수가 1, 3쪽을 다시 쓰는 과정에서 형광펜 표시를 빠뜨린 것이다.

형광펜 표시의 유무는 사소해 보이는 현상일 수 있으나, 필자의 재판에서 SKT를 더욱 수렁으로 빠뜨리는 역할을 했다. 필자는 2022년 1월 SKT를 상대로 손해배상 소송(이하 'SKT 민사재판')을 걸었다.[20] SKT가 계약서 조작에 협력해 필자의 태블릿 재판에 피해를 줬기 때문이다. 그래서 계약서 조작 여부가 재판에서 핵심 쟁점이다.

재판에서 SKT는 계약서가 조작되지 않았다고 반박했다. 그러면서 필자가 "계약서 1, 3쪽만 형광펜 표시가 없다"고 지적한 것에 대해 SKT는 조작의 근거가 될 수 없다면서 '청소년 이동전화 신규계약서'(이하 '청소년계약서')라는 새로운 계약서를 증거로 제출했다. 태블릿 신규계약서를 접수한 SKT 대리점[21]에서 2012년 6월 29일에 접수한 또 다른 계약서였다.

실제 '청소년계약서'를 살펴보니 1, 3쪽에만 형광펜 표시가 없었다. 하지만 이뿐만이 아니라 △ 계약서 1, 3쪽과 2, 4쪽의 필체와 사인이 다른 현상, △ 계약서 1, 3쪽 전체가 한 사람의 필체로 작성된 사실까지 태블릿 신규계약서와 동일했다. SKT는 1, 3쪽에 형광펜 표시가 없는 것을 포함해 다른 조작의 근거들까지 똑같이 재현再現한

---

20 이 재판은 2022년 7월 재판부의 일방적인 결정으로 중단됐다. 그 후 필자가 5차례에 걸쳐 변론 재개를 신청한 끝에 2025년 6월 재판이 다시 열렸다.

21 2012년 6월 22일 태블릿 개통 당시 신규계약서를 접수한 곳은 '서울 강남구 신사동 666-7번지'에 있는 SKT 지본대리점이다. SKT가 새롭게 증거로 제출한 '청소년계약서'는 동일한 대리점(지본대리점)에서 동일한 시기(2012년 6월 29일)에 접수한 계약서라고 할 수 있다.

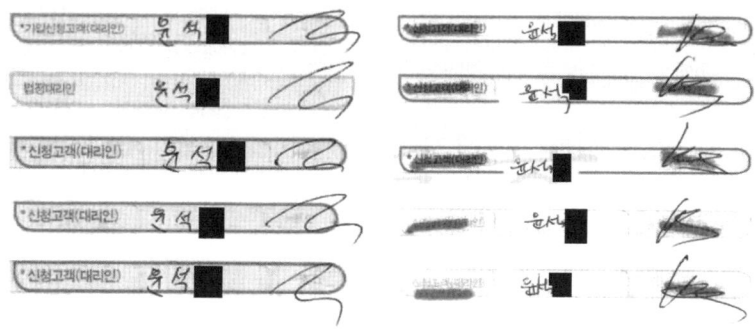

'청소년계약서'도 1, 3쪽(왼쪽)과 2, 4쪽(오른쪽)의 필체가 완전히 다르다. 사인도 전혀 별개다. 또한 신규계약서와 마찬가지로 1, 3쪽에 형광펜 표시가 없는 반면 2, 4쪽에는 형광펜 표시가 있다. 태블릿 신규계약서가 갖는 극히 이례적인 특징들이 '청소년계약서'에서도 똑같이 나타나고 있는 것이다.

'청소년계약서'를 증거로 내세운 것이다.

  필자가 조작의 근거로 제시한 특징들은 '청소년계약서'에서 똑같이 볼 수 있는 현상이기 때문에, 이례적인 특징도 아닐 뿐더러 조작의 근거도 될 수 없다는 주장을 SKT는 하고 싶었던 거다. 그러면서 태블릿 신규계약서와 동일한 대리점에서, 동일한 시기에 작성된 '청소년계약서'를 일종의 샘플sample로 제시했다.

  그런데 필자가 주목했던 건 '청소년계약서' 1, 3쪽의 필체와 사인이 태블릿 신규계약서 1, 3쪽과 매우 유사하다는 점이다. 심지어 사인의 모양도 똑같다. 도대체 SKT는 뭘 말하고 싶은 걸까. SKT의 답변서를 보니 "고객이 작성하지 않는 부분까지 김한수가 작성했다"는 필자의 지적에 대해 SKT는 김한수가 아니라, 대리점 직원이 대신 작성해줬다고 반박했다.

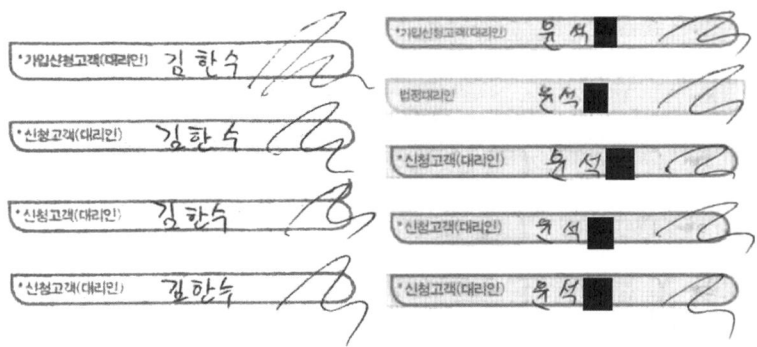

'신규계약서'(왼쪽) 1, 3쪽과 '청소년계약서'(오른쪽) 1, 3쪽의 필체가 매우 유사해 보인다. 사인은 물결 모양으로 완전히 일치한다.

그렇다면 SKT는 고객이 작성하지 않는 부분을 정상적으로 대리점 직원이 써줬다는 주장을 하고 싶었던 것이다. '청소년계약서'는 물론 신규계약서도 1, 3쪽을 모두 대리점 직원이 썼기 때문에 같은 시기에, 같은 대리점에서 작성된 두 계약서는 1, 3쪽의 필체와 사인이 동일할 수밖에 없다는 것이다.

필자는 좀 의아했다. 이렇게 허술할 수 있을까. 필자가 김한수의 필체를 확보하고 있다는 걸 SKT는 모르고 있다는 말인가. 특히 계약서 1쪽은 김한수가 자신의 필체라고 특검 조사와 법정 증언에서 이미 인정했다. SKT가 사건 내용을 보다 면밀히 들여다봤다면, 신규계약서 1, 3쪽의 필체와 사인이 김한수의 것으로 이미 확정된 사실을 파악했을 것이다. 하지만 SKT는 이걸 간과했다.

만일 신규계약서와 '청소년계약서' 1, 3쪽의 필체와 사인이 서로 동일한 것으로 판명된다면, '청소년계약서' 1, 3쪽의 필체와 사인도 김한수의 것이 된다. 그런데 '청소년계약서'의 명의자는 윤 모씨다. 김한수는 윤 모씨와 아무런 관련이 없을 뿐만 아니라, 대리점 직원도 아니었다. 김한수와 무관한 '청소년계약서'도 김한수의 필체라는 것은 무슨 의미일까. SKT가 이번에는 제대로 걸려들었다.

태블릿 '신규계약서'
1, 3쪽이 위조된 정황

1	**한 계약서에 서른 다른 두 종류의 필체와 사인이 공존하는 점** 계약서 1, 3쪽에는 김한수의 필체와 사인이 있지만, 나머지 2, 4, 5쪽에는 다른 사람(김성태)이 작성한 필체와 사인이 존재한다.
2	**형광펜 표시가 계약서 1, 3쪽에만 없는 점** 계약서 2, 4, 5쪽에는 서명할 자리를 안내해주는 형광펜 표시가 있다. 하지만 1, 3쪽에는 형광펜 표시가 없다.
3	**고객이 작성하지 않는 부분까지 김한수의 필체로 일괄 작성된 점** 계약서 1쪽의 '신규 가입정보', 3쪽의 '할부매매정보'에 나오는 할부원금, 매월 납부액, 요금제, 월 요금할인액, 모델명, 일련번호, USIM 일련번호, 약정위약금 같은 항목들까지 모두 김한수의 필체로 작성됐다.
4	**세금계산서 발행에 체크가 되어있는 점** 본래 김성태가 작성할 때는 요금납부 방법이 카드 결제가 아니라 지로납부, 또는 계좌이체 같은 현금 거래였다. 그래서 김성태는 '세금계산서 발행'에 체크했다. 만일 김한수가 계약서를 다시 쓰면서 '법인카드 결제'로 위조했다면, 세금계산서 발행은 체크하면 안 되는 것이었다. 하지만 김한수는 요금납부 방법을 제외한 나머지는 김성태가 작성한 원본을 그대로 베껴 쓰기에 급급한 나머지 '세금계산서 발행'에도 체크해버렸다.
5	**계약서에 반드시 있어야 할 대리점과 계약일자가 누락된 점** 계약서 1쪽에 대리점(신청서 접수점)과 계약일자가 누락되었고, 계약서 3쪽에도 '연락받을 전화번호', 계약일자, 판매자가 누락되어 있다. 이는 김한수가 계약서를 위조하는 과정에서 누락한 것으로서, 검찰이 제출한 신규계약서는 개통 당일(2012년 6월 22일)에 완성된 정상적인 계약서가 아니라는 사실을 방증해준다.

청소년계약서도 조작한 SKT

필자는 2023년 1월 '청소년계약서'도 필적 감정을 맡겼다. 감정 내용은 '청소년계약서'와 신규계약서가 동일인의 필적인지 판정하는 것이다. 예상했던 대로 '청소년계약서' 1, 3쪽과 신규계약서 1, 3쪽은 모두 "동일한 필적"이라는 감정결과가 나왔다.

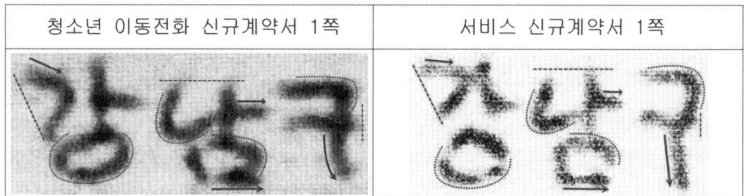

'청소년계약서'에 기재되어 있는 "강남구"(왼쪽)와 태블릿 신규계약서에 기재되어 있는 "강남구"(오른쪽)를 비교하면 누가 봐도 동일인의 필체다. 문서감정기관은 두 계약서의 필적이 동일하다고 판정하면서, 글씨체가 똑같은 대표적인 사례로 두 계약서에 공통적으로 존재하는 "강남구"를 제시했다. [출처 승&장 문서감정연구원 2023. 1. 25. 필적 감정서]

> 2) 청소년 이동전화 신규계약서 1쪽, 3쪽 단말기 할부매매계약서 필적과 서비스 신규계약서 1쪽, 3쪽 단말기 할부매매계약서 필적은 각 필적에서 현출되는 동일 특징점을 고려하여 볼 때 동일(同一)한 필적으로 사료됨. 끝.

'청소년계약서' 1, 3쪽의 필적과 신규계약서 1, 3쪽의 필적은 "동일한 필적"이라는 감정결과가 나왔다. 위 감정서에서 '서비스 신규계약서'는 태블릿 신규계약서를 뜻한다. 단말기 할부매매계약서는 '청소년계약서' 3쪽, 신규계약서 3쪽을 의미한다.

[출처 승&장 문서감정연구원 2023. 1. 25. 필적 감정서]

기존의 2022년 8월 필적 감정에서 신규계약서 1, 3쪽이 김한수의 필적으로 확인된 상황에서, 2023년 1월 필적 감정에서는 신규계약서와 '청소년계약서' 1, 3쪽이 모두 동일한 필적이라는 것이므로, 결국 '청소년계약서' 1, 3쪽은 김한수가 썼다는 결론이 나온다.

'청소년계약서' 1, 3쪽을 김한수가 썼다는 것은 이 계약서가 2012년 6월 29일 계약 당일에 작성된 진본이 아니라, 김한수가 추후에 다시 작성한 위조된 계약서라는 뜻이다. '청소년계약서'의 명의자(가입자) '윤홍○', 법정대리인 '윤석○'은 김한수와 아무런 관련이 없는 사람들이다. 그럼에도 김한수의 필적이라는 것은 김한수가 다시 썼다는 것 외에 다른 결론이 나올 수가 없다.

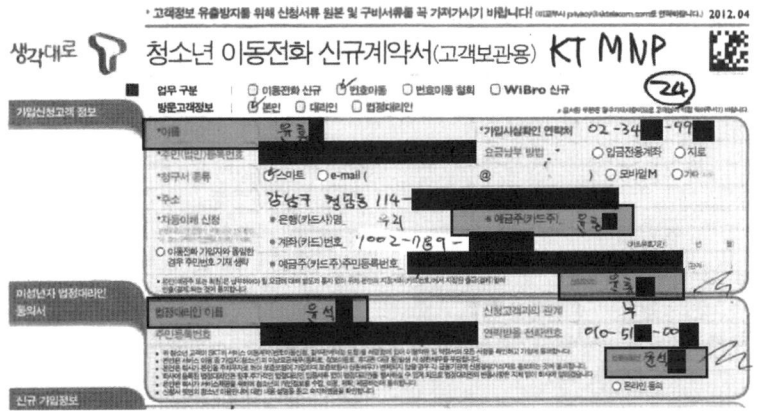

'청소년계약서'는 가입자가 '윤홍○', 가입자의 법정대리인이 '윤석○'이다.
김한수와 아무런 관련이 없는 사람들이다. 하지만 '청소년계약서'
1, 3쪽은 김한수의 필적으로 판명됐다.

그 후 2025년 3월 필자는 또 다른 감정기관에도 필적 감정을 의뢰했다. 국과수 문서감정실에서 35년간 근무 경력이 있는 감정인이었다. 국과수에 있는 웬만한 현직 감정인들보다 경험이 풍부한 전문가라고 할 수 있다. 두 번째 감정에서는 기존의 2022년 8월 필적 감정과 2023년 1월 필적 감정을 합쳐서 ① 김한수의 필적과 신규계약서, ② 신규계약서와 '청소년계약서', ③ 김한수의 필적과 '청소년계약서' 등 모두 3종류의 비교·감정이 이루어졌다.

먼저 김한수 필적과 신규계약서 1, 3쪽을 비교한 감정에서는 "동일한 필적"이라는 결과가 나왔다. 신규계약서와 '청소년계약서'를 비교한 감정에서는 신규계약서 1, 3쪽과 '청소년계약서' 1, 3쪽이 서로 "동일한 필적"이라고 판정했다. 김한수 필적과 '청소년계약서' 1, 3쪽을 비교한 감정에서는 "동일한 필적일 가능성이 높음"이라는 결과가 나왔다.[22]

---

22 필적감정은 동일(同一) 문자를 정밀 비교하는 방식인데, △ 김한수 필적과 신규계약서의 비교, △ 신규계약서와 '청소년계약서'의 비교에서는 "강남구", "김한수" 등 비교할만한 동일 단어가 명확히 존재하는 반면에, 김한수 필적과 '청소년계약서' 간에는 동일한 단어가 적어서 부분적인 문자나 숫자를 위주로 감정했다. 그래서 "동일한 필적"보다 한 단계 낮은 "동일한 필적일 가능성 높음"이라는 결과가 나왔다. 하지만 신규계약서가 김한수의 필적으로 판명된 가운데 신규계약서와 '청소년계약서'의 필적이 서로 동일하다면, 결국 '청소년계약서'도 김한수의 필적이라는 결론을 얻을 수 있다.

> 5. 감정결과 : 이상의 감정 고찰 및 소견과 같이
>
> 가. A 서비스 신규계약서 및 단말기 할부매매 계약서(1, 3쪽)의 필적과 B 청소년 이동전화 신규계약서 및 단말기 할부매매 계약서(1, 3쪽)의 필적은 서로 동일(同一)한 필적으로 추정됨.
>
> 나. A 서비스 신규계약서 및 단말기 할부매매 계약서(1, 3쪽)의 필적과 C 김한수 작성 증언거부 고지에 관한 설명서, 선서, 진술조서 및 수사 과정 확인서 등의 필적도 서로 동일(同一)한 필적으로 추정됨.
>
> 다. B 청소년 이동전화 신규계약서 및 단말기 할부매매 계약서(1, 3쪽)의 필적과 C 김한수 작성 증언거부 고지에 관한 설명서, 선서 진술조서 및 수사 과정 확인서 등의 필적은 비교할 문자 수가 극히 적은 획수가 단조로운 숫자뿐이어서 감정자료로서 충분하지 않지만, 주어진 자료의 특징부분 등에서 서로 동일(同一)한 필적일 가능성이 높음.

2025년 3월에 의뢰한 두 번째 필적 감정서의 결론 부분이다. 'A 서비스 신규계약서 및 단말기 할부매매 계약서'는 태블릿 신규계약서 1, 3쪽을 뜻한다. 'B 청소년 이동전화 신규계약서 및 단말기 할부매매 계약서'는 '청소년계약서' 1, 3쪽이다. 'C 김한수 작성 증언거부 고지에 관한 설명서, 선서 진술조서 및 수사 과정 확인서 등의 필적'은 김한수의 진술조서, 증인신문조서에 나오는 김한수의 필적이다. 결론적으로 태블릿 신규계약서와 '청소년계약서'의 1, 3쪽은 모두 김한수의 필적이라는 감정결과가 나왔다. [출처 대진문서감정원 2025. 3. 10. 필적 감정서]

    신규계약서 1, 3쪽과 '청소년계약서' 1, 3쪽이 모두 김한수의 필적이라는 결론은 문서감정기관 두 곳에서 교차 검증된 사실이다. '청소년계약서'는 신규계약서가 조작되지 않았음을 입증할 목적으로 SKT가 꺼내든 물증이었다. 그런데 그 물증마저 김한수가 조작한 것으로 밝혀져 SKT의 반론은 완전히 탄핵됐다. 애초에 '조작된 물증'을 제출한 것 자체가 자신의 범죄를 자인自認하는 것이다. 결백하다면 물증을 조작할 이유가 없다.

구분	감정일	감정 결과	결론
1차 필적 감정	2022년 8월 9일	진술조서, 증인신문조서에 나오는 김한수의 필적과 태블릿 신규계약서 1, 3쪽은 동일한 필적	태블릿 신규계약서와 '청소년계약서' 1, 3쪽이 모두 김한수의 필적
1차 필적 감정	2023년 1월 25일	태블릿 신규계약서와 '청소년계약서' 1, 3쪽은 동일한 필적	태블릿 신규계약서와 '청소년계약서' 1, 3쪽이 모두 김한수의 필적
2차 필적 감정	2025년 3월 10일	① 김한수의 필적과 태블릿 신규계약서 1, 3쪽은 동일한 필적 ② 신규계약서와 '청소년계약서' 1, 3쪽은 동일한 필적 ③ 김한수 필적과 '청소년계약서' 1, 3쪽은 동일한 필적일 가능성이 높음	태블릿 신규계약서와 '청소년계약서' 1, 3쪽이 모두 김한수의 필적

※ 표에서 '1차 필적감정'은 2022년과 2023년 승&장 문서감정연구원에 의뢰한 감정이다. '2차 필적감정'은 1차 필적감정과 동일한 내용으로 2025년 대진문서감정원에 의뢰한 감정이다.

신규계약서 조작 확정…SKT의 적반하장 고소

김한수와 아무런 관련이 없는 '청소년계약서' 1, 3쪽마저 김한수의 필체로 작성되었다면, 이는 SKT가 반드시 해명해야 할 사안이다. 아마도 SKT는 침묵할 수밖에 없다. 빠져나갈 구멍이 없기 때문이다.

SKT 서버에는 현재 수천만 건의 신규계약서가 저장되어 있다. 그 중 아래와 같이 극히 이례적인 특징 3가지를 공통적으로 갖고 있는 계약서는 태블릿 신규계약서와 '청소년계약서', 단 2건뿐이다. 그 중 하나인 '청소년계약서'가 위조된 게 확실하다면, 태블릿 신규계약서도 동일한 인물에 의해, 동일한 방식으로 위조되었다는 최종 결론으로 이어질 수밖에 없다.

① 계약서 1, 3쪽과 2, 4쪽의 필체와 사인이 완전히 다르다.
② 계약서 1, 3쪽에만 형광펜 표시가 없다.
③ 계약서 1, 3쪽 전체가 **'김한수의 필적'으로** 일괄 작성되어 있다.

SKT는 신규계약서 조작을 덮을 목적으로 또 다시 김한수를 사주해 △ '청소년계약서' 1, 3쪽을 신규계약서 1, 3쪽과 동일한 방식으로 다시 쓰도록 하고, △ 이렇게 위조한 '청소년계약서'를 계약서 서버에 저장한 후, △ 정상적인 계약서인 것처럼 내려받아 필자가 소송을 제기한 SKT 민사재판에 2022년 3월 증거로 제출했다. 태블릿 신규계약서도 동일한 수법으로 2016년 10월경에 조작되어 박근혜 대통령 재판과 필자의 태블릿 재판에 증거로 제출됐다.

상황이 이렇게까지 왔는데도 SKT는 물러설 기미가 없다. SKT는 도리어 2023년 5월 필자를 고소했다. 허위사실을 적시해 명예를 훼손했다는 것이다. 1년 뒤 2024년 5월에는 검찰이 필자를 기소했다.

SKT의 고소장과 검찰의 공소장을 보면, 필자가 제시하는 필적 감정과 조작 근거에 대해서는 한 마디의 반박도 없다. 애써 모른 척 하고 있는 것이다.

계약서가 조작이 아닌 이유에 대해 검찰은 "전산에 보관 중인 계약서를 그대로 제출한 것으로서 위조한 사실이 없다"고 공소장에 적어놓았다. 이는 SKT가 고소장에 적은 것과 동일하다. 서버에서 내려받아 그대로 제출한 계약서이기 때문에 조작이 아니라는 논리다. 필자는 계약서를 조작해서 서버에 집어넣었다고 주장하고 있는데, 거의 동문서답에 가까운 답변이다. 이 재판은 지금도 이어지고 있다.

SKT와 검찰은 계약서 조작에서 공범 관계에 있다. 여기에 김한수도 공범으로 추가할 수 있다. 이 중에서 굳이 주범을 꼽자면 당연히 검찰이다. 검찰이 주도한 증거조작 사건을 검찰이 제대로 수사했을 리가 없다. 그래서 일찌감치 필자는 검사들을 공수처에 고발해놓았다. 김한수의 '2012년 알리바이'를 조작하고 태블릿 '신규계약서'를 위조한 혐의다.[23] 공수처는 지금도 수사를 이어가며 가끔씩 필자와 연락을 주고받고 있다.

---

23 김한수에게 요금납부 관련 허위진술을 유도하고 신규계약서를 위조한 검사 3명에 대해 모해위증, 모해위증교사, 증거인멸, 모해증거위조, 모해위조증거사용, 허위공문서작성, 허위작성공문서행사 등을 적용, 2022년 6월 공수처에 고발했다.

계약서 위조 범죄와 사상 최대 규모 SKT 해킹 사태

시간이 흘러 2025년 4월이 되자 예상치 못한 일이 터졌다. SKT의 2700만 가입자 유심USIM 정보가 유출되는 사상 초유의 사태가 벌어진 것이다. 외부 인터넷망과 분리된 서버에서 유출된 사례여서 해킹 과정에 많은 의문을 남겼지만, 민관 합동 조사단의 조사결과 웹셸(Web Shell) 등 다수의 해킹 프로그램이 서버에 설치된 사실이 밝혀졌다. 웹셸이 서버에 침투한 시점은 2022년 6월 15일이었다.

웹셸은 은닉성隱匿性이 거의 없어 그만큼 쉽게 감지되는 해킹 프로그램이다. 그런데 SKT 서버에서 무려 3년 가까이 방치된 것으로 드러났다. 보안 전문가들이 가장 납득하지 못하는 부분이다. 웹셸이 2022년 6월 15일에 침투한 후 전혀 감지되지 않았다면 이때부터 SKT의 보안시스템이 제대로 작동하지 않았다는 말이 된다. 공교롭게도 SKT가 '청소년계약서'를 위조해서 재판에 제출한 시기(2022년 3월 18일) 직후에 벌어진 일이다.

그래서 필자는 SKT 계약서 위조와 보안시스템의 붕괴가 밀접한 관계가 있다고 보고 있다. 태블릿 조작을 잘 알고 있는 김인성 전 한양대 컴퓨터공학과 교수도 필자에게 "계약서를 위조해 서버에 올려놓고, 조작 증거를 인멸하기 위해 수시로 서버에 드나들었다면, 기존의 보안시스템이 당연히 취약해질 수밖에 없다"는 견해를 밝힌 바 있다.

기존의 계약서를 지우고 위조된 계약서를 서버에 올리려면 정상적이지 못한 방법으로 서버에 접근해야 한다. 또한 이러한 행위가 있었다는 기록까지 함께 지우려면 보안시스템을 여러 번 불법적으로 열어야 한다. 멀쩡히 잘 돌아가던 서버 입장에서는 SKT 자체가 서버에 불법 침투한 '해킹 세력'인 셈이다.

더욱이 이번처럼 외부 인터넷과 분리된 서버가 뚫렸다면 가장 먼저 내부자부터 의심해야 한다. 누군가가 내부에서 구멍을 뚫어 뒷문을 만들어줘야 외부에서 침투가 가능하기 때문이다. 또한 SKT는 해킹 흔적을 발견한 즉시 24시간 내에 관계 기관에 신고해야 하는 법규정도 어겼다. 무엇을 은폐하려고 했는지 무려 45시간이 지나서 한국인터넷진흥원에 신고한 것이다. 2024년 12월 2일 이전의 서버 로그 기록이 모두 삭제된 것도 수상하다.

계약서 위조 같은 불법행위를 거리낌 없이 하는 SKT라면 최태원 회장의 재판을 위해, 또는 정치적 목적에 따라 또 다른 고객정보도 조작했거나 불법적으로 접근했을 가능성이 있다. 따라서 SKT 서버에 웹셸을 설치한 것도 외부 세력이 아니라, SKT일 가능성을 충분히 생각해볼 수 있다.

SKT는 보다 쉽게 고객정보를 조작하기 위해 자사自社 서버에 웹셸을 설치했는데, 외부 해킹 세력이 이를 알아채고 SKT가 뚫어놓은 웹셸을 통해 서버에 침투, 더 은밀하고 강력한 해킹 프로그램을 설치해서 고객정보를 유출했다는 가설이 충분히 가능한 것이다.[24] 웹셸을 설치한 자가 SKT라면 3년 가까이 웹셸이 제거되지 않은 이유도 설명된다.

SKT가 태블릿 '신규계약서'에 이어 '청소년계약서'까지 위조한 사실은 필자가 2022년 3월부터 주장하기 시작했다. 만일 그때 검찰이나 법원이 필자의 주장을 묵살하지 않고 진지하게 받아들였다면 어떻게 됐을까. SKT의 불법적인 계약서 위조가 공론화되면서, SKT 서버에 웹셸이 설치되는 것부터 막을 수 있었을지도 모른다.

필자가 경험한 재판에서는 판사들이 특히 문제였다. 조작 공범인 검찰은 그렇다 치더라도 판사까지 재벌 SKT의 범죄를 은폐해주는 데 급급한 모습을 보여줬다. SKT와 필자의 민사소송을 맡은 서울중앙지방법원 민사합의25부는 필자가 필적감정을 근거로 '청소년계약서' 위조를 주장하자, 형사재판에서 판단하라며 2022년 7월부터 3년 가까이 재판을 중단시켰다.

그렇다고 형사재판에서 제대로 판단했을까. 바턴을 넘겨받은 태블릿 항소심 재판부(서울중앙지법 항소4-2부)는 2024년 5월 오랜만에 재판을 열더니, 별다른 설명도 없이 기존에 채택된 증인신문과 증거 신

---

24 민관 합동 조사단의 발표에 따르면, 지금까지 확인된 해킹 프로그램은 웹셸 1종과 BPF도어(BPFDoor) 계열 24종으로 총 25종이다(2025년 5월 19일 기준). 웹셸은 비교적 탐지가 쉬운 반면, BPF도어는 탐지가 매우 어렵다는 특성이 있다. SKT 서버에는 2022년 6월 웹셸이 가장 먼저 설치됐다. 그 후에 웹셸을 통해 침투한 해킹 세력이 다수의 BPF도어를 설치한 것으로 밝혀졌다.

청을 모조리 취소했다. 계약서 위조 공범 김한수에 대한 증인신문까지 취소하면서, SKT의 조작 범죄를 완전히 덮어버린 것이다.

이 나라 검찰과 법원이 이런 수준이면 고객정보 유출 사건이 앞으로 어떻게 처리될지 굳이 기대할 것도 없다. 사태의 책임을 외부 해커 세력에게 돌리고 SKT에게는 아주 관대한 솜방망이 처분만 내릴 수도 있는 것이다. 그래서 필자는 아직 국민들이 잘 모르는 SKT의 계약서 위조 범죄를 이번 사태와 연결시켜 SKT가 빠져나가지 못하도록 또 하나의 진실투쟁을 시작하기로 했다.

먼저 이번 사건을 수사하는 남대문경찰서에 최태원 회장과 SKT 유영상 대표이사를 고소하고, 2025년 6월 고소인 조사를 받았다. 고소장에서는 고객정보 유출 사태의 원인으로 계약서 위조 범죄를 지목했다. 또한 피해자들이 실질적인 배상을 받을 수 있는 절차에도 뛰어들었다. 보수 진영의 장달영 변호사와 진보 진영 안진걸 소장(민생경제연구소장, 전 참여연대 사무처장), 민변 소속 이제일 변호사 등과 함께 피해자 100여 명을 대리해 개인정보보호위원회에 집단분쟁 조정 신청을 한 것이다. 이렇게 구성된 좌우 합작 법률단은 추후 더 많은 피해자들과 연대, SKT는 물론 이들의 범죄를 은폐해온 판사, 검사까지 범위를 넓혀 범국민적인 손해배상 소송도 추진할 예정이다.

두 번의
사기탄핵

진실은
터졌다

제6장

윤석열과 한동훈의 특검 제4팀, 장시호 태블릿을 조작하다

두 번의 사기탄핵, 진실은 터졌다

JTBC 태블릿 논란에 찬물을 끼얹은 '제2태블릿'

태극기 집회는 2017년 1월이 되자 더욱 커져갔다. 집회 규모에서는 이미 촛불을 능가하는 모습을 보였다. '최순실 태블릿' 조작 논란도 잠잠해지기는커녕 더욱 힘을 받아 수면 위로 올라오고 있었다. 상황이 이렇게 되자 특검은 2017년 1월 10일 비장의 카드를 꺼내들었다. 또 하나의 '최순실 태블릿'을 들고 나온 것이다.

> 다음은 태블릿PC 관련입니다. 특검은 지난주 특정 피의자(장시호)의 변호인으로부터 태블릿PC 한 대를 임의제출 받아 압수 조치했습니다. **제출받은 태블릿PC는 JTBC에서 보도한 제품과 다른 것으로서** (장시호는) 최순실이 2015년 7월경부터 11월경까지 사용한 것으로 특검에서 진술하고 있습니다. 특검에서 확인한 결과, 태블릿 사용자의 이름 정보 및 연락처 등록 보유 등을 고려할 때 이 태블릿은 최순실 소유로 확인됐습니다.
>
> - 박영수 특검 2017년 1월 10일 수사브리핑

장시호(최서원의 외조카)가 특검에 제출했다는 또 하나의 '최순실 태블릿'은 이렇게 등장했다. 이때부터 '최순실 태블릿'은 두 대가 됐다.[1] 언론들은 JTBC가 보도한 태블릿과 구분하기 위해 '최순실의 제2태

---

1   JTBC가 2016년 10월 20일 입수한 태블릿은 갤럭시 탭 8.9버전으로 모델명은 'SHV-E140S'이다. 장시호가 2017년 1월 5일 특검에 제출한 태블릿은 갤럭시 탭 S2 9.7버전으로 2015년 8월 출시된 'SM-T815N0'이다.

블릿PC', '장시호 제출 태블릿PC'라고 불렀다.[2] 다음날인 1월 11일 특검은 태블릿을 직접 들고 나왔다.

> 이게 'SM-T815'. 이렇게 되어 있습니다. 갤럭시 탭입니다. 켜는 것은 여기서 안하도록 하겠습니다. (취재진들의 사진 촬영 소리) 네, 됐습니다. (중략)
> 태블릿PC의 압수 경위는 장시호의 변호인이 어제 언론 인터뷰를 통해 밝힌 바와 같습니다. 태블릿PC는 이미 특검에서 정상적인 포렌식 절차를 거친 것으로, 특검은 재감정이 필요 없다고 판단하고 있습니다.
>
> - 박영수 특검 2017년 1월 11일 수사브리핑

2017년 1월 11일 특검이 제2태블릿을 공개하는 장면 [출처 KBS]

---

2 본 책에서는 간략히 '제2태블릿', '장시호 태블릿'으로 호칭하겠다.

최서원이 한 대도 아닌 두 대의 태블릿을 썼다는 소식은 "최서원은 태블릿을 쓰지 않았다"는 주장을 단숨에 잠재우는 효과를 가져왔다. 커져가던 태블릿 조작 의혹에 찬물을 끼얹은 것이다.

장시호가 제출한 제2태블릿은 '삼성 뇌물죄' 수사에 활용됐다. 2017년 3월 6일 특검이 발표한 최종 수사결과를 보면 제2태블릿은 삼성 뇌물죄의 증거물로 등장한다. 삼성 뇌물죄는 윤석열(수사팀장), 한동훈이 있던 특검 제4팀에서 담당했다. 제2태블릿 수사 역시 특검 제4팀이 주도했다. 훗날 윤석열 정권에서 이재명, 송영길 등을 수사하며 이름을 떨친 강백신, 김영철 검사도 특검 제4팀 소속의 윤석열-한동훈 라인이었다.

2016년 12월 13일 특검 사무실을 나서는 윤석열 수사팀장(왼쪽에서 두번째)과 파견 검사들. 윤석열, 한동훈(오른쪽)이 이끌던 특검 제4팀은 '삼성 뇌물죄' 사건을 수사했다. [출처 연합뉴스]

최서원의 반격, 제2태블릿 반환소송

장시호가 제출한 제2태블릿은 2022년 윤석열 정권이 들어선 이후에 존재감이 더욱 커졌다. 윤석열 정권에서 승승장구한 한동훈, 김영철이 직접적으로 얽혀있는 증거물이 제2태블릿이기 때문이다. 필자가 본격적으로 파헤치기 시작한 것도 윤석열 정권이 탄생하기 1년 전인 2021년부터다.

필자와 태블릿진상규명단은 2017년 당시 특검이 수사한 내용부터 구체적으로 파악해야 했다. 언론에 보도된 내용만 갖고서는 검증할 자료가 부족했다. 최서원의 협조가 필요했다. 진상규명단의 이동환 변호사가 청주여자교도소를 찾았다. 최서원의 새로운 변호인이 된 이동환은 증거목록부터 확보했다. 최서원의 국정농단 재판이 워낙 방대하다보니 증거목록만 730페이지에 달했다.

증거목록에서 제2태블릿 수사기록이 뭐가 있는지 우선 파악하고, 여러 경로로 하나씩 확보해나갔다. 이렇게 모은 수사기록을 진상규명단이 면밀히 분석했다. 어디서 누구를 만나야 하고 어떤 자료를 구해야 할지 결정하면 이우희 당시 편집국장이 발로 뛰어서 추가 정보를 수집했다. 이렇게 몇 달간 취재·분석해서 내린 잠정 결론은 제2태블릿 역시 '조작수사'였다는 것이다.

하지만 이를 확정하려면 보다 확실한 증거가 필요했다. 결국은 제2태블릿 자체를 확보해야 했다. 필자는 고심 끝에 제2태블릿 반환소송[3]을 하기로 결정했다. 재판이 끝나고 형이 확정되면 압수한 증거물은 소유자에게 반드시 돌려줘야 한다. 법적인 용어로 압수물 환부還付라고 한다. 최서원의 국정농단 재판은 2020년 6월에 대법원 판결로 종결됐다. 따라서 '법적으로는' 제2태블릿이 최서원의 소유가 된 것이나 마찬가지였다. 반환소송을 걸 수 있는 자격은 최서원에게 있었다.

최서원이 반환소송을 한다고 해서 자신의 것이라고 인정한다는 의미는 아니다. 여전히 수사결과를 부정하지만, 특검이 '최서원의 것'으로 억지로 엮으면서 졸지에 원치도 않는 법적인 소유자가 됐다. 내 것이 아니라고 그렇게 항변해도 내 것이라고 하니 돌려받아서 내 것이 맞는지 확인하겠다는 의미였다. 훗날 이동환 변호사도 이 점을 수차례 언론 인터뷰에서 강조했다.

소송은 이동환이 맡기로 하고 최서원이 있는 청주여자교도소를 다시 찾았다. 최서원은 확실히 강단이 있었다. '최순실 태블릿'이라는 사실만 더욱 부각되는 게 아닌지 당사자로서 반대할 수 있었지만 소송의 의미와 목표를 곧바로 이해했다. 그리고 자신의 이름으로 소송하는 것을 흔쾌히 수용했다. 제2태블릿 반환소송은 이렇게 2022

---

3 정확한 명칭은 '유체동산인도 청구소송'이다.

년 1월에 시작됐다.[4]

검찰 입장에선 이런 역발상逆發想이 당혹스러울 수밖에 없다. 최서원이 소유자라고 나서면서 태블릿을 달라고 할 줄은 상상도 못했을 것이다. 아마도 꽤 고심했을 것으로 보인다. 태블릿을 돌려주자니 자신들의 조작수사가 만천하에 드러날 판이다. 그렇다고 '최서원의 것'이 아니므로 돌려줄 수 없다고 할 것인가. 진퇴양난이다. 하지만 둘 중 하나는 택해야 한다.

상식적으로 검찰은 돌려주지 못할 이유가 없다. 재판은 이미 끝났다. 그럼에도 돌려주지 못하는 것은 '조작수사'를 했기 때문이다. 검찰은 결국 돌려주지 않는 쪽을 택했다. 다른 사람은 몰라도 최서원에게는 돌려줄 수 없다는 의미였다. 그러면서 태블릿은 '최서원의 것'이 아니라는 이유를 댔다. 이런 상황이 일부 언론에 보도되자 사람들은 어리둥절했다. 이제 와서 '최서원의 것'이 아니라고?

하지만 충분히 예상한 일이었다. 검찰이 이렇게 최서원의 것이 아니라고 나온다면 분명히 근거를 댈 것이다. 그 근거를 파고들어 태블

---

[4] 제2태블릿 반환소송은 2023년 7월 최서원이 1심에서 승소했으나, 검찰이 항소하면서 현재 2심이 계속되고 있다. 최서원은 JTBC가 입수한 태블릿도 2022년 1월에 반환소송을 시작했다. 소송은 3심까지 간 끝에 2023년 12월 28일 대법원에서 최종 승소했다. 그 후 최서원의 딸 정유라가 JTBC 태블릿을 반환받았다. 하지만 정유라의 개인 빚 문제로 지금은 정유라의 채권자가 태블릿을 갖고 있다. 이 때문에 필자와 최서원은 정유라의 채권자들을 상대로 태블릿을 반환받는 민사 소송을 하고 있는 상황이다.

릿 '이미징파일'을 확보하는 것이 진상규명단의 계획이었다. 소송의 궁극적 목표는 태블릿 자체를 갖는 것이라기보다 '포렌식'을 통해 조작수사의 진실을 밝히는 것이다. 이미징파일만 확보하면 어떤 식으로든 포렌식은 다시 할 수 있다.

검찰은 제2태블릿 소유자로 장시호를 내세웠다. 본래 최서원의 것이 맞지만, 장시호가 태블릿을 최서원의 집에서 갖고 나온 후로는 '장시호의 것'이라는 주장이었다. 2016년 10월 장시호가 최서원의 집에서 태블릿을 발견하고 독일에 있는 최서원에게 전화를 걸어 어떻게 처리할지 물었는데, 최서원이 "알아서 해"라고 말했으니 그 때부터 소유권은 장시호가 갖는다는 논리였다.

이러한 내용은 모두 장시호의 입에서 나온 알리바이였다. 어떠한 물증物證도 없이 장시호의 진술에만 의존한 것이다. 따라서 검찰의 주장은 장시호의 진술이 모두 팩트Fact라는 걸 전제로 한다. 그렇다면 최서원 측은 장시호의 진술이 허위라는 것만 입증하면 된다. 그래서 반환소송은 **장시호의 진술에 얼마나 신빙성이 있는지**에 초점이 맞춰졌다.

우리는 장시호의 진술을 객관적으로 검증하려면 '포렌식 기록'이 필요하다고 주장했다. 특검이 2017년 1월 5일에 포렌식을 했다고 하니 당시에 추출한 이미징파일을 가져오도록 재판부에 요구했다. 그러면서 검찰이 보관 중인 태블릿도 법정에 갖고 나와야 한다고 주장했다. 검찰이 2017년 1월 5일자 이미징파일을 내놓지 않을 수 있기 때문에 이 경우 검찰이 갖고 나온 태블릿에서 이미징파일을 다시 추출해야 한다는 요구였다.

재판을 맡은 서영효 부장판사는 곧바로 허락했다. 서영효 판사는 2017년 1월 5일자 이미징파일을 제출할 수 있는지 검찰에게 의견을 묻는 절차에 들어갔다. 이는 조만간 제출명령을 내리겠다는 뜻이다. 그리고 보관 중인 태블릿도 갖고 나오라고 명령했다. 예상한대로 검찰은 2017년 1월 5일자 이미징파일은 제출할 수 없다는 의견서를 냈다. 하지만 태블릿을 갖고 나오라는 명령까지 거부하기는 어려웠는지 갖고 나오겠다고 답했다.

마침내 2022년 7월 11일 제2태블릿이 법정에 모습을 드러냈다. 태블릿에서 이미징파일을 추출하려면 포렌식 전문가와 전용專用 프로그램이 필요하다. 우리는 사이버포렌식전문가협회(KCFPA, 이하 '협회')[5]에 이 작업을 맡겼다.

포렌식 결과는 대략 보름 뒤부터 나오기 시작했다. 반환소송의 쟁점(장시호의 진술 검증)에 맞춘 포렌식 감정서에는 장시호의 진술과 완전히 어긋나는 각종 포렌식 기록이 기재되어 있었다. 반환소송과는 별도로 제2태블릿 수사 전반을 검증하기 위한 또 다른 감정서에는 예상보다 많은 '조작수사'의 흔적이 검출됐다.

---

[5] 2003년에 설립된 포렌식 전문가들의 단체다. 협회에 대한 자세한 설명은 342페이지에 있다.

2022년 11월 29일 이동환 변호사의 기자회견 장면.
YTN, SBS 등 많은 취재진이 모였지만, 이날 기자회견은 단 한 군데도 보도되지 않았다.

필자와 진상규명단은 바빠지기 시작했다. 조작수사의 증거들을 분석하고 누구나 이해할 수 있도록 정리하는 작업으로 몇 달을 보냈다. 그리고 2022년 11월 29일 이동환 변호사가 기자회견에 나섰다. 제2태블릿은 최서원이 사용하지 않았으며, 특검이 인위적으로 태블릿을 조작한 기록이 나왔다고 발표했다. 기자회견에는 연합뉴스, YTN, SBS 등 예상보다 많은 주류 언론사 기자들이 몰렸다. 하지만 이날 발표는 단 한 군데도 보도되지 않았다.

2022년 12월에는 윤석열, 한동훈 등을 공수처에 고발했다.[6] 제2태블릿 '조작수사' 증거는 이후에도 계속 추가됐다. 태블릿에 설정된 잠금패턴부터 입수경위, 개통경위 등에서 새로운 진실이 밝혀졌다. 특검이 발표한 태블릿 입수경위는 "거짓임이 분명하다"는 법원 판결도 받아냈다. 특검이 당시에 어떻게 '조작수사'를 했는지 주제별로 하나씩 살펴보도록 하겠다.

법원, "장시호의 진술은 거짓임이 분명하다"

특검은 2017년 1월 10일 브리핑에서 장시호가 2017년 1월 5일 변호인을 통해 제2태블릿을 임의제출했다고 발표했다.[7] 그러면서 이규철 대변인은 "(제2태블릿 같은) 증거물은 입수 또는 제출 절차가 중요하다"며 "특검의 태블릿 입수 절차는 전혀 문제가 없다"고 밝혔다. 자신들이 발표한 태블릿 '입수경위'에 논란의 여지가 없다는 점을 유독 강조한 것이다.

---

[6] 고발 대상은 제2태블릿 조작수사를 주도한 윤석열, 한동훈, 박주성(제2태블릿 담당 검사), 이규철(특검 대변인), 장시호 등이다. 적용 혐의는 공용물건손상죄, 모해증거인멸죄, 모해위증죄, 허위공문서작성죄, 직권남용권리행사방해죄. 공수처는 수사를 지속하고는 있으나 아직도 결론을 내지 못하고 있다.

[7] 임의제출은 수사기관의 강제적인 요구가 아니라 본인의 자발적인 의사에 따라 제출하는 것을 말한다. 임의로 제출된 증거물은 영장 없이 압수할 수 있다.

같은 날 작성된 1월 10일자 특검 '수사보고'에는 "2016년 10월경 최순실이 독일에서 귀국하기 전 장시호에게 최순실의 집 금고에 있는 물건을 치우라고 지시하여 장시호가 물건을 치우던 중 태블릿도 함께 가지고 나와 아들에게 주었다"는 입수경위가 나온다. 이러한 내용은 2017년 3월 6일 발표된 최종 수사결과에도 그대로 반영됐다.

하지만 특검이 발표한 입수경위는 오로지 장시호의 진술에만 의존한다는 특징이 있었다. 장시호는 2017년 1월 5일과 1월 27일 특검 조사에서 태블릿 입수경위에 대해 진술한 바 있다. 석 달 뒤 2017년 4월 24일 국정농단 재판에서도 같은 내용으로 증언했다. 그 내용을 종합하면 다음과 같다.

- JTBC가 2016년 10월 24일 태블릿 특종 보도를 내보내자, 독일에 체류하고 있던 최서원은 한국에 있는 조카 장시호에게 전화를 걸었다. 최서원은 자신의 집(삼성동 브라운스톤아파트)으로 빨리 가서 금고의 물건을 확인하고 컴퓨터를 치우라고 장시호에게 지시했다.

- 장시호는 최서원의 지시대로 2016년 10월 24일(JTBC의 태블릿 보도)에서 10월 30일(최서원의 귀국) 사이의 어느 시점에 최서원의 집으로 갔다. 그리고 물건을 치우던 중에 우연히 제2태블릿을 발견했다.

- 장시호는 최서원에게 국제전화(카카오톡 음성통화)를 걸어 제2태블릿을 어떻게 처리할지 물었고, 최서원은 "알아서 하라"고 답변했다.

- 장시호는 제2태블릿을 최서원의 집에서 갖고 나와 보관하고 있다가 초등학생인 아들에게 쓰라고 주었고, 이후 아들의 친구에게 주었다.

- 장시호는 2017년 1월 4일 특검 조사를 받던 중 장시호가 최서원의 집에서 짐을 들고 나오는 CCTV 영상이 있다는 사실을 검사로부터 듣게 됐다. 이때 무슨 물건을 들고 나왔는지 검사가 질문하자 (휴대폰이나 태블릿 같은) 통신기기는 없었다고 답변했다.

- 장시호는 그 후 자신의 변호인 이지훈 변호사와 상의한 끝에 최서원의 집에서 제2태블릿을 갖고 나온 사실을 특검에 자백하기로 했다.

- 이지훈 변호사는 2017년 1월 5일 장시호의 아들 친구 집에서 제2태블릿을 회수했다. 그리고 이날 오후 특검에 임의제출했다.

- 특검은 이렇게 제2태블릿을 확보했지만, 태블릿에 잠금이 걸려 있어 내용물을 확인하지 못하고 있었다.

- 이때 장시호는 최서원이 평소 휴대폰에 'L'자 형태의 잠금패턴을 쓴다는 사실을 갑자기 떠올렸다. 그래서 'L'자 패턴을 한번 시도해보라고 했고, 검사가 'L'자 패턴을 입력하자 잠금이 풀려 그제서야 태블릿을 열어볼 수 있었다.

- 장시호는 최서원의 집에서 제2태블릿을 갖고 나온 이후, 태블릿에 잠금이 걸려 있어 전혀 열어보지 못하고 있다가, 2017년 1월 5일 검사와 함께 'L'자 패턴을 시도해 처음 열어보게 된 것이라고 주장했다.

– 2017년 1월 5일 진술조서 p20~21,
1월 27일 진술조서 p46~47, 87~89

특검 '수사보고'에는 장시호가 최서원의 집에서 태블릿을 발견하고, 최서원이 "알아서 해"라고 말해서 갖고 나온 시점을 '2016년 10월경'으로 대략적으로 표현했다. 하지만 2017년 1월 27일자 진술조서를 보면 장시호는 최서원의 집을 방문한 날, 아니면 그 다음날에 최서원 소유의 미승빌딩이 압수수색을 당했다고 진술했다. 압수수색은 10월 26일에 있었다. 따라서 장시호가 제2태블릿을 갖고 나온 시점은 10월 25일, 아니면 26일로 유추할 수 있다.

앞서 살펴봤듯이 장시호는 **제2태블릿에 잠금이 걸려 있어 한 번도 열어보지 못하다가** 2017년 1월 5일 특검 조사를 받는 중에 최서원이 평소에 쓰는 'L'자 패턴이 떠올라 시도해봤더니 잠금이 풀려서 이때 처음으로 태블릿을 열어볼 수 있었다고 진술했다. 그렇다면 장시호는 최서원의 집에서 태블릿을 갖고 나온 시점부터(2016년 10월 25일, 26일) 특검 조사를 받을 때까지(2017년 1월 5일) 태블릿을 전혀 사용하지 않았다는 말이 된다.

하지만 협회(KCFPA)의 포렌식 결과, 제2태블릿은 2016년 10월 29일과 30일 이틀 동안 사용된 기록이 검출됐다. 협회는 2022년 9월 8일자 감정서에서 2016년 10월 29일 14시 37분부터 다음날인 30일 19시 59분까지 앱이 사용된 흔적을 제시하며, 사용자가 스크린샷(screenshots)으로 화면을 캡처하고 유튜브에 접속한 기록을 예로 들었다. 이는 태블릿의 잠금을 풀어야 가능한 일이다.

> 2. 입수 경위 관련 사항
> 가. 10.29. ~ 10.30. 간 사용 기록
>   2016.10.29. 14:37:17 Screenshots가 활성화되고 파일로 저장되었으며
>   2016.10.30. 17:40:41 USIM 정보가 삭제됨.
>   2016.10.30. 19:58:41 Youtube 접속
>   2016.10.30. 19:59:47 전원이 꺼짐.
>   ※ 2016.10.29.14:37:17부터 10.30. 19:59:47까지 앱을 사용한 흔적이 발견됨.

포렌식 감정결과, 제2태블릿은 2016년 10월 29일과 30일 이틀 동안 사용된 기록이 검출됐다. [출처 사이버포렌식전문가협회 2022년 9월 8일자 감정서 p9]

장시호는 태블릿을 보관하는 동안 잠금을 풀지 못해 한 번도 열어보지 못했다고 진술했지만 포렌식 기록과 대조해보니 명백히 허위인 것으로 드러났다. 장시호의 진술은 이처럼 기초적인 사실부터 거짓투성이였다.

장시호는 제2태블릿을 갖고 나온 후에 아들에게 주었고, 다시 아들 친구에게 줬다는 진술도 했다. 장시호의 아들은 당시 초등학교 3학년이었다. 그렇다면 장시호는 자신도 잠금을 풀지 못해 사용할 수 없는 태블릿을 열 살도 안 된 어린 아들에게 쓰라고 선물로 줬다는 얘기가 된다. 이 역시 거짓말일 확률이 높다.

장시호는 최서원의 집에서 태블릿을 발견하고 최서원과 통화할 당시 '카카오톡' 전화를 썼다고 진술했다. 최서원이 2016년 10월 31일 검찰에 소환되기 전까지는 카톡 전화나 메시지로 연락이 가능한 상태였다. 그렇다면 최서원에게 연락해서 잠금암호를 물어보면 간단

히 해결될 일이다. 이처럼 장시호의 진술은 포렌식 결과까지 굳이 거론하지 않더라도 신빙성이 부족했다.

장시호의 진술은 이지훈 변호사의 증언과도 큰 차이를 보였다. 이지훈 변호사는 장시호의 요청으로 제2태블릿을 찾아서 특검에 제출한 인물이다.[8] 태블릿 제출까지의 기억을 장시호와 공유하는 관계였다. 장시호는 2017년 1월 5일 특검 조사에서 다음과 같이 진술했다.

- "제가 어제(2017년 1월 4일) 특검에서 조사를 받았는데, 그 때 (2016년 10월경) 제가 최순실 집에서 물건을 들고 나오는 장면이 CCTV에 촬영되었다면서 무엇을 들고 나왔냐고 조사를 하였습니다."[9]

- "그 때(2016년 10월경) 제가 최순실 집에서 가져온 태블릿PC 생각이 나서 **오늘(2017년 1월 5일) 오전에** 이지훈 변호사와 접견을 할 때 특검 수사에 협조하기 위해 태블릿PC를 특검에 제출해달라고 부탁하였습니다."

- "그래서 오늘(2017년 1월 5일) 이지훈 변호사가 제 아들 친구에게 양해를 구하고 태블릿PC를 받아 왔습니다."

---

8 장시호는 2016년 11월 16일 긴급 체포된 후 바로 구속됐다. 따라서 2017년 1월 5일에는 이지훈 변호사가 구속 수감중인 장시호를 대신해 제2태블릿을 찾아서 특검에 제출했다.

9 반환소송에서는 장시호의 진술을 근거로 "CCTV 영상을 제출하라"는 명령도 있었다. 하지만 검찰은 제출하지 못했다. 훗날 다른 소송에서 검찰은 재판부로부터 동일한 명령을 받았으나 이때도 제출하지 못하고, CCTV 영상 캡처 사진이 있는 '수사보고'를 대신 제출했다. 하지만 화질이 조악해서 사진 속 인물이 장시호인지 아닌지 확인이 불가능했다.

- "오늘(2017년 1월 5일) 이지훈 변호사가 제출한 태블릿PC는 과거에 최순실이 직접 사용하던 것입니다."

  - 2017년 1월 5일 진술조서 p20~21

장시호는 ① 이지훈과의 '변호인 접견'에서 제2태블릿을 제출하기로 결정하고, ② 곧바로 이지훈이 제2태블릿을 찾아서 회수한 후, ③ 특검에 임의제출한 사실까지 모두 2017년 1월 5일 하루 동안 벌어진 일로 진술했다. 바로 전날과 당일에 있었던 일을 진술했기 때문에, 기억의 오류나 착각이 있을 수가 없다. 만일 진술 내용이 허위라면 장시호가 고의로 거짓말을 했거나, 허위 진술을 강요당했다고 볼 수 있다.

그렇다면 이지훈 변호사는 어떻게 증언했을까. 반환소송에서는 이지훈을 증인으로 채택했다. 장시호의 진술을 검증하기 위해서다. 증언은 서면으로 이뤄졌다. 먼저 이지훈은 제2태블릿을 회수한 시점을 2017년 1월 4일이라고 증언했다. 1월 4일 밤 10시에서 11시 사이에 영동대교 남단에 있는 식당 앞에서 장시호의 부친을 만나 태블릿을 전달받았다는 것이다.

이지훈의 '태블릿 회수'가 1월 4일 심야 시간대라면, 장시호와 이지훈이 태블릿을 제출하기로 결정한 '변호인 접견'은 1월 4일 오후 시간대로 당겨질 수밖에 없다. 당시 언론 보도에 따르면 이날 장시호가 특검에 도착한 시간은 오후 2시경이다. 장시호가 CCTV 관련 조사를 받은 뒤에 '변호인 접견'을 가졌고, 이날 밤 제2태블릿을 전달받았다는 것이 이지훈의 주장이다. 장시호의 진술과 완전히 다르다.

장시호는 1월 4일 오후가 아니라 1월 5일 오전에 '변호인 접견'이 있었다고 진술했다. 오전에 변호인 접견이 있었다면 장소는 서울구치소일 수밖에 없다. 반면에 이지훈의 증언처럼 1월 4일 늦은 오후 시간에 접견이 있었다면 장소는 특검 사무실이다. 한겨울 계절임을 감안하면 어둠이 내려앉는 시간대다.

두 사람이 고심 끝에 '제2태블릿 제출'이라는 중요한 결단을 내렸다는 점에서 변호인 접견은 둘 모두에게 강렬한 경험이었을 텐데 각자 전혀 다른 장면과 알리바이를 진술한 것이다. 장시호의 진술처럼 ① 변호인 접견, ② 태블릿 회수, ③ 임의제출까지 1월 5일 오전부터 몇 시간 동안 일사천리로 이뤄진 것과, 이지훈의 증언처럼 1월 4일에 변호인 접견과 태블릿 회수를 하고, 이지훈이 날짜를 넘겨 1박 2일간 태블릿을 갖고 있었다는 것은 매우 큰 기억의 차이다.

이처럼 태블릿 입수, 보관, 제출까지 장시호의 진술은 뭐 하나 제대로 맞아 떨어지는 게 없었다. 신빙성이 매우 떨어지는 것이다. 이지훈이 장시호를 곤경에 빠뜨리기 위해 위증을 할 이유가 없다면, 장시호의 진술이 거짓일 확률이 높다. 이게 아니면 진실은 따로 있고, 둘 다 거짓말을 한 것일 수 있다. 거짓이기 때문에 서로 말이 맞지 않는 것이다.

협회(KCFPA)의 포렌식 결과에 따르면 이지훈의 증언도 사실과 부합하지 않는 건 마찬가지다. 이지훈은 2017년 1월 5일 장시호가 소환된 시간(오후 2시)에 맞춰서 특검 사무실에 도착했고, 조사 시작 전에 태블릿을 제출했다고 증언했다. 그러면서 1월 4일 밤 태블릿을 회수하고 다음날 특검에 제출하기까지, 자신이 갖고 있는 동안 전원을 켠 적이 없고 계속 꺼져있는 상태였다고 증언했다.

하지만 포렌식 기록에서는 태블릿이 2017년 1월 4일 밤 8시 50분부터 전원이 켜져 이미 구동되고 있었다. 태블릿은 이 시점부터 다음날인 1월 5일 오후 4시 4분까지 18시간 연속으로 매 시간마다 각종 파일을 생성하고 있었다. 18시간 동안 생성된 파일은 총 951건이다.

태블릿이 2017년 1월 4일 밤부터 켜져 1월 5일 오후 4시경까지 구동되고 있었다면, 그 중간에 해당하는 1월 5일 오후 2시경 태블릿을 제출했다는 알리바이는 당연히 깨지게 된다. 1월 4일 밤부터 18시간 연속으로 태블릿을 구동할 만한 주체는 특검일 가능성이 매우 높다. 따라서 "제2태블릿은 2017년 1월 5일에 이지훈 변호사가 특검에 제출했다"는 기초 사실부터 거짓이라고 볼 수 있다.

결국 제2태블릿은 특검이 2017년 1월 4일 이전에 이미 갖고 있었던 물건으로 봐야 한다. 특검은 다른 경로로 구한 제2태블릿을 보관하고 있다가, 적절한 시점을 골라 장시호가 1월 5일에 제출한 것처럼 알리바이를 만든 뒤, 장시호에게는 △ 최서원의 집에서 갖고 나왔고, △ 최서원이 사용했으며, △ 최서원이 평소 쓰는 L자 패턴이 설정

수사 과정 확인서

구분	내용
1. 조사 장소 도착 시각	2017. 1. 5. 14:00
2. 조사 시작 시각 및 종료 시각	☐ 시작시각 : 2017. 1. 5. 14:00 ☐ 종료시각 : 2017. 1. 5. 21:00

당시 언론 보도에 따르면 장시호는 2017년 1월 5일 오후 2시경 특검 사무실에 도착했다. 진술조서에도 오후 2시에 곧바로 조사를 시작했다고 적혀 있다. 이지훈 변호사는 장시호가 도착한 시점에 맞춰서 태블릿을 제출했다고 진술했다. 따라서 태블릿은 이날 오후 2시경 제출됐다고 볼 수 있다. [출처 장시호의 2017년 1월 5일 진술조서 p24]

---

9. 2016.10.26.~2017.1.5. 특이사항

　총 13건의 기록이 발견됨(2016년 4건, 2017년 9건)

　가. 2017. 1.4. 밤 8시 50분경부터 다음날인 2017. 1.5. 오후 4시 4분경까지 약 18시간 연속으로 매 시간 태블릿 구동 기록이 나옴

장시호의 진술과 이지훈의 증언에 따르면, 태블릿은 2017년 1월 5일 오후 2시경까지 전원이 꺼져 있어야 한다. 하지만 태블릿은 1월 4일 밤 8시 50분경 전원이 켜져 1월 5일 오후 4시 4분까지 18시간 연속으로 매 시간 구동된 것으로 밝혀졌다.

[출처 사이버포렌식전문가협회 2022년 8월 20일자 감정서 p13]

돼 있다고 말하도록 허위 진술을 교사한 것으로 보인다.[10] 뒤에서 다시 설명하겠지만, 장시호가 검사 앞에서 L자 패턴을 떠올려 잠금

10　최서원은 △ "(태블릿을) 알아서 하라"라고 말한 사실이 없고, △ JTBC 태블릿 보도가 시작된 2016년 10월 24일부터 독일에서 귀국한 10월 30일까지 장시호와 어떠한 내용으로든 통화한 사실이 없으며, △ 자택에 있던 짐은 2016년 9월 독일로 출국하기 전에 이미 다 치우고 나갔기 때문에, 장시호에게 짐을 치우라고 따로 지시할 이유가 없었다고 주장한다.

을 풀었다는 진술도 포렌식 감정에서 허위로 판명됐다.

이동환 변호사는 협회(KCFPA)의 감정결과를 의견서에 담아 법정에 제출했다. 마침내 2023년 7월 10일 제2태블릿 반환소송 1심 판결이 나왔다.

서영효 판사는 장시호의 진술조서, 증인신문조서에 나오는 태블릿 취득·입수 관련 부분은 모두 허위라고 판단했다. 그러면서 장시호의 진술은 "객관적인 정황과 일치하지 않는다", "거짓 진술이 포함되어 있다", "그대로 믿기 어렵다"고 평가하면서 **"장시호의 수사기관 및 법정 진술은 모두 거짓임이 분명하다"**고 결론내렸다.

장시호의 진술은 이처럼 믿을 수 없기 때문에 최서원이 "알아서 해"라고 말했다는 진술도 인정하지 않았다. 특검은 이러한 허위진술을 근거로 '장시호의 것'이라고 주장하고 있으므로 이 역시 인정할 수 없고, 결국 "위 인정사실(특검의 수사발표)에 따라 피고는 압수물을 반환해야 한다"고 판결했다. 특검 스스로 '최서원의 것'으로 수사 발표를 했다면, 발표한 내용 그대로 태블릿을 돌려주라는 것이다.

결론적으로 서영효 판사는 장시호라는 화자話者 자체를 신뢰할 수 없다고 판정한 것이다. 최서원이 "알아서 해"라고 발언했는지 여부는 녹음 파일이 존재하지 않는 한, 각종 정황과 전후 상황을 근거로 장시호의 말에 얼마나 신빙성이 있는지로 판단할 수밖에 없다. 소송의 쟁점이 여기에 맞춰졌기 때문에 서영효 판사도 이 부분에 대해서만 판단 내렸다.

권을 확정적으로 포기하거나 이를 종국적으로 증여한 것으로 단정하기는 어렵다. 이유는 아래와 같다.

○ 먼저, 장시호의 수사기관 및 법정 진술을 요약하면 다음과 같다.

즉, 2016. 10. 24. 언론이 국정농단 의혹 사건을 보도하자, 그 직후(원고가 귀국하기 직전)에 독일에 있던 원고로부터 전화연락을 받았는데, 원고가 장시호에게 "본인의 집 금고 안에 남아있는 물건이 있는지 확인하고, 컴퓨터와 이 사건 압수물 등을 다 치우라."고 지시하여, 이에 장시호가 직원 2명과 함께 원고의 집에 가서 금고 안에 있던 현금, 주식, 서류 등을 가져나오는 한편, 컴퓨터는 그대로 두고 이 사건 압수물은 원고가 "필요 없어, 알아서 해."라고 말하여 이 사건 압수물만 들고 나왔다,는 것이다.

이러한 정황증거에 비추어 볼 때 앞서 본 장시호의 수사기관 및 법정 진술은 모두 '거짓' 진술임이 분명하므로, 그 진술내용을 특히 신빙할 수 없게 되었다[7] 오히려, ~~론 행위이든 간에 국정농단과 관련한 일체의 증거를 인멸·은닉하기 위한 조치의 일환~~

[7] 민사재판에는 형사재판과 같은 엄격한 증거법칙이 적용되지 않는다. 따라서 소송 당사자는 자유로이 증거를 제출할 수 있고, 민사 법원은 자유로운 심증으로 사회정의와 형평의 이념에 입각하여 논리와 경험의 법칙에 따라 서증에 기재된 진술내용이 진실한지 아닌지를 판단할 수 있다(민사소송법 제202조). 그러한 증거판단에서 형사재판의 증거법칙은 중요한 판단근거로 작용할 수 있다. 형사소송법 제314조에 의하면 진술자가 '외국거주' 등의 사유로 법정에서 진술할 수 없는 때에는 해당 증거에 대한 증거능력을 부여하여 유죄인정의 증거로 삼을 수 있다고 규정하나, 위 규정에 의하더라도 "그 진술이 특히 신빙할 수 있는 상태하에서 행하여졌음이 증명된 때에 한하여" 증거로 삼을 수 있는바, 본문에서 보듯이 장시호의 수사기관 및 법정 진술은 객관적인 정황증거와도 일치하지 않고 일부 거짓 진술이 포함되어 있으므로, 이 사건 압수물의 취득 경위에 관한 장시호의 진술 부분 역시 언급의 정확한 취지, 언급이 이루어진 동기 및 경위, 진의 등이 별도의 증인신문 등을 통해 직접 확인되지 않은 이상 현재로서는 선뜻 그대로 믿기 어렵다. 따라서 이를 피고의 주장내용을 뒷받침할 증거로 삼을 수는 없다.

판결문에서 장시호의 진술과 법정증언에 대해 판정한 부분.
재판부는 '취득 및 입수경위'에 관한 장시호의 진술은 모두 거짓이라고 판단했다.
[출처 서울중앙지방법원 2023년 7월 10일자 판결문(2022가단5013554 사건) 5~6쪽]

그러면서 장시호가 태블릿을 장기간 보관하고 있었다는 사실에 대해서는 각종 언론 보도를 근거로 딱히 부정하지 않는 유보적인 태도를 취했다. 소송의 쟁점이 아닌 부분까지 판사가 굳이 판단할 필요는 없으니 필자로서는 이해할만 하다.

하지만 법원이 처음으로 특검 수사결과의 일부를 완전히 부정했다는 점에서는 의미가 크다. 앞서도 말했듯이 '입수경위'는 전적으로 장시호의 진술에 근거를 두고 있다. 장시호의 태블릿 취득, 보관, 제출에 대한 진술은 따로 분리되지 않고 하나의 흐름으로 이어지고 있다. 법원은 장시호 자체를 신뢰할 수 없다고 판정했고, 이를 뒷받침하는 포렌식 기록까지 종합한다면, 특검이 발표한 '입수경위'는 장시호를 동원한 희대의 조작수사라고 할 수 있다.

L자 패턴은 특검이 설정했다

특검은 2017년 1월 11일 브리핑에서 "최순실이 사용하는 모든 휴대전화와 태블릿PC의 패턴이 L자"라며 장시호가 제출한 제2태블릿 역시 잠금암호가 'L자 패턴'이라고 발표했다.[11] 특검은 2017년 3월 6일 최종 수사발표에서도 "장시호는 최순실이 사용하던 암호 패턴이 'L'자인 것으로 기억한다고 진술했는데 위 태블릿(제2태블릿) 암호 역시 'L'자 패턴이었다"고 밝혔다.

---

11 본 책에는 '잠금암호', '잠금장치', '잠금패턴', 'L자 패턴'이라는 용어가 자주 등장한다. '잠금암호'는 말 그대로 잠금을 해제할 때 입력하는 암호를 말한다. '잠금장치'는 잠금암호와 같은 말이다. 제2태블릿에 설치된 안드로이드 5 버전에서는 △ 잠금패턴, △ PIN, △ 비밀번호, △ 지문(指紋, fingerprint) 등 4가지 종류 중 하나를 잠금암호로 선택할 수 있다. 따라서 '잠금패턴'은 잠금암호의 종류 중 하나다. 'L자 패턴'은 잠금패턴 가운데 L자 모양인 것을 말한다.

최서원이 쓰던 휴대전화도 L자 패턴, JTBC 입수한 태블릿도 L자 패턴인데, 장시호가 들고 나온 제2태블릿 역시 L자 패턴이니 제2태블릿은 확실히 '최서원의 것'이라는 의미였다. 언론들도 이런 취지로 일제히 보도했다.

하지만 협회(KCFPA)의 포렌식 결과에 따르면, 태블릿의 잠금암호는 2017년 1월 5일 오후 2시경 특검이 **태블릿을 압수한 직후에** 변경된 사실이 밝혀졌다. 이는 포렌식 전문가가 시스템파일의 일종인 device_policies.xml에 변경이 일어난 사실을 근거로 판정한다.[12] 포렌식 기록에 따르면 device_policies.xml은 이날 오후 2시 55분에 변경이 일어났다.

순번	상태	경로	파일 이름	파일 날짜
907	삭제	/deleted.files	device_policies.xml(2)	생성 일시 : 2017-01-05 14:55:49 수정 일시 : 2017-01-05 14:55:49 접근 일시 : 2017-01-05 14:55:49 변경 일시 : 2017-01-05 14:55:49

협회(KCFPA)는 2017년 1월 5일 오후 2시 55분 제2태블릿의 잠금장치가 변경됐다고 판정했다. [출처 사이버포렌식전문가협회 2022년 9월 15일자 감정서 p4]

앞서도 설명했듯이 태블릿은 1월 4일 밤 8시 50분부터 1월 5일 오후 4시 4분까지 매 시간마다 구동되고 있었다. 그런데 그 사이에 해당하는 1월 5일 오후 2시 55분에 잠금암호가 변경된 것이다. 전

---

12 device_policies.xml은 모바일 기기에 적용되는 개인정보나 보안 관련 설정을 기록하는 시스템파일이다. 잠금암호의 종류(비밀번호, 잠금패턴, 지문) 등 잠금암호에 관한 정보가 저장되어 있다.

날부터 켜져 구동되는 과정에서 벌어진 일이다. 그렇다면 특검은 포렌식 감정에 들어가기 전에 잠금암호를 변경했다는 뜻이 된다.

특검은 1월 5일 태블릿을 확보한 직후 포렌식을 실시했다고 밝힌 바 있다.[13] 태블릿 같은 모바일 기기를 포렌식하려면 전원이 꺼진 상태에서 봉인한 후 포렌식팀에 인계해야 한다. 포렌식은 전원이 꺼진 상태에서 시작하기 때문이다.

포렌식 기록에 따르면, 태블릿은 1월 4일 밤부터 구동되다가 1월 5일 오후 3시 18분경에 처음으로 꺼진 것으로 나온다. 잠금암호의 변경(오후 2시 55분)은 전원이 꺼지기 전에 일어났다. 따라서 잠금암호를 변경하고 나서 포렌식을 실시한 것이다. 비슷한 시간대에 특검은 무슨 이유에선지 미디어 관련 폴더를 무단 삭제하기도 했다(오후 2시 59분). 그렇다면 2시 55분에 일어난 잠금암호의 변경은 우발적인 게 아니라 고의적인 '증거 조작'이라고 할 수 있다.

태블릿 잠금암호가 L자 패턴이라는 것은 태블릿이 '최서원의 것'임을 입증하는 아주 확실한 증거였다. 만일 장시호가 태블릿을 제출한 시점(1월 5일 오후 2시경)에 실제로도 L자 패턴이었다면, 특검은 포렌식 분석으로 이를 입증하고 증거로 제출하는 것이 순리다. 하지만 포렌식을 하기도 전에 잠금암호를 변경했다는 것은, 본래 태블릿의 잠금암호가 'L자 패턴'이 아니었다는 뜻이 된다.

---

13 특검이 2017년 1월 5일 작성한 '수사보고'에는 이미 포렌식 기록이 등장한다.

Power On/Off 기록(18건)

순번	App	상태	종류	항목	내용	날짜	계정	비고
1	시스템로그	활성	전원상태	Power Off	Reason : null	로그 일시 : 2015-11-15 22:52:30		파일 경로 : /log/power_off_reset_reason_backup.txt
2	시스템로그	활성	전원상태	Power Off	Reason : null	로그 일시 : 2015-11-25 08:57:45		파일 경로 : /log/power_off_reset_reason_backup.txt
3	시스템로그	활성	전원상태	Power Off	Reason : null	로그 일시 : 2016-10-30 19:59:47		파일 경로 : /log/power_off_reset_reason_backup.txt
4	시스템로그	활성	전원상태	Power Off	Reason : null	로그 일시 : 2017-01-05 15:18:28		파일 경로 : /log/power_off_reset_reason_backup.txt

제2태블릿은 2016년 10월 30일에 사용된 후 전원이 꺼졌고 한동안 사용되지 않고 방치되어 있다가, 2017년 1월 4일 밤 8시 50분부터 다시 구동된 후 다음날인 1월 5일 오후 3시 18분경 전원이 꺼졌음을 알 수 있다. [출처 사이버포렌식전문가협회 2022년 7월 20일자 감정서 p26]

1. 2017.1.5. 이후 태블릿 무결성 훼손

가. 2017.1.5. 이후 내장메모리에서 미디어 파일을 삭제한 흔적 6건이 발견됨.

연번	일시	폴더/파일명	상태
1	2017-01-05 14:59:31	/storage/emulated/0/Android/data	삭제
2	2017-01-25 12:58:40	/storage/emulated/0/Android/Camera	삭제
3	2017-01-25 12:58:40	/storage/emulated/0/DCIM/Camera/20170125_125840.jpg	삭제
4	2017-01-25 12:58:47	/storage/emulated/0/Android/Camera	삭제
5	2017-01-25 12:58:47	/storage/emulated/0/DCIM/Camera/20170125_125847.jpg	삭제
6	2017-01-25 12:59:11	USIM 정보(ContextProvider)	삭제

협회(KCFPA)는 2017년 1월 5일 특검이 태블릿을 확보한 이후에 벌어진 '무결성 훼손' 사례 중 하나로 이날 오후 2시 59분에 내장메모리에서 미디어 관련 폴더가 삭제된 사실을 들었다.

[출처 사이버포렌식전문가협회 2022년 9월 8일자 감정서 p1]

이를 입증하는 더 확실한 근거는 '잠금패턴'이 처음으로 설정된 시점이다. 사용자가 잠금패턴을 설정하면 앞서 언급한 device_policies.xml라는 파일이 기기 내부에 생성된다. 바꿔 말하면 태블릿 내부에 device_policies.xml이 없다는 것은 사용자가 잠금패턴을 한 번도 설정한 적이 없다는 사실을 의미한다.

그렇다면 device_policies.xml이 처음 생겨난 시점은 언제일까. 협회(KCFPA)는 특검이 잠금암호를 변경한 시점, 즉 2017년 1월 5일 오후 2시 55분에 device_policies.xml이 처음 생성됐다고 밝혔다. 따라서 장시호에게서 태블릿을 제출받은 이날 오후 2시경에는 '잠금패턴' 자체가 설정되지 않았다는 의미다.

이름	상태	크기	생성 일시	수정 일시	변경 일시
com.google.android.gms.a	삭제	189	2017-02-01 19:56	2017-02-01 19:56	2017-02-01 20:00
device_policies.xml	삭제	1093	2017-02-01 20:00	2017-02-01 20:00	2017-02-01 20:00
device_policies.xml(1)	삭제	1054	2017-01-25 11:15	2017-01-25 11:15	2017-01-25 11:15
inode_11595500	삭제	434176	2013-01-01 00:00	2017-02-01 19:59	2017-02-01 19:59
inode_14A72900	삭제	100788	2017-01-05 14:55	2017-01-05 14:55	2017-01-05 14:55
device_policies.xml(2)	삭제	1093	2017-01-05 14:55	2017-01-05 14:55	2017-01-05 14:55
batterystats.bin(7)	삭제	100668	2017-01-05 14:52	2017-01-05 14:52	2017-01-05 14:52

협회(KCFPA)는 2017년 1월 5일 오후 2시 55분에 device_policies.xml 파일이 처음 생성됐다고 분석했다. 제2태블릿 잠금장치는 1월 5일뿐만 아니라, 1월 25일과 2월 1일에도 변경됐다. 위 기록에서 파일명 뒤에 숫자 (1), (2)가 붙은 파일도 모두 device_policies.xml이다. 오래 전에 삭제된 파일일수록 더 큰 숫자가 붙는다. 따라서 가장 오래 전의 파일이 device_policies.xml(2)이고, 2017년 1월 5일에 생성된 사실을 알 수 있다. 즉, 2017년 1월 5일 이전에는 device_policies.xml이 존재하지 않았던 것으로 해석할 수 있다.

[출처 사이버포렌식전문가협회 2022년 9월 15일자 감정서 p4]

요약하면 제2태블릿은 2017년 1월 5일 오후 2시경 임의제출될 시점에는 잠금패턴이 설정되지 않은 상태였다. 오후 2시 55분경 잠금암호를 변경하면서 device_policies.xml이 처음으로 생성된 것이다. 따라서 L자 패턴은 아무리 빨라도 이날 오후 2시 55분에 설정

> **사. 결론**
>
> 포렌식 기록에 따르면, device_policies.xml은 2017.1.5. 14:58 이전에 존재한 기록을 발견할 수 없음. 이것은, 그 이전에는 이 사건 태블릿에 device_policies.xml이 존재하지 않았다는 의미임.
>
> 따라서 2017.1.5. 14:58 이전에는 이 사건 태블릿에 잠금장치로 '패턴'이 설정된 적이 있다고 볼 수 있는 근거를 발견할 수 없음.
>
> 위 실험 내용 '마'와 같이 패턴값을 저장하는 'gesture.key'와 그에 상응하는 보안정책을 저장하는 'device_policies.xml'은 상호 보완관계의 파일이기 때문임.

협회(KCFPA)는 2017년 1월 5일 오후 2시 55분 이전에 "잠금장치로 '패턴'이 설정된 적이 있다는 근거를 발견할 수 없다"라고 결론지었다. 참고로 감정서에는 위와 같이 '14:58'이라고 기재되어 있는데 '14:55'의 오기로 보인다. [출처 사이버포렌식전문가협회 2023년 10월 17일자 감정서 p5]

됐다는 결론에 이른다. 결국 L자 패턴은 특검이 태블릿을 갖고 있는 동안에 설정된 것이다. 특검은 이러한 '증거 조작'을 감행한 후 1월 11일에 "잠금패턴이 L자"라는 내용을 전 국민에게 발표했다.[14]

그렇다면 왜 이런 조작수사가 필요했을까. 2016년 12월 국정농단 수사를 넘겨받은 특검은 JTBC가 2016년 10월에 제출한 태블릿에

---

[14] 애초에 L자 패턴과 관련된 장시호의 진술은 그야말로 '소설'에 불과한 허구였다. 포렌식 기록에는 태블릿 사용자가 2016년 10월 29일과 30일에 스크린샷 기능을 사용하고 유튜브에 접속한 것으로 나온다. 이때 잠금을 이미 풀었다. 2017년 1월 4일 밤 8시 50분부터 태블릿을 구동할 때도 마찬가지로 잠금을 풀어야 한다. 하지만 장시호는 잠금암호를 몰라서 전혀 사용하지 못하다가, 2017년 1월 5일 특검 조사를 받는 과정에서 'L자 패턴'이 떠올라 시도해봤더니 "태블릿을 처음으로 열게 됐다'고 진술했다. 이처럼 앞뒤가 맞지 않는 장시호의 거짓 진술은 특검 수사보고와 최종 수사결과에 그대로 반영됐다.

'L자 패턴'이 설정된 사실을 진작에 알고 있었다. 2016년 10월 25일자 검찰 포렌식 보고서에 '잠금암호가 L자 패턴'이라는 내용이 나오기 때문이다. 특검 입장에서는 제2태블릿도 L자 패턴인 것처럼 조작할 동기가 있는 것이다.

이미 '최서원의 것'으로 충분히 선동해놓은 **JTBC 태블릿**뿐만 아니라, 최서원이 사용했다는 **휴대폰,** 장시호가 제출한 **제2태블릿**까지 모두 L자 패턴이라고 발표하면, JTBC 태블릿과 제2태블릿은 모두 '최서원의 것'으로 다시 한 번 못을 박을 수 있다. 하지만 **제2태블릿**의 L자 패턴은 앞서 살펴봤듯이 '조작수사'의 결과물로 드러났다. 최서원의 **휴대폰**은 애초에 압수한 적도 없었다. 최서원의 **휴대폰**이 L자 패턴이란 것도 아무런 객관적 근거가 없는 거짓말이었다.[15]

---

15 이동환 변호사가 최서원 재판의 증거목록 전체를 살펴본 결과, 최서원의 휴대폰은 압수된 적이 없는 것으로 드러났다. 최서원 역시 "휴대폰을 압수당한 적이 없고, 잠금패턴을 설정할 줄도 모른다"고 밝혔다. 이 때문에 2017년 1월 당시 특검의 발표를 그대로 기사화한 언론사 5곳(뉴시스, 서울신문, 국제신문, 이데일리, 한국경제TV)이 최서원의 요구로 2022년 1월 정정보도를 했다. 정정보도문은 "잠금패턴 'L'자로 이미 압수된 다른 최 씨의 휴대전화, 태블릿과 동일했다고 특검팀이 설명했다는 부분은 사실과 달라 삭제합니다. 실제 확인 결과 검찰, 특검이 최 씨 재판에 제출한 증거목록에는 최 씨의 휴대전화를 압수했다는 기록은 나오지 않습니다"라는 내용이다.

JTBC가 입수한 태블릿 'L자 패턴' 논란

특검이 2017년 1월 11일 "최순실이 사용한 모든 휴대전화와 태블릿의 패턴이 L자"라고 발표하는 바람에, JTBC 태블릿에 'L자 패턴'이 설정돼있다는 사실이 이때 처음 알려졌다. 이는 새로운 논란을 낳았다. JTBC 김필준 기자는 우연히 태블릿을 발견했는데, 잠금암호가 L자 패턴인 걸 어떻게 알고 잠금을 풀어서 곧바로 내용물을 살펴봤는지가 논란이 되기 시작했다.

JTBC가 훗날 내놓은 해명은 황당, 그 자체였다. 태블릿 발견 당시 김필준의 휴대폰 잠금패턴도 때마침 'L'자였다는 것이다. 그래서 L자 패턴을 입력했더니 단번에 기적처럼 태블릿이 열렸다고 주장했다. 필자를 고소할 때 작성한 2차 고소장(2017년 12월 19일)에서 JTBC는 이렇게 묘사했다.

> 2016. 10. 18. 더블루케이 사무실에서 '최순실의 태블릿PC'를 처음 발견한 JTBC 김필준 기자는 자신과 그의 여자친구가 평소에 사용하는 잠금 패턴이 L자여서 무심코 'L'자 형태로 비밀번호를 눌러봤더니 바로 열린 것입니다. (중략)
> **지극히 운이 좋았던 것입니다.**

하지만 국과수 포렌식 자료에 따르면 JTBC 태블릿도 잠금장치 변경이 일어났다. 변경 시점은 2016년 10월 24일 오후 5시 11분이다. 검찰 수사기록에는 같은 날 오후 7시 30분에 JTBC가 태블릿을 제출한 것으로 나온다.

따라서 JTBC가 검찰에 제출하기 직전에 잠금암호를 변경하고, 다음날 10월 25일에 실시된 포렌식 감정에서 잠금암호가 'L자 패턴'이라는 결과가 나온 것이라고 봐야 한다. 변경한 후의 잠금암호가 L자 패턴이라면, 태블릿에 본래 설정된 잠금암호는 L자 패턴이 아닌 것으로 합리적으로 추정할 수 있다.

하지만 지금으로서는 완전히 확정되지 않은 가설이다. 이 역시 검찰이 태블릿 '이미징파일'을 공개하면 답이 나오지만, 검찰은 필사적으로 내놓지 않고 있다.

태블릿 '사용기간' 아무말 대잔치

2017년 1월 10일 특검은 제2태블릿에 대해 "최순실이 2015년 7월경부터 11월경까지 사용한 것이라고 (장시호가) 진술하고 있다"고 밝혔다. 다음날인 1월 11일 특검은 "저희들이 이메일을 포렌식 해서 확인한 결과 (사용기간이) 2015년 7월부터 11월까지로 나왔다"고 발표했다.

태블릿을 갖고 있던 장시호가 최서원이 사용한 기간을 진술했고, 이 사실을 특검도 포렌식을 통해 검증했다고 하니 누구도 의심할 필요가 없었다. 최서원이 사용한 기간(2015년 7월~11월)까지 정확히 나온 상황에서 국민들은 '최서원이 사용한 태블릿'이라고 인정할 수밖에 없는 것이다.

하지만 특검의 발표는 훗날 사실이 아닌 것으로 확인됐다. 협회(KCFPA)의 포렌식 결과, 제2태블릿은 2015년 8월 13일에 만들어졌고, 처음으로 구동된 시점은 8월 18일이었다. 협회는 "구입시부터 사용했으며, 2015. 8. 18. ~ 2015. 10. 12. 기간에 약 500건의 사용기록이 존재함"이라고 감정했다. 최서원이 2015년 7월부터 사용했다는 특검 수사발표는 이렇게 포렌식 감정에서 허위로 밝혀졌다.

제2태블릿 반환소송에서는 태블릿이 언제 구입된 것인지 삼성전자에 사실조회를 신청한 바 있다. 이에 삼성은 구입 시점은 알 수 없다며 공장에서 출하된 시점만 답변했는데, "2015년 8월 16일 구미공장에서 출하됐다"고 밝혔다. 아무리 빨라야 8월 16일 이후에 제2태블릿을 구입할 수 있었다는 의미다. 포렌식 기록에서는 이틀 뒤인 8월 18일부터 태블릿이 구동됐다. 따라서 태블릿은 8월 16일

> 7. 세부 분석사항
> 가. 기기 정보
> 본 기기 명칭은 Galaxy Tab S2(Model SM-T815N0), O/S버전 안드로이드 5.0.2, 가입통신사는 SK Telecom이며 2015.08.13. 제조되었고 2015.09.17 12:14:28(UTC+09:00)에 SIM[1]이 업데이트되었음.
> - SIM 정보: 2015-09-17 12:14:28 (UTC+09:00)
> 공간 이름: 010-9328-9233
> 화면잠금 패턴: 03678

협회(KCFPA)는 제2태블릿이 2015년 8월 13일에 제조됐다고 밝혔다.
[출처 사이버포렌식전문가협회 2022년 7월 20일자 감정서 p13]

사) 브라우저 기록(첨부물 참조)

S브라우저를 기기 구입시부터 사용하였으며 이동통신사 SKT 가입 전 사용한 기록은 2015.08.18 00:58:24-2015.10.12. 까지 약 500건의 사용 기록이 존재함.

순번	App	상태	브라우저	종류	날짜	URL
1	S브라우저	활성	S브라우저	캐시	최근 방문 일시 : 2015-08-18 00:58:24	https://ssl.gstatic.com/s2/oz/images/quark/6f111 32ea0bccfaca0e0b6df9199df15_ic_notifications_no ne_white_24dp.png
2	S브라우저	활성	S브라우저	캐시	최근 방문 일시 : 2015-08-18 06:16:58	https://ssl.gstatic.com/s2/oz/images/quark/a7367 650055ae3cf32ee3b7023c1ed88ic_create_wht_24dp .png
3	S브라우저	활성	S브라우저	캐시	최근 방문 일시 : 2015-08-27 19:00:47	https://www.gstatic.com/ac/landing/ic_menu_w hite_24dp.png
4	S브라우저	활성	S브라우저	캐시	최근 방문 일시 : 2015-08-27 19:00:47	https://www.gstatic.com/ac/sprites/acv2_x2-f53 77f95130f0a1d68e1631974113db4.png
5	S브라우저	활성	S브라우저	캐시	최근 방문 일시 : 2015-08-27 19:00:47	https://www.gstatic.com/ac/material/ic_arrow_f orward_black_24dp.png
6	S브라우저	활성	S브라우저	캐시	최근 방문 일시 : 2015-08-27 19:26:18	https://www.gstatic.com/ac/settings/landing/we lcome_category_icon_security_72x72_a8787ed330 f40ed361b44a5432fdba60.png

포렌식 결과, 제2태블릿은 2015년 8월 18일부터 구동된 것으로 확인됐다.

[출처 사이버포렌식전문가협회 2022년 7월 20일자 감정서 p24~25]

에서 18일 사이에 구입된 것으로 추정할 수 있다.

문제는 이 시기에 최서원은 한국에 없었다는 점이다. 출입국 기록에 따르면 최서원은 2015년 8월 14일부터 9월 11일까지 독일에 체류하고 있었다. 따라서 태블릿을 구입해서 8월 18일부터 사용한 사람은 최서원이 아니라는 의미다. 제2태블릿의 실제 사용자는 최서원이 아니라는 강력한 정황 증거인 셈이다.

필자는 특검이 과연 이 사실을 몰랐을까 하는 의문이 든다. 태블릿의 '제조일자'는 포렌식을 하면 곧바로 확인 가능한 기록이다. 태블릿 뒷면에 부착된 스티커에도 제조일자가 적혀있다. 태블릿이 언제부터 구동됐는지도 포렌식 기록에서 어렵지 않게 확인할 수 있다. 최서원의 출입국 기록도 특검이 이미 확보하고 있었다.

> 위 사건의 2022. 10. 19자 사실조회에 대하여 삼성전자 주식회사는 다음과 같이 회신을 제출합니다.
>
> - 다 음 -
>
> 본 태블릿은 당사 구미사업장에서 제조되어 2015년 8월 16일 출하되었으며, 출하 이후 경로에 대한 자료는 보유하고 있지 않아 확인이 불가능합니다.

제2태블릿의 제품 일련번호(Serial Number) 'R34G8010T4K'를 알려주고 삼성에게 확인을 요청한 결과, 삼성은 "2015년 8월 16일 공장에서 출하됐다"고 밝혔다.
[출처 삼성전자 2022년 11월 22일자 사실조회 회신]

그렇다면 최서원이 독일에 있는 동안 한국에 있는 누군가가 태블릿을 구입하고 사용했다는 사실을 충분히 파악하지 않았을까. 특검은 2017년 1월 5일 태블릿을 입수하자마자 포렌식 감정을 하고 닷새 뒤인 1월 10일부터 수사 발표를 했다. 그러면서 포렌식으로 확인했다며 최서원이 2015년 7월부터 사용했다는 허위사실을 전 국민에게 발표한 것이다.

특검은 "2015년 7월부터 11월까지 최순실이 사용했다"고 장시호가 자백했다면서 장시호를 내세웠지만, 이 역시 허위일 가능성이 매우 크다. 장시호가 태블릿을 들고 나온 2017년 1월 5일부터, 특검이 사용기간을 언급한 1월 10일 사이에 존재하는 장시호의 진술조서는 1월 5일자 진술조서 한 건뿐이다. 이날 진술조서에는 장시호가 '사용기간'을 언급하는 내용이 전혀 나오지 않는다. 장시호의 다른 진술조서들을 전부 살펴봐도 마찬가지다.

개인별 출입국 현황

성명:최서원 국적:한 국 성별:F 주민번호:560623-▇▇▇▇▇▇▇
출입기간:1956-01-01-2016-10-18　　　　　　　출력일 : 2016년10월19일

항구	출입구분	출국국가		출입국일자	여권번호	체류자격	체류기간
인천공항	출국	일	본	2015-01-04	M79703726		
인천공항	입국	미	상	2015-01-06	M79703726		
인천공항	출국	독	일	2015-04-11	M79703726		
인천공항	입국	미	상	2015-04-18	M79703726		
인천공항	출국	독	일	2015-07-08	M79703726		
인천공항	입국	미	상	2015-07-23	M79703726		
인천공항	출국	독	일	2015-08-14	M79703726		
인천공항	입국	미	상	2015-09-11	M79703726		
인천공항	출국	독	일	2015-10-25	M79703726		
인천공항	입국	미	상	2015-11-22	M79703726		

법무부 출입국기록에 따르면, 최서원은 2015년 8월 14일 독일로 출국했고
9월 11일에 귀국했다. [출처 최서원의 2015~2016년 출입국기록]

　제2태블릿 사용기간에 대한 논란은 2017년 1월 당시에도 있었다. 2017년 1월 10일경 필자는 제2태블릿 모델(SM-T815N0)이 첫 출시된 날짜가 2015년 8월 10일이라는 사실을 밝혀낸 바 있다.[16] 이 사실이 알려지자 특검은 1월 12일 발표에서 "일반인에게 출시되기 전에 삼성 임직원에게 '시제품'으로 나온 게 최순실에게 전달됐을 가능성이 있다"고 반박했다.

16　삼성전자가 이 모델을 처음 출시한 시점이 2015년 8월 10일이고, 그 중 제2태블릿은 8월 13일에 제조된 후 8월 16일에 출하된 것이다. 따라서 구입 당시 제2태블릿은 출시된 지 얼마 되지 않은 최신 기종이었다. 이 모델은 이동통신사에 가입하지 않아도 구입이 가능했다.

그러자 언론들이 재빨리 대서특필했다. 시중에 출시되지 않은 제품을 최서원이 미리 받았다는 것은 삼성과 최서원의 특별한 관계를 의미하기 때문이다. 「특검 "삼성, 시제품 태블릿 최순실에 제공 가능성"」(KBS), 「최순실, '삼성 태블릿' 출시되기도 전에 사용…유착 의혹 증폭」(연합뉴스) 같은 기사가 쏟아지는 가운데 삼성이 즉시 해명에 나섰다.

삼성은 제2태블릿 뒷면에 부착된 스티커를 근거로 반박했다. 스티커에는 모델명, 시리얼넘버, 제조일자가 나온다. 삼성은 "제품 뒷면에 하얀 스티커가 있다는 것은 양산품(일반 판매용)이라는 의미"라고 해명했다. 삼성이 이렇게 적극 해명에 나선 건 특검이 태블릿을 빌미로 삼성과 최서원을 느닷없이 엮었기 때문이다. 특검은 더 이상 반박하지 못했다. 태블릿 사용기간에 대한 특검의 '아무말 대잔치'는 이렇게 일단락됐다.

포렌식 기록과 전혀 다른 특검의 '소유자' 발표

특검은 2017년 1월 10일 브리핑에서 "특검에서 확인한 결과 태블릿 사용자의 이름 정보나 연락처 등록 보유 등을 고려할 때 태블릿은 최순실의 소유로 확인됐다"고 밝혔다. 1월 11일 브리핑에서는 "태블릿 연락처 이름은 '최서원'이고, 사용자 이메일 계정은 최순실이 예전부터 사용한 이메일 주소였다"고 발표했다.

특검은 "연락처 등록 보유", "연락처 이름이 최서원" 등을 거론하면서 최서원 소유라고 했는데, 이 소식을 접한 국민들은 태블릿 연락처에 최서원 가족이나 지인知人들의 전화번호가 있고 '최서원'이란 이름도 존재한다고 이해했을 것이다.

연락처라는 단어가 폭넓게 해석될 수 있지만, 모바일 기기에서 연락처라는 것은 누구나 알고 있듯이 '연락처'라는 앱(App)에 저장된 전화번호 등을 말한다. 제2태블릿 같은 삼성 모바일 기기에서는 '연락처' 앱을 실행하거나, '전화' 앱에서 연락처 메뉴를 선택하면 사용자가 저장한 연락처를 확인할 수 있다.

결론부터 말하면, 제2태블릿 '연락처'에는 최서원과 관련된 기록이 단 한 건도 존재하지 않는다. 이동환 변호사는 2022년 7월 11일 제2태블릿 반환소송 법정에서 태블릿을 직접 들여다본 적이 있다. 연락처에는 태블릿에 부여된 전화번호 010-9328-9233 하나만 있었다. 그마저도 이름이 없이 저장돼 있었다. 연락처 어디에도 '최서원'은 없었다. 태블릿 전화번호(010-9328-9233)는 개통할 때 자동 저장된 것으로 본다면, 실질적으로 '연락처'에는 아무 것도 없는 것이다.

특검이 연락처를 지운 것은 아닐까 의심할 수도 있지만 포렌식 기록에는 '연락처' 앱과 관련, 태블릿 전화번호(010-9328-9233)에 대한 기록만 존재했다. 삭제된 연락처가 있다면 포렌식에서 검출되기 마련인데 이러한 기록은 없었다. 결론적으로 제2태블릿 '연락처'에는 최서원이 태블릿 소유자임을 유추할 수 있는 정보가 단 한 건도 없는 것이다. 도대체 특검은 뭘 근거로 저런 허언을 했는지 알 수 없는 노릇이다.

특검은 브리핑에서 "사용자의 이름정보 등을 고려할 때 최서원의 소유로 확인됐다", "사용자 이메일 계정은 최순실이 예전부터 사용하던 이메일 주소였다"는 발표도 했다. 특검이 말하는 사용자 이메일 계정은 태블릿에서 사용된 hongmee15@gmail.com이라는 계정이다. 이 역시 검증이 필요하다. 우선 이메일 계정이 어떤 용도로 사용됐는지부터 살펴봐야 한다.

포렌식 기록을 보면 hongmee15@gmail.com은 메일 내용들을 봤을 때 사적인 개인 계정이 아니라, 업무용 계정이라는 사실을 알 수 있다. 특검도 최서원의 독일 사업과 관련된 업무용 계정으로 다음과 같이 분석했다.

> 위 태블릿PC에는 2015. 7. 24. ~ 2015. 11. 25. hongmee15@gmail.com 등의 이메일 계정으로 수신된 186개의 이메일이 저장되어 있었는데, 수신된 이메일 중 David Yoon이 보낸 이메일의 수신자가 'hongmee15@gmail.com, 최순실'로 표시되어 있고, 위 태블릿PC에 저장된 상당수 이메일은 독일 코어 스포츠 설립 및 부동산 구매 업무 등 최순실을 도와준 ○○○ 변호사, □□□, △△△ 등이 위 업무와 관련하여 보낸 이메일임.
>
> - 특검 2017년 3월 6일자 최종 수사결과서 p23

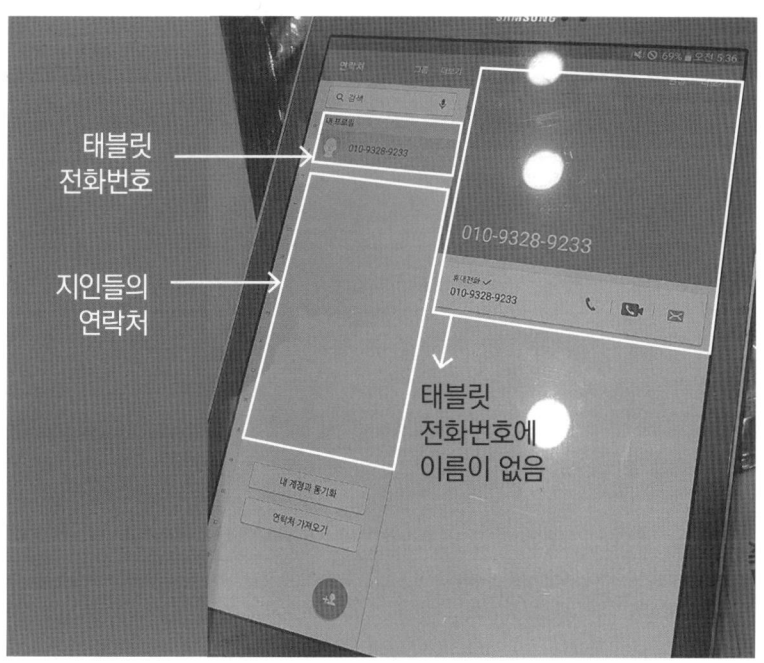

2022년 7월 11일 법정에서 육안 검증을 할 당시 이동환 변호사가 사진으로 촬영한
'연락처' 화면. 태블릿에 부여된 전화번호(010-9328-9233) 하나만 존재했고, 그 아래쪽으로
나열되는 지인들의 연락처는 텅 비어있었다. 태블릿에 부여된 전화번호(010-9328-9233)에는
아무런 이름이 없었다. 연락처 전체를 봐도 '최서원'이란 이름은 존재하지 않았다.

연락처

상 태	이름	전화번호	날 짜	프로필 이미지	App
삭제	ID : 내부 ID : 9223372034707292161	휴대폰 : 01093289233	업데이트 일시 : 2017-02-01 19:56:46		연락처
기타	기본 연락처 : 010-9328-9233				
활성	ID : 내부 ID : 9223372034707292161		업데이트 일시 : 2017-02-01 19:56:46		연락처
비고	소유자 계정				

포렌식 분석결과보고서라는 자료를 보면 '연락처' 앱과 관련된 기록은 2건이 나오는데
둘 다 태블릿에 부여된 010-9328-9233 하나에 대한 기록이다.
'이름'은 사용자가 전화번호에 부여한 이름인데 ID(9223372034707292161)만 기록돼 있다.
사용자가 010-9328-9233 전화번호에 별도로 이름을 부여하지 않은 것이다.

[출처 포렌식 분석결과보고서 p14]

특검이 밝힌 것처럼 hongmee15@gmail.com은 2015년 7월 24일부터 11월 25일까지 사용된 것으로 추정되는데[17] 이 기간의 메일들을 보면 상당수가 비용처리를 요청하거나 회계와 관련된 내용이다. 메일 발신자는 노승일, 장남수 등 독일에 나가있던 최서원의 직원들이다. 이처럼 hongmee15@gmail.com은 단순 비용처리 같은 전형적인 경리 업무를 위해 주로 사용됐다는 걸 알 수 있다. 최서원의 회사에서 경리 업무는 안 모씨가 담당했다.

따라서 안 모씨가 이메일로 비용처리를 요청받고 직접 처리했다고 봐야 한다. 대표이사인 최서원이 메일에 첨부된 '필요물품', '최종경비', '지출내역', '관리비', '물품주문서' 같은 잡다한 비용처리까지 직접 하지는 않았을 것이다. 안 씨는 당시에 최서원의 비서 역할도 했다. 따라서 hongmee15@gmail.com으로 들어오는 모든 업무용 메일은 일단 안 씨가 우선 대응하고 중요한 내용은 선별해서 보고하는 형태가 일반 회사에서 볼 수 있는 상식적인 모습이다.

그렇다면 hongmee15@gmail.com 계정을 만든 사람은 누구

---

[17] 이메일이 사용된 기간과 태블릿이 실제 사용된 기간을 구별해야 한다. hongmee15@gmail.com이 2015년 7월 24일부터 사용됐다고 해서 태블릿도 이때부터 사용된 것은 아니다. 앞서 설명했듯이 제2태블릿은 8월 13일에 제조되어 8월 16일 공장에서 출하됐다. 그 후 누군가가 태블릿을 구입해서 hongmee15@gmail.com에 로그인을 하게 되면 과거에 주고받았던 hongmee15@gmail.com 메일까지 한꺼번에 모두 태블릿에 들어오게 된다. 그래서 2015년 7월에 송·수신된 메일도 태블릿에 저장되어 있는 것이다.

일까. 필자는 당연히 경리직원 안 씨가 만든 것으로 보고 있다. 여러 업무를 동시에 해야 하는 안 씨는 최서원 회사의 독일 사업과 관련된 경리·회계 업무도 해야 했다. 안 씨는 자신의 개인 이메일 계정(hohojoung@naver.com)으로 업무용 메일을 받다가[18] 이를 불편하게 여기고 독일 사업만을 위한 별도의 업무용 계정 hongmee15@gmail.com을 2015년 7월 24일경 만들었다. 그리고 독일에 나가있는 직원이나 독일 사업 관련 외부인들에게 업무용 메일을 hongmee15@gmail.com으로 보내달라고 공유했을 것이다.

이러한 사실은 2016년 11월 15일자 검찰 수사기록에서도 확인된다. 기록에 따르면 박원오라는 사람은 2015년 6월 10일까지 안 씨의 개인 계정인 hohojoung@naver.com으로 메일(비용 청구)을 보내다가 7월 24일경 hongmee15@gmail.com이 개설된 후로는 안 씨의 개인 계정으로 보내지 않고 hongmee15@gmail.com으로 메일을 보낸 사실이 확인된다. 이렇게 본다면 hongmee15@gmail.com은 경리직원 안 씨가 만들어서 관리하던 업무용 계정이라는 게 더욱 확실해진다. 그래서 제2태블릿도 안 씨가 사용했을 가능성이 크다고 할 수 있다. 이에 대해서는 뒤에서 자세히 설명하겠다.

한편 특검은 "태블릿 사용자 이름 정보가 최서원으로 확인됐다"

---

18 hohojoung@naver.com은 안 모씨 개인이 2005년부터 혼자만 사용하던 이메일 계정이다. 안 씨는 이러한 내용으로 '사실확인서'를 작성한 바 있다.

고 발표했는데 여기서 사용자 이름 정보가 구체적으로 뭘 말하는지 불확실하지만, 필자는 태블릿에 저장돼 있는 모든 정보에서 '최서원' 또는 '최순실'이 어떻게 등장하는지 살펴봤다.[19]

그 결과 총 13건이 나오는데 오로지 이메일에서만 '최서원'이란 이름이 검색됐다. 그리고 그 출처는 모두 데이비드 윤(David Yoon)이라는 사람이 hongmee15@gmail.com으로 보낸 이메일이었다. 데이비드 윤은 자신의 PC나 휴대폰에 hongmee15@gmail.com을 저장하면서 '최서원'이라는 닉네임을 부여했다. 그래서 데이비드 윤이 발신한 이메일 기록을 보면 수신자가 전부 'hongmee15@gmail.com, 최서원'으로 나온다. 특검도 마찬가지로 분석했다.

- 수신 메일에 기재된 '이메일 주소 + 이름'의 형식은 보낸 사람이 자신의 이메일에 등록해 놓은 것이 나타난 것임
- David Yoon이 hongmee15@gmail.com을 'hongmee15@gmail.com, 최서원'으로 저장한 것으로 확인됨

　　　　　　　　　- 특검 2017년 1월 10일자 수사보고 p3, 14

19　포렌식 결과물 중에는 '분석결과보고서'라는 문건이 있다. 디지털기기 내부에 저장된 모든 파일의 관련 기록(파일명, 생성·수정·삭제일시, 이메일 등)을 단순 나열한 문서다. 포렌식 과정에서 포렌식 소프트웨어가 자동으로 생성한다. 제2태블릿에 대한 '분석결과보고서'는 PDF 파일 형태이며, 총 분량이 2,455페이지에 달한다. 필자와 태블릿진상규명단은 '분석결과보고서' 2,455페이지 전체에서 '최서원', '최순실'이란 이름이 어디에서, 어떻게 등장하는지 검색해본 것이다.

활성	[Gmail]/휴지통	발신자 : 이름 : 노승일 메일 : phdr76@naver.com 수신자 : 홍미희 hongmee15@gmail.com	생성 일시 : 2015-09-17 23:18:06
계정 : hongmee15@gmail.com 본문 : 제목 : 필요물품 내용 : 노승일 입니다 건강하세요 파일 이름 : 필요물품.xlsx			
활성	[Gmail]/휴지통	발신자 : 이름 : 장남수 메일 : nsenes1318@gmail.com 수신자 : hongmee15@gmail.com	생성 일시 : 2015-10-04 01:21:33
계정 : hongmee15@gmail.com 본문 : 제목 : 기안서입니다 내용 : 파일 이름 : 최종경비 기안서.xls 파일 이름 : KakaoTalk_20151004_011702973.jpg			
활성	수신	발신자 : 이름 : nsenes1318@gmail.com	생성 일시 : 2015-10-16 03:52:22
계정 : hongmee15@gmail.com 본문 : 제목 : 안녕하십니까? 장남수 대리 입니다. 내용 : 2015년 10월 초에 있었던 프랑스(비아리즈) 경기 지출 내역 자료첨부하여 보내드립니다			
활성	수신	발신자 : 이름 : nsenes1318@gmail.com	생성 일시 : 2015-10-16 03:58:22
계정 : hongmee15@gmail.com 본문 : 제목 : 장남수 대리입니다. 내용 : 회장님 필요 물품들 그리고 마장(비빌리즈) 관리비 기안서 입니다.			
활성	[Gmail]/휴지통	발신자 : 이름 : 장남수 메일 : nsenes1318@gmail.com 수신자 : hongmee15@gmail.com	생성 일시 : 2015-10-19 17:11:27
계정 : hongmee15@gmail.com 본문 : 제목 : 안녕하십니까 장남수 대리 입니다 내용 : 이번 프랑스 여행 총 경비 목록 기안서 입니다. 파일 경로 : /data/com.samsung.android.email.provider/cache/1.db_att/83 (원본 파일 이름 : 르몽 기안서.xls)			
활성	수신	발신자 : 이름 : goethe2304@me.com	생성 일시 : 2015-11-24 22:42:38
계정 : hongmee15@gmail.com 본문 : 제목 : Fwd: Bestellung HHW/Testa Rossa Kaffe 내용 : 결재부탁드립니다 커피쥴초기물품주문서입니다 Best Regards Mit freundlic			
활성	수신	발신자 : 이름 : goethe2304@me.com	생성 일시 : 2015-11-24 22:48:00
계정 : hongmee15@gmail.com 본문 : 제목 : 커피기개읨대계약서결재검토부탁합니다 내용 : Best Regards Mit freundlichen Grüssen			

hongmee15@gmail.com으로 수신된 메일 중 상당수가 단순 비용처리를 요청하거나, 회계와 관련된 내용이다. [출처 포렌식 분석결과보고서 p92, 93, 98, 100, 113, 114]

특검은 데이비드 윤이 'hongmee15@gmail.com, 최서원'으로 저장한 것을 근거로 hongmee15@gmail.com은 최서원이 사용했고, 이 계정의 메일들이 저장된 태블릿 역시 최서원의 것이라고 발표했다. 하지만 이러한 주장은 hongmee15@gmail.com이 최서원 혼자서 사용하는 이메일 계정이고, 오로지 태블릿에서만 사용됐다는 전제에서 타당한 논리다.

hongmee15@gmail.com은 앞서도 말했듯이 경리직원 안 모씨가 만들어서 주로 사용하던 업무용 계정이다. 또한 포렌식 기록에 따르면 태블릿에서만 사용된 것도 아니다.[20]

데이비드 윤이 이메일 주소를 'hongmee15@gmail.com, 최서원'으로 저장한 것도 큰 의미가 없다. 최서원의 회사처럼 직원 5명 정도의 작은 회사는 메일 서버를 별도로 둘 여력이 없기 때문에 보통 구글(gmail.com)이나 네이버에서 만든 메일 계정을 업무용 메일로 사용한다. 이는 필자가 운영하는 미디어워치(mediasilkhj@gmail.com)도 마찬가지다.

이러한 메일은 관련 업무를 하는 직원들이 수시로 로그인해서 확인한다. 필자의 회사도 mediasilkhj@gmail.com에 메일이 들어오면 직원이 먼저 확인해서 처리하고, 필요한 경우 필자에게 보고한다. 때로는 필자가 직접 확인하기도 한다. 마찬가지로 hongmee15@gmail.

---

20 포렌식 결과에 따르면 사용자가 제2태블릿에서 hongmee15@gmail.com에 처음 로그인한 시점은 2015년 10월 12일인 것으로 확인된다. 따라서 2015년 7월 24일부터 10월 12일 이전까지의 메일은 제2태블릿이 아니라 안 모씨의 PC나 휴대폰에서 송·수신된 메일이라고 할 수 있다. 또한 10월 12일 이후에도 제2태블릿이 아닌 다른 기기(삼성 스마트폰)에서 접속한 사실이 포렌식 기록으로 확인된다. 따라서 hongmee15@gmail.com은 제2태블릿에서만 사용된 계정이 아닌 것이다.

	발신자 : 이름 : David Yoon 메일 : goethesprachzentrum@gmail.com 수신자 : johann.ladinig@wedl.com, 최서원 hongmee15@gmail.com	생성 일시 : 2015-11-16 00:31:12
INBOX	발신자 : 이름 : David Yoon 메일 : goethesprachzentrum@gmail.com 수신자 : 최서원 hongmee15@gmail.com	생성 일시 : 2015-11-16 00:31:55
INBOX	발신자 : 이름 : David Yoon 메일 : goethe2304@me.com 수신자 : 장남수 style_ddd@naver.com, 최서원 hongmee15@gmail.com	생성 일시 : 2015-11-16 19:28:25
INBOX	발신자 : 이름 : David Yoon 메일 : goethe2304@me.com 수신자 : christian.kamplade@t-online.de, 장남수 style_ddd@naver.com, 최서원 hongmee15@gmail.com	생성 일시 : 2015-11-17 19:13:07
INBOX	발신자 : 이름 : David Yoon 메일 : goethe2304@me.com 수신자 : 장남수 style_ddd@naver.com, 최서원 hongmee15@gmail.com	생성 일시 : 2015-11-17 22:54:07
INBOX	발신자 : 이름 : David Yoon 메일 : goethesprachzentrum@gmail.com 수신자 : 장남수 style_ddd@naver.com, 최서원 hongmee15@gmail.com	생성 일시 : 2015-11-18 22:37:11
INBOX	발신자 : 이름 : Leblanc 메일 : david.yoon@leblanc.holdings 수신자 : 우홍준 herrwoo@gmx.net, 장남수 style_ddd@naver.com, 최서원 hongmee15@gmail.com	생성 일시 : 2015-11-19 22:11:14
INBOX	발신자 : 이름 : David Yoon 메일 : goethesprachzentrum@gmail.com 수신자 : 우홍준 herrwoo@gmx.net, 장남수 style_ddd@naver.com, 최서원 hongmee15@gmail.com	생성 일시 : 2015-11-19 23:11:43
INBOX	발신자 : 이름 : David Yoon 메일 : goethe2304@icloud.com 수신자 : 우홍준 herrwoo@gmx.net, 장남수 style_ddd@naver.com, 최서원 hongmee15@gmail.com	생성 일시 : 2015-11-19 23:13:30
[Gmail]/휴 지통	발신자 : 이름 : David Yoon 메일 : goethe2304@me.com 수신자 : 최서원 hongmee15@gmail.com, 장남수 style_ddd@naver.com, 우홍준 herrwoo@gmx.net	생성 일시 : 2015-11-24 22:42:42
INBOX	발신자 : 이름 : David Yoon 메일 : goethe2304@me.com 수신자 : 최서원 hongmee15@gmail.com, 장남수 style_ddd@naver.com, 우홍준 herrwoo@gmx.net	생성 일시 : 2015-11-24 22:42:38
INBOX	발신자 : 이름 : David Yoon 메일 : goethe2304@me.com 수신자 : 장남수 style_ddd@naver.com, 최서원 hongmee15@gmail.com, 우홍준 herrwoo@gmx.net	생성 일시 : 2015-11-24 22:48:00

태블릿에 저장된 정보 전체를 대상으로 검색한 결과, '최서원'이라는 이름은 총 13번 등장한다. 우선 데이비드 윤(David Yoon 또는 Leblanc)이 hongmee15@gmail.com에 보낸 12건의 이메일에서 수신자에 '최서원'이란 이름이 나온다. 나머지 한 건은 이러한 이메일들 때문에 '최서원'이란 이름이 저장됐다는 뜻의 포렌식 기록이다. 따라서 13건의 '최서원'은 모두 데이비드 윤이 보낸 이메일 때문에 포렌식 기록으로 검출된 것이다. [출처 포렌식 분석결과보고서 p107, 108, 109, 110, 111, 113, 114] com 역시 안 모씨가 관리하는 계정이지만 가끔씩은 최서원을 비롯해 여러 사람이 공용共用으로 사용했을 것이다.[21]

필자에게서 명함을 받은 지인이나, 필자를 지지하는 구독자 중에는 이메일 주소를 'mediasilkhj@gmail.com 변희재'로 저장하는 경우도 있을 것이다. 따라서 mediasilkhj@gmail.com에 로그인을 하는 미디어워치 직원의 PC나 휴대폰에는 'mediasilkhj@gmail.com 변희재' 같은 기록이 얼마든지 남아있을 수 있다.

이러한 기록들이 휴대폰에서 검출됐다고 해서 그 휴대폰이 필자의 것이라고 주장한다면 그야말로 논리 비약이자 사실관계 오류다. 데이비드 윤도 단지 최서원이라는 이름이 익숙하기 때문에, 또는 최서원의 회사에서 전달받은 이메일 주소라는 이유로 회사 이름 대신 'hongmee15@gmail.com, 최서원'으로 저장했다고 봐야 한다.

결론적으로 "사용자 이름 정보가 최서원으로 확인됐다", "사용자 메일 계정은 최순실이 사용하던 이메일 주소다", "데이비드 윤이 'hongmee15@gmail.com, 최서원'으로 메일 계정을 저장했다"

---

21 포렌식 기록에는 최서원으로 추정되는 사람이 hongmee15@gmail.com 메일을 보낸 기록이 1건 나온다. 특검이 2017년 1월 11일 브리핑에서도 언급한 메일(더 이상 hongmee15@gmail.com을 쓰지 않겠다는 내용)인데, 태블릿이 아니라 휴대폰(삼성 갤럭시 스마트폰)에서 보낸 메일이었다. 또한 독일에서 hongmee15@gmail.com으로 보낸 메일을 최철 변호사(독일 사업의 한국 측 변호사)가 받은 기록도 있다. 하지만 상당수 hongmee15@gmail.com 메일은 경리직원 안 씨가 직접 처리해야 할 성격의 메일이었다.

등은 태블릿이 '최서원의 것'이라는 직접적인 근거가 될 수 없다. 태블릿 전체에서 찾아볼 수 있는 '최서원'이라는 이름도 오로지 데이비드 윤이 발신한 이메일 12건에서만 검출될 뿐이다. hongmee15@gmail.com은 최서원이 아니라, 경리직원 안 씨가 주로 사용하던 업무용 계정이다.

제2태블릿은 경리직원 안 모씨가 사용했다

최서원은 제2태블릿을 본 적이 없고 전혀 알지도 못한다고 2017년부터 일관되게 주장해왔다. 그렇다면 실제 사용자는 누구인가. 필자와 태블릿진상규명단은 경리직원 안 모씨가 유력하다고 보고 있다. 필자가 처음에 이 얘기를 전했을 때 최서원은 쉽게 받아들이지 못하는 눈치였다. 안 씨는 최서원의 충직한 직원이었기 때문이다. 하지만 지금은 안 씨가 진실을 말하도록 설득한다는 입장으로 바뀌었다.

필자가 안 씨를 태블릿 사용자로 판단한 이유는 크게 3가지다. 요약하면 다음과 같다.

① 타인과 비밀번호를 공유한 적이 없는 안 씨의 개인 이메일 계정 hohojoung@naver.com에 로그인한 기록이 태블릿에서 검출됐다.

② 안 씨는 개인 휴대폰 번호의 뒷자리로 오랫동안 일관되게 '9233'을 사용했다. 태블릿에 부여된 전화번호(010-9328-9233)도 뒷자리가 '9233'이다.

③ 안 씨는 태블릿 통신요금을 매달 자비^{自費}로 결제한 실질적인 요금 납부자다.

특검의 2017년 1월 5일자 '수사보고' 1쪽을 보면, 2015년 10월 12일 오전 11시 59분경 제2태블릿에서 누군가가 hohojoung@naver.com이라는 계정에 로그인한 포렌식 기록이 나온다. 특검은 최서원이 hohojoung@naver.com에 로그인했다고 보고, 이를 근거로 태블릿은 최서원이 사용했다고 결론지었다.

하지만 나중에 확인된 바에 따르면 hohojoung@naver.com은 경리직원 안 씨가 2005년 5월 25일에 만든 안 씨의 '개인' 이메일 계정이었다. 지금도 20년째 사용하고 있다. 안 씨는 hohojoung@naver.com의 비밀번호를 다른 사람에게 알려준 적이 없으며 순전히 혼자서 사용하는 계정이라고 '사실확인서'를 작성하기도 했다. 그렇다면 특검이 제시한 포렌식 기록은 최서원의 사용 증거가 아니라 오히려 **안 씨의 손에 제2태블릿이 있었다**는 명백한 증거가 된다.

검찰의 2016년 11월 17일자 '수사보고'를 보면, 안 씨 명의의 은행 계좌에서 각종 휴대폰 요금이 출금된 내역이 나온다. 대부분은 요금고지서에 기재된 계좌로 송금하는 방식의 납부였는데(지로

25	활성	S브라우저	최근 방문 일시 : 2015-10-12 11:59:54	https://m.mail.naver.com/m/list/#%7B%22fClass%22%3A%22list%22%2C%22oParameter%22%3A%7B%22folderSN%22%3A%22-1%22%2C%22type%22%3A%22%22%2C%22isUnread%22%3Afalse%2C%22previewMode%22%3A%22%2C%22page%22%3A%22%2C%22pageSize4SeeMore%22%3A%25%2C%22u%22%3A%22hohojoung%22%7D%7D

특검의 2017년 1월 5일자 '수사보고'에는 2015년 10월 12일 오전 11시 59분 제2태블릿을 통해 hohojoung@naver.com에 로그인한 포렌식 기록이 나온다. 특검은 최서원의 메일 계정으로 간주하고, 태블릿은 최서원이 사용했다고 결론지었다. [출처 특검 2017년 1월 5일자 수사보고 p1]

3. 위 네이버 계정(아이디 hohojoung)을 타인과 공유해서 사용하거나, 타인에게 비밀번호를 알려준 적이 있는지 여부

> 지금까지 단 한 차례도 타인과 계정을 공유해서 쓰거나, 타인에게 비밀번호를 알려준 적이 없으며, hohojoung@naver.com은 저 혼자 사용하는 개인 이메일 계정 입니다.

경리직원 안 씨가 2021년 10월 7일에 작성한 '사실확인서'의 일부

출금), 곳곳에 자동이체 납부도 있었다(FBS출금). 그런데 자동이체로 납부한 휴대폰들은 '010-7679-9233', '010-9328-9233', '010-8951-9233'으로 하나같이 뒷자리가 '9233'이었다. 필자는 안 씨가 사용하는 뒷자리 번호라는 걸 알아챘다. 2021년 당시 안 씨의 전화번호도 '010-9***-9233'이었기 때문이다.

특검의 2017년 1월 5일자 수사보고에는 안 씨가 2016년 10월경에 사용한 또 다른 휴대폰 '010-7724-9233'이 등장한다. 이러한 기록들이 나오자, 진상규명단은 안 씨에게 전화를 걸었다. 검찰 수사

보고에 나오는 '010-7679-9233', '010-8951-9233'에 대해 물었다. 안 씨는 자신이 사용하던 개인 휴대폰이라고 답했다. 안 씨에게 일부러 묻지 않은 '010-9328-9233'은 **제2태블릿에 부여된 전화번호**였다.

거래일자	상태	거래구분	출금금액	기산일자	급은행코	단말번호	처리시각	의뢰인명
2011/03/21	출금	전화료	92,670	2011/03/21	004	999	19:12:57	01026306872KT
2012/07/19	출금	FBS출금	97,750	2012/07/19	004	999	19:00:40	01076799233SKT
2015/01/21	출금	지로출금	30,940	2015/01/21	004	999	20:26:23	01063055088SKT
2015/01/21	출금	지로출금	65,770	2015/01/21	004	999	20:30:19	01040558364SKT
2015/01/21	출금	지로출금	30,610	2015/01/21	004	999	20:34:49	01059183700SKT
2015/02/23	출금	지로출금	82,900	2015/02/23	004	999	19:24:36	01087761213SKT
2015/05/21	출금	지로출금	38,430	2015/05/21	004	999	20:25.49	01093422007SKT
2015/10/21	출금	지로출금	10,990	2015/10/21	004	999	19:57:58	01065007189SKT
2015/10/21	출금	지로출금	12,110	2015/10/21	004	999	19:59:39	01088577189SKT
2015/11/25	출금	FBS출금	29,730	2015/11/25	004	999	20:21:13	01093289233SKT
2016/01/21	출금	지로출금	24,490	2016/01/21	004	999	19:44:56	01046912400SKT
2016/05/23	출금	지로출금	894,379	2016/05/23	004	999	20:03:37	01091697189SKT
2016/06/29	출금	FBS출금	78,650	2016/06/29	004	999	19:06:31	01089519233SKT

안 씨의 계좌에서 출금된 휴대폰 요금 내역을 보면, 전화번호 뒷자리 '9233'에 해당하는 휴대폰만 '자동이체(FBS출금)'로 납부했고, 나머지는 지로출금으로 납부한 사실을 알 수 있다. 제2태블릿(010-9328-9233) 요금 역시 '자동이체'로 결제됐다.

[출처 검찰 2016년 11월 17일자 수사보고 p3]

전화번호	설명	사용시기
010-7679-**9233**	안 씨의 개인 휴대폰	2012년
010-9328-**9233**	제2태블릿	2015월 8월 ~ 11월
010-8951-**9233**	안 씨의 개인 휴대폰	2016년 6월(추정)
010-7724-**9233**	안 씨의 개인 휴대폰	2016년 10월
010-9***-**9233**	안 씨의 개인 휴대폰	2021년부터 지금까지

안 씨가 오랜 기간 사용한 휴대폰 번호 뒷자리 '9233'

안 씨는 2017년에 최서원의 회사에서 퇴사했다. 그럼에도 여전히 '9233'을 쓰고 있다는 것은 최서원의 회사와 무관하게 안 씨 개인이 선호하는 전화번호 뒷자리라는 의미다. 제2태블릿은 2015년 10월에 SKT 대리점에서 개통됐다.[22] 이때 태블릿 전화번호로 '010-9328-9233'을 받게 된 것은 누군가가 '9233'을 뒷자리 번호로 해달라고 특별히 요구했기 때문이다. 이런 요구를 할 만한 사람은 오로지 안 씨뿐이다.

안 씨는 당시에 최서원을 꽤 어려워했다. 편하게 터놓고 대화하는 관계가 아니었다. 안 씨의 2016년 10월 27일자 검찰 진술조서에는 "원장님(최서원)께 어디로 이사를 가시냐 물어볼 수 있는 정도의 관계가 절대 아니다", "원장님이 지시한 것을 제대로 알아듣지 못했을 때도 다시 물어볼 수 없을 정도로 권위적으로 무서운 분"이라는 내용이 나온다.

이런 관계에서 안 씨가 회사의 대표이사(최서원)가 사용할 태블릿을 개통하면서, 자신이 오랜 기간 사용한 뒷자리 번호(9233)를 특별히 요구한다는 것은 보편적 상식과는 전혀 맞지 않는 일이다. 따라서 태블릿은 여타의 '9233' 휴대폰들처럼 **안 씨 개인이 사용할 목적으로** 개통됐다는 결론에 도달한다.

---

22 제2태블릿은 2015년 8월 18일부터 사용됐지만, 이동통신(LTE)에 가입한 것은 2015년 10월 13일이다. 가입 전까지는 띄엄띄엄 사용했는데, 인터넷 접속은 와이파이(Wi-Fi)로 했다.

그렇다면 요금은 누가 납부했을까. 앞 페이지에 나오는 요금 출금 내역을 다시 보면, 안 씨가 직접 쓰지 않은 휴대폰들은 모두 '지로출금'이다. 반면에 뒷자리 번호 '9233' 휴대폰, 즉 안 씨가 사용하던 개인 휴대폰은 모두 'FBS출금'이다. FBS는 펌뱅킹시스템(Firm Banking System)의 약자로 '자동이체'라는 뜻이다.

당시에 안 씨는 최서원의 회사에서 쓰던 휴대폰에 대해서는 요금 고지서를 펼쳐놓고 일일이 송금하는 방식으로 요금을 결제했다(지로출금). 자신의 국민은행 통장에서 요금을 우선 처리하고, 요금 고지서와 이체내역을 첨부해서 최서원에게 지출결의서를 올리면, 해당 금액만큼 회사에서 보전을 받았다. 이는 이동환 변호사가 안 씨에게서 직접 확인한 내용이고, 안 씨의 2016년 11월 16일자 검찰 진술조서에도 나오는 내용이다.

반면에 안 씨가 직접 사용한 뒷자리 번호 '9233' 휴대폰은 **자동이체**로 납부했다. 회사와 무관한, 말 그대로 안 씨 개인의 사적인 통신 요금이므로, 당연히 회사에서 보전받을 수 없다. 따라서 굳이 번거롭게 고지서를 받아서 송금하는 '지로출금'일 필요가 없고, 'FBS출금'을 통해 요금이 자동 결제가 되도록 설정한 것은 지극히 상식적이다.

요금 출금내역을 다시 보면, <u>제2태블릿(010-9328-9233)도 이렇게 매달 안 씨의 통장에서 '자동이체'로 요금이 빠져나갔다.</u> 다시 말해 제2태블릿 요금은 최서원이나 최서원의 회사가 납부한 것이 아니라,

안 씨 개인이 자비自費로 납부한 것이다. 이는 특검이 지금도 숨기고 있는 사실이다. 결론적으로 태블릿은 최서원과는 완전히 무관하고, 안 씨가 개인적으로 구입해서 사용한 태블릿으로 봐야 한다.

이에 필자와 진상규명단은 2021년 10월 22일 안 씨가 거주하는 경기도 광주로 찾아갔다. 이전까지 안 씨는 진상규명단에 대체로 협조적이었다. 약속 장소에 안 씨가 도착하자 처음에는 최서원 관련 대화를 나누다가 조심스럽게 이메일 얘기부터 꺼냈다. hohojoung@naver.com 접속 기록이 태블릿에서 나온 사실을 보여주고, 어떻게 된 일인지 물었다. 예상치 못한 질문에 당황했는지 안 씨는 기억이 나지 않는다는 말만 반복했다. 뒷자리 번호 '9233'에 대해서도 물었다. 안 씨는 결국 자리를 떴다. 안 씨와의 협력도 이때 끝이 났다.

태블릿 '개통경위' 조작 발표 의혹

제2태블릿이 어떻게 개통됐는지는 특검이 최종 수사결과를 발표한 2017년 3월 6일에 처음으로 공개됐다. 최서원이 2015년 10월 12일 휴대폰 매장에 태블릿을 직접 들고 가서 개통했다는 내용이다. 증거는 오로지 휴대폰 매장 주인 김 모씨의 '진술서' 하나뿐이었다. 입맛에 맞는 진술 하나만 갖고서 수사 발표를 해버리는 특검의 전형적인 행태라고 할 수 있다.

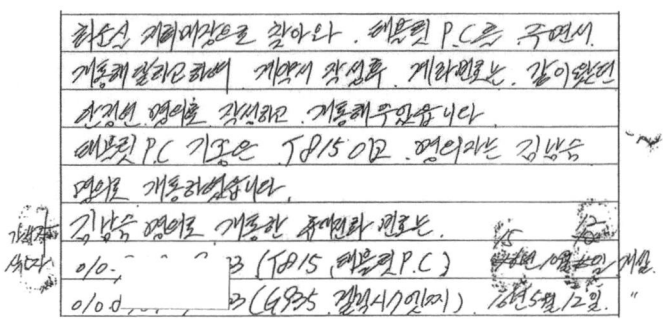

태블릿을 개통해줬다는 휴대폰 매장 주인 김 모씨가 2017년 2월 1일에 작성한 '진술서'.
최서원이 직접 매장을 방문해 태블릿을 주면서 개통해달라고 했으며,
개통일자는 2015년 10월 12일이라는 내용이다.

태블릿을 자기가 개통해줬다는 휴대폰 매장 주인 김 모씨는 2023년 8월 16일 다른 재판에서 보다 상세한 '개통경위'를 증언한 바 있다. 증언은 서면으로 이뤄졌는데 요약하면 다음과 같다.

- 2015년 10월 12일 최서원은 김 씨의 매장에서 '새 유심'을 구입했다.

- 김 씨는 유심의 신규개통을 위한 계약서를 작성하고, 태블릿에 대한 정보(제조사, 모델명 등)를 담은 OMD 신청서를 SK텔레콤에 전송하는 등 태블릿 기기 등록 절차를 수행했다.

- 김 씨는 매장에서 태블릿 개통 업무를 마무리한 후, 태블릿에 장착된 유심을 통해 이동통신(LTE)이 제대로 되는지 확인했다.

- 최서원은 일찍 매장을 떠났고, 최서원의 경리직원 안 씨가 개통 업무가 끝날 때까지 기다리고 있었다. 김 씨는 자신의 매장에서 정상적으로 개통을 완료한 후, 안 씨에게 태블릿을 인계했다.

앞서도 설명했듯이 제2태블릿은 누군가가 2015년 8월 18일경 구입했고, 이동통신(LTE) 가입 없이 와이파이로 인터넷에 접속하는 방식으로 사용하고 있었다. 따라서 최서원이 2015년 10월 12일 태블릿을 개통했다는 것은, 유심을 새로 구입해서 이동통신(LTE)이 가능하도록 가입 처리를 한 후, 이 유심을 태블릿에 장착했다는 의미다. 이런 방식을 흔히들 자급제 개통이라고 부른다.

휴대폰 매장 주인 김 씨의 증언은 이러한 과정을 설명한 것이다. 김 씨는 유심을 개통한 후 이동통신(LTE)이 잘 되는지 '개통 테스트'까지 했다고 증언했다. 그러고 나서 매장에서 기다리고 있던 경리직원 안 씨에게 태블릿을 인계했다는 것이다. 즉, **이날 자신의 매장에서 태블릿 개통을 모두 완료했다**는 뜻이다. 하지만 이러한 내용은 포렌식 기록과 완전히 배치된다. 김 씨의 증언이 허위가 아닌지 의심할 수밖에 없는 것이다.

우선 최서원이 자신의 매장에서 '새 유심'을 구입했다는 말부터 거짓이다. 제2태블릿에 장착된 유심은 다른 휴대폰에서 한 번 사용된 적이 있는 '중고 유심'이었기 때문이다. 협회(KCFPA)의 포렌식 감정결과, 태블릿에 장착된 유심은 총 두 번 개통된 것으로 밝혀졌다. 이는 유심에 저장되어 있는 ICCID(일련번호)와 IMSI(고유식별번호)를 보면 간단히 확인된다.

ICCID는 유심 자체에 부여되는 일종의 ID라고 할 수 있다. IMSI는 이동통신사가 가입자에게 부여하는 번호다. 포렌식 기록에는 하나의 ICCID에, 서로 다른 IMSI가 2건이 존재하는 것으로 나온다. 이는 동일한 유심 하나로 두 번 개통이 이뤄졌다는 뜻이다. 현재 유심에 설정된 010-9328-9233(제2태블릿 전화번호)은 이동통신사가 마지막으로 부여한 전화번호다. 따라서 김 씨가 해줬다는 태블릿 개통은 **'중고 유심'을 재활용한 두 번째 개통**이라는 결론에 이른다.

이동통신사들은 가입자가 원하면 중고 유심의 재사용을 허용하고 있다. 타인 명의로 사용된 유심도 재사용이 가능하다. 이 경우 유심을 초기화시키고, POS(포스)라는 기기에 유심을 넣어 새로운 가입자 정보를 입력하는 방식으로 개통한다. 이를 'POS 개통'이라고 부른다.

SKT에서는 POS 기기를 갖춘 '지점' 또는 일부 '대리점'에서만 가능한 개통이다. 다시 말해 SKT 지점이나 대리점이 아닌, 동네마다 흔히 있는 휴대폰 판매점에서는 POS 개통이 원천적으로 불가능한 것이다. 최서원이 태블릿을 개통하고자 했다면, SKT 지점이나 대리점에 직접 태블릿을 들고 가야 한다.

이는 제2태블릿 반환소송에서 SKT가 공식 답변한 내용이다. 태블릿을 개통해줬다는 김 씨의 매장은 SKT 지점이나 대리점이 아니라, 일반 휴대폰 판매점이었다. 결국 특검은 POS 방식의 개통이 원천적으로 불가능한 곳에서 최서원이 태블릿을 개통했다고 발표한 것이다.

- 김 씨의 매장은 일반 휴대폰 판점에 해당한다.

- 중고 유심을 재사용하는 개통은 스윙 연동된 유심 기계로 초기화하는 등 'POS 개통'이 필수이므로, 이러한 기계가 없는 일반 휴대폰 판매점에서는 개통할 수 없고, 'POS 개통'을 위한 기계 등 관련 전산장비가 구비되어 있는 SKT 대리점, 또는 지점을 방문해야 개통 처리가 가능하다.

- 법원에 제출된 2022년 12월 13일자 SKT의 답변 공문

또한 포렌식 기록에 따르면 태블릿이 실제 개통된 날짜도 2015년 10월 12일이 아니라, 10월 13일이었다. 휴대폰 매장 주인 김 씨는 10월 12일 자신의 매장에서 이동통신이 되는지 '개통 테스트'까지 수행한 후, 경리직원 안 씨에게 태블릿을 인계했다고 증언했지만, 포렌식 기록과 완전히 어긋나는 것이다.

협회(KCFPA)가 제시한 포렌식 기록에 따르면, 제2태블릿이 010-9328-9233 전화번호로 개통된 후 처음으로 이동통신(LTE)이 시도된 시점은 2015년 10월 13일 오후 1시 22분이었다. 이는 태블릿에 저장된 netpolicy.xml이라는 파일에서 확인이 가능하다.

협회뿐만 아니라 대검찰청 디지털수사과도 마찬가지로 분석했다. 대검찰청은 "2015년 10월 13일에 태블릿이 개통됐다"는 내용의 답변서를 제2태블릿 반환소송에 제출한 바 있다. 답변서에서 대검찰청이 밝힌 내용은 다음과 같다.

- '개통'이란 유심을 통한 LTE 등 모바일 네트워크에 연결된 상태를 의미한다.

- 2015. 10. 13. 13:22경 처음으로 유심을 통해 SKT 통신망에 연결을 시도하였으나 실패하였고, 같은 날 13:28경 다시 시도하여 연결에 성공하였는바 이때 개통되었는데, 전화번호는 '010-9328-9233'인 것으로 확인된다.

- 검찰의 2023년 5월 11일자 의견서 p3, 5

이름	크기	생성 일시	수정 일시	변경 일시
OtpDatabase.db	36864	2015-09-17 12:14	2015-09-17 12:14	2015-11-24 22:55
OtpDatabase.db-journal	8720	2015-09-17 12:14	2015-09-17 12:14	2015-09-17 12:14
enterprise.conf	43	2015-09-17 12:14	2015-09-17 12:14	2015-09-17 12:14
netpolicy.xml	582	2015-10-13 13:22	2015-10-13 13:22	2015-10-13 13:22
harmony_third_party_apps.xml	368	2015-10-13 13:35	2015-10-13 13:35	2015-10-13 13:35

협회(KCFPA)에 따르면, 태블릿에서 처음으로 이동통신(LTE)이 시도된 시점은 netpolicy.xml의 생성·수정·변경 일시(2015. 10. 13. 13:22)에서 확인이 가능하다.

[출처 제2태블릿 파일시스템정보 5431행]

활성	블루투스 주소		80:4E:81:32:47:88	
활성	통신 기지국		이동 통신사 : Republic of Korea, SK Telecom MCC : 450 MNC : 05 LAC : 5634 CID : 6222387 Package : com.google.android.apps.maps	2015-10-13 13:28:26
활성	통신 기지국		이동 통신사 : Republic of Korea, SK Telecom MCC : 450 MNC : 05 Package : com.google.android.gm	2015-10-15 14:06:55

SKT 통신 기지국을 통한 첫 이동통신(LTE)은 2015년 10월 13일 오후 1시 28분에 이뤄졌다. 대검찰청 디지털수사과도 동일하게 분석했다.

[출처 포렌식 분석결과보고서 p615]

결론적으로 제2태블릿은 '중고 유심'을 재사용한 개통이기 때문에 애초에 김 씨의 매장에서는 개통이 불가능했고, 실제 태블릿이 개통된 날짜도 10월 13일로 밝혀졌다. 따라서 김 씨의 매장에서는 2015년 10월 12일 태블릿이 개통된 사실 자체가 없다는 결론에 도달한다. 김 씨는 경리직원 안 씨가 최서원과 함께 매장을 찾았다고 진술했지만, 정작 안 씨는 "그런 기억이 없다"고 부정했다.

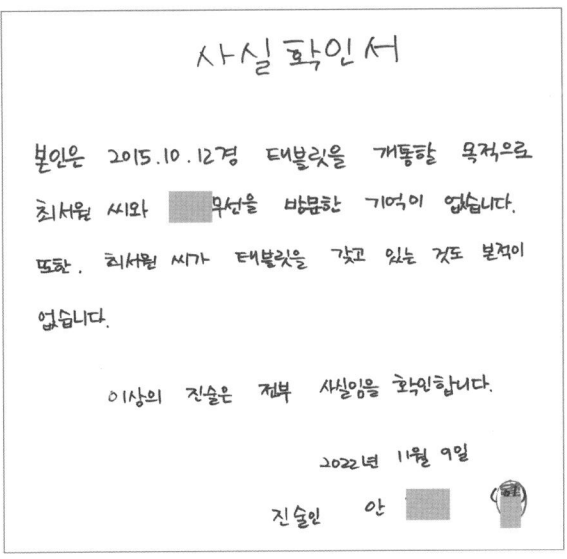

경리직원 안 씨는 "태블릿을 개통할 목적으로 2015. 10. 12.경 최서원과 함께 OO무선 (김 씨의 휴대폰 매장)을 방문한 기억이 없다"는 '사실확인서'를 작성한 바 있다.

그렇다면 김 씨는 왜 허위 '진술서'를 작성한 것일까. 최서원을 딱히 음해할 이유가 없다면 특검의 강요가 있었던 건 아닌지 의심할 수 있다. 당시 김 씨의 매장은 최서원의 회사가 요청하는 차명폰 개통을 여러 번 해주던 곳이었다. 장시호의 2017년 1월 27일자 진술조서를 보면 특검은 김 씨를 '대포폰' 판매업자로 인식하고 있었다. 그리고 닷새 뒤인 2017년 2월 1일 김 씨의 매장을 압수수색하고, 곧바로 '진술서'를 받아냈다.

바로 그 무렵 특검은 최서원에게 차명폰을 개통해줬다는 또 다른 휴대폰 매장을 압수수색했다. 청와대 이영선 행정관의 지인 송 모씨가 운영하던 경기도 부천의 휴대폰 매장이었다. 송 씨는 이영선과 함께 전기통신사업법 위반 혐의로 기소된 후 형사재판까지 받았다. 하지만 같은 시기에 김 씨는 동일한 혐의로 어떠한 조사나 처벌도 받지 않았다. 특검이 원하는 허위의 '진술서'를 써준 대가가 아닌지 합리적 의혹이 들 수밖에 없는 것이다.

삼성과 주고받은 이메일은 없었다

삼성 뇌물죄 사건은 국정농단 수사에서 가장 비중이 큰 사건이었다. 박근혜 대통령과 최서원, 삼성 이재용을 뇌물로 엮는 것이 당시로서는 특검의 최대 과제였다. 장시호가 제출한 제2태블릿은 삼성 뇌물죄 사건의 압수물이었다. 2017년 3월 6일 특검이 발표한 최종 수사결과를 보면, 제2태블릿은 'I. 삼성전자 이재용 부회장 뇌물공여 등 사건'에 등장한다.

시기적으로도 특검이 삼성 뇌물죄를 다루기 시작할 무렵에 제2태블릿도 함께 등장했다. 특검은 2017년 1월 9일부터 삼성의 컨트롤타워라고 불리던 미래전략실 수뇌부(최지성, 장충기)를 시작으로 주요 임원들을 차례로 소환했다. 1월 12일에는 이재용을 피의자 신분으로 첫 소환했다. 제2태블릿은 이 무렵인 1월 10일부터 등장해 연일 매스컴을 장식했다.

따라서 제2태블릿은 '국정농단의 주범' 최서원을 이재용과 엮고, 종국에는 최서원과 경제공동체라며 대통령까지 묶어버리는 거대한 '조작수사'의 출발선에서, 여론 선동용으로 등장했다고 해도 과언이 아니다. 언론들도 제2태블릿이 마치 삼성 뇌물죄를 입증하는 핵심 증거인 것처럼 보도했다. 연합뉴스는 2017년 1월 11일 「'최순실 태블릿'에 삼성 이메일…朴뇌물죄 '스모킹건'」이라는 기사에서 다음과 같이 썼다.

> 박영수 특별검사팀이 확보한 '비선 신세' 최순실 씨의 새로운 태블릿 PC는 박근혜 대통령과 삼성그룹의 뇌물수수 의혹 수사에 결정적인 물증이 될 것으로 보인다. 특히 최 씨가 삼성과 직접 접촉했음을 보여주는 이메일이 다수 발견돼 삼성이 최 씨 일가에 보낸 돈이 뇌물이라는 의혹을 밝히는 데 핵심 증거가 될 수 있다는 관측이 나온다. (중략)
>
> 특검팀은 최 씨의 태블릿에서 나온 증거를 토대로 삼성을 압박하며 박근혜 대통령과 삼성의 뇌물수수 의혹을 파헤칠 것으로 보인다.

특검은 1월 10일 브리핑에서 최서원이 태블릿을 통해 삼성 황성수 전무(당시 대한승마협회 부회장)와 직접 이메일을 주고받았다고 발표했다. 1월 11일에는 "삼성의 지원금 수수 내역이 이메일들의 주요 내용"이라며 "삼성에서 보내준 자금이 빠져나가서 부동산을 매입하고 그런 과정에서 세금이 어떻게 되며, 어떻게 처리하는 게 좋은지, 이런 내용들이 메일 속에 자세히 나와 있다"며 최서원과 황성수가 이런 대화들을 마치 이메일로 직접 나눈 것처럼 표현했다.

특검이 이렇게 발표하니 언론들도 "최순실이 황성수 삼성전자 전무와 직접 주고받은 이메일이 태블릿에 들어있다", "특검은 태블릿에 저장돼 있는 100여 건의 이메일을 통해 최순실이 황성수 전무와 직접 메일을 주고받은 사실을 확인했다"고 보도했다. 심지어 JTBC는 "태블릿PC에는 '돈이 왜 이렇게 늦게 들어오냐'면서 최순실이 재촉하는 이메일도 있다"고 보도했다.

하지만 협회(KCFPA)가 포렌식한 결과에 따르면 특검의 발표는 사실이 아니었다. 포렌식 기록 전체에서 '삼성', 'samsung'으로 검색하면 총 4건의 이메일이 나오는데, 이 중 3건에서 삼성 황성수 전무가 등장했다. 그런데 모두 독일에 있는 데이비드 윤(David Yoon)이 황성수(Sunny Hwang)에게 보낸 영문 이메일이었다. 내용도 독일에서 열리는 승마협회 캠프 장소나 최서원의 독일 회사 주소 등을 데이비드 윤이 알려주는 것이다.

데이비드 윤은 이러한 메일들을 황성수에게 보내면서 박원오

(josephpark7@hanmail.net)라는 사람과 hongmee15@gmail.com을 '참조자'로 지정했다. 그래서 hongmee15@gmail.com에도 메일이 들어온 것이다. 데이비드 윤이 황성수 전무에게 보낸 메일이 hongmee15@gmail.com에게도 간 것이므로, 'hongmee15@gmail.com과 황성수가 직접 메일을 주고받았다'고 해석할 여지가 없는 것이다.

[Gmail]/휴지통	발신자 : 이름 : David Yoon 메일 : goethesprachzentrum@gmail.com 수신자 : sunnyhwang@samsung.com 참조 : 박원오 josephpark7@hanmail.net	생성 일시 : 2015-08-14 00:08:33
[Gmail]/휴지통	발신자 : 이름 : David Yoon 메일 : goethesprachzentrum@gmail.com 수신자 : sunnyhwang@samsung.com 참조 : 박원오 josephpark7@hanmail.net	생성 일시 : 2015-08-14 16:08:37
[Gmail]/휴지통	발신자 : 이름 : GMAIL 메일 : goethesprachzentrum@gmail.com 수신자 : sunnyhwang@samsung.com, 박원오 josephpark7@hanmail.net	생성 일시 : 2015-08-15 19:28:15

포렌식 기록에서 확인되는 황성수 관련 이메일은 총 3건이다. 모두 데이비드 윤이 승마협회 황성수 부회장(sunnyhwang@samsung.com)에게 보낸 메일이었다.
[출처 포렌식 분석결과보고서 p87~88]

더욱이 데이비드 윤이 보낸 메일들이 hongmee15@gmail.com에 도착한 시점도 2015년 8월 14일과 15일이다. 이때는 태블릿 사용자가 아직 태블릿을 구입하기 전이다. 태블릿은 8월 16일 공장에서 출하됐다. 따라서 황성수 전무와 관련된 이메일 3건은 hongmee15@gmail.com과 직접 주고받은 메일도 아닐뿐더러, 제2태블릿과도 무관하다고 할 수 있다.

그렇다면 삼성과 관련된 이메일 4건에서 나머지 한 건은 어떨까. 포렌식 기록을 보니 독일에서 근무하는 박승관 변호사가 hongmee15@gmail.com에 보낸 메일이었다. 메일 내용에 승마협회 관련 삼성 직원들이 등장할 뿐이다. 결국 나머지 한 건의 메일도 삼성 측과 직접 주고받은 메일이 아닌 것이다.

결론적으로 제2태블릿에는 최서원과 황성수, 또는 삼성 관계자들과 직접 주고받은 이메일은 단 한 건도 없었다. JTBC가 보도한 것처럼 최서원이 "왜 이렇게 돈이 늦게 들어오냐"며 삼성을 재촉하는 메일도 존재하지 않는 것으로 확인됐다.

불법적 디지털증거 조작…'증거능력' 없는 제2태블릿

앞서도 설명했듯이 제2태블릿은 특검이 가장 주력하던 '삼성 뇌물죄' 사건의 증거물로서 압수됐다. 그리고 박 대통령 재판에는 태블릿에 저장된 이메일들이 뇌물죄의 증거로 제출됐다. 이는 태블릿이 '증거능력'이 있고, 최서원이 사용했다는 걸 전제로 한다. 하지만 누가 사용했는지를 떠나서 태블릿은 재판에 제출되기 전에 이미 증거능력을 상실했다.

협회(KCFPA)의 포렌식 결과에 따르면, 특검은 태블릿을 입수한 2017년 1월 5일부터 2월 1일까지 한 달 지속적으로 '증거 조작'을 가했다. 그럼에도 특검은 2017년 1월 11일 브리핑에서 "태블릿은 이미 정상적인 포렌식 절차를 거쳤다"며 "재감정은 필요 없다"고 발표했다. 엄격한 포렌식 절차를 거쳤으니 '증거능력'에 하자가 없다는 걸 유독 강조한 것이다.

하지만 특검은 1월 5일 태블릿을 입수하자마자 아무런 거리낌 없이 조작하기 시작했다. 특검은 이날 포렌식 감정을 했다. 그래서 이날 작성된 '수사보고'에는 이미 포렌식 기록이 인용되고 있었다. 포렌식 감정이 끝나면 당연히 전원을 끄고 봉인한 후 엄격히 관리해야 하지만, 한 달 뒤인 2월 2일까지 봉인하지 않고 수시로 켜서 조작을 가했다.[23] 주요 사례는 다음과 같다.

- 특검은 태블릿의 잠금장치에 3차례 변경을 가했다.

- 태블릿 내부의 모든 파일에 접근, 흔적을 남기지 않고 수정·삭제할 수 있는 전문 프로그래밍 도구 'ADB'를 2017년 1월 10일부터 20일 넘게 사용했다.

- 1월 25일에는 연락처, 문자메시지 등 사용자 관련 기록을 일괄 삭제하고 초기화할 수 있는 리커버리 모드에 진입했다.

- 태블릿 '실사용자'를 가장 확실히 특정할 수 있는 지문(fingerprint) 관련 정보를 복구 불가능하게 삭제했다.

---

23   협회(KCFPA)는 2015년 1월 5일 이후 한 달 동안 전원 ON/OFF 기록이 총 15건 검출됐다고 밝혔다. 열다섯 번 가까이 켜고 끄는 행위를 반복했다고 추정할 수 있다.

구체적으로 하나씩 살펴보면 먼저 제2태블릿은 2017년 1월 5일과 1월 25일, 2월 1일에 잠금장치가 세 번에 걸쳐 변경된 것으로 확인됐다. 이는 'L자 패턴' 조작에서 언급한 것처럼 시스템파일 device_policies.xml에서 수정·변경이 일어난 시점으로 확인할 수 있다. device_policies.xml은 잠금암호의 종류(비밀번호, 잠금패턴, 지문) 등 잠금장치에 관한 정보를 저장하는 파일이다.

문제는 잠금암호가 구체적으로 어떻게 바뀌었는지는 관련 정보들이 모두 복구 불가능하게 삭제되어 알 수 없다는 점이다. 이에 대해 협회(KCFPA)는 "잠금장치가 2017. 1. 5. 이후 3번 변경된 것으로 확인됐는데, 구체적인 변경내역 및 현재의 패턴으로 변경된 시점은 정보가 삭제되어 알 수 없는 상태"라고 감정했다.

순번	상태	경로	파일 이름	파일 날짜
907	삭제	/deleted.files	device_policies.xml(2)	생성 일시 : 2017-01-05 14:55:49 수정 일시 : 2017-01-05 14:55:49 접근 일시 : 2017-01-05 14:55:49 변경 일시 : 2017-01-05 14:55:49

순번	상태	경로	파일 이름	파일 날짜
263	삭제	/deleted.files	device_policies.xml(1)	생성 일시 : 2017-01-25 11:15:00 수정 일시 : 2017-01-25 11:15:00 접근 일시 : 2017-01-25 11:15:00 변경 일시 : 2017-01-25 11:15:00

순번	상태	경로	파일 이름	파일 날짜
261	삭제	/deleted.files	device_policies.xml	생성 일시 : 2017-02-01 20:00:19 수정 일시 : 2017-02-01 20:00:19 접근 일시 : 2017-02-01 20:00:19 변경 일시 : 2017-02-01 20:00:19

포렌식 기록에 따르면 device_policies.xml은 2017년 1월 5일과 1월 25일, 2월 1일에 변경된 것으로 나온다. 협회(KCFPA)는 이러한 기록을 근거로 태블릿의 잠금장치가 3차례 변경됐다고 판정했다.

[출처 사이버포렌식전문가협회 2022년 8월 20일자 감정서 p11]

포렌식 전문가들이 가장 심각하게 보는 건 ADB(Android Debug Bridge)라는 도구가 사용된 기록이다. ADB는 구글의 안드로이드 개발자가 사용하는 전문 프로그래밍 도구다. 이를 사용하면 태블릿의 모든 파일에 접근해서 흔적을 남기지 않고 수정·삭제하는 일이 가능하다. 협회는 디지털증거를 엄격히 관리하는 수사기관에서 전혀 사용할 일이 없는 도구라고 설명했다.

태블릿에서 ADB가 구동되려면 우선 '개발자 모드'로 들어가야 한다. 포렌식 기록에서는 압수 당일인 2017년 1월 5일 오후 3시 17분에 '개발자 모드'에 진입한 것으로 드러났다. 그리고 1월 10일 낮 12시 45분부터 2월 1일 저녁 7시 56분까지 ADB를 구동한 상태, 즉 태블릿의 모든 파일에 접근해서 수정·삭제할 수 있는 상태였다고 협회는 분석했다. 무결성을 치명적으로 훼손할 수 있는 이러한 작업은 '증거조작'을 할 의도가 있어야 가능한 행위다.

이름	크기	생성 일시	수정 일시	변경 일시
profile.xml	123	2015-10-13 13:22	2015-10-13 13:22	2015-10-13 13:27
development.xml	111	2017-01-05 15:17	2017-01-05 15:17	2017-01-05 15:17
com.android.settings_preferen	0			
cache	4096	2015-08-16 09:00	2015-08-16 09:00	2015-10-13 13:27

압수 당일인 2017년 1월 5일 오후 3시 17분에 특검은 '개발자 모드'에 진입했다.
이는 development.xml 파일의 생성·수정·변경 일시로 확인 가능하다.
[출처 제2태블릿 파일시스템정보 6988행]

이처럼 태블릿은 2017년 1월 10일부터 2월 1일까지 20일 넘게 ADB가 구동된 상태에서, 1월 25일에는 리커버리(recovery, 복구) 모드에 진입한 기록도 나왔다. 2015년에 사용된 제2태블릿 운영체제는 '안드로이드 5' 버전이다. 이 버전에서 리커버리 모드에 진입한다는 것은 '초기화'를 위한 작업이라고 협회는 설명했다.

초기화가 이뤄지면 실사용자를 추정할 수 있는 정보, 예컨대 문자메시지나 연락처 관련 정보들을 일괄 삭제할 수 있다. 이미 봉인돼 있어야 할 태블릿이 켜진 것만 해도 중대한 무결성 훼손인데, 특검은 더 나아가 '초기화'라는 증거 인멸을 시도했다고 해석할 수 있다.

이름	크기	생성 일시	수정 일시	변경 일시
databases	4096	2015-08-16 09:00	2015-08-16 09:00	2015-10-13 13:27
settings.db	102400	2015-08-16 09:00	2017-01-10 12:45	2017-02-01 19:56
settings.db-wal	4124152	2015-08-16 09:00	2017-02-01 20:00	2017-02-01 20:00
settings.db-shm	32768	2015-08-16 09:00	2017-02-01 20:02	2017-02-01 20:02

협회(KCFPA)에 따르면, ADB를 사용할 수 있는 상태가 될 경우 설정 부분에서 수정·변경이 일어난다. 이를 기록하는 파일인 settings.db의 내용을 살펴본 결과, 2017년 1월 10일 낮 12시 45분부터 2월 1일 오후 7시 56분까지 20일 넘게 ADB를 구동한 상태였음이 확인됐다.
[출처 제2태블릿 파일시스템정보 7015행]

_id	name	value
214	multi_sim_sms	1
196	adb_enabled	1
195	development_settings_enabled	1
194	bugreport_in_power_menu	0
193	airplane_mode_on	1

협회(KCFPA)가 DB Browser for SQLite라는 프로그램을 통해 settings.db 파일의 내용을 살펴본 결과, 'adb_enabled'와 'development_settings_enabled'의 값이 모두 '1'이었다. 이는 ADB와 개발자 모드가 사용되도록 설정됐다는 뜻이다.
'1'은 yes, 또는 on(사용함)을 의미한다. [출처 사이버포렌식전문가협회 제공 포렌식 자료]

```
append_file '/tmp/recovery.log' '/tmp/recovery_old.tmp' -1
append_file offset 27909
__bionic_open_tzdata: couldn't find any tzdata when looking for localtime!
__bionic_open_tzdata: couldn't find any tzdata when looking for GMT!
__bionic_open_tzdata: couldn't find any tzdata when looking for posixrules!
Starting recovery (pid 2607) on Wed Jan 25 02:15:24 2017
```

리커버리(recovery, 복구) 모드에 진입한 사실은 시스템파일 recovery.log에서 확인할 수 있다. 파일 내용을 보면, 특검은 2017년 1월 25일 리커버리 모드에 진입했다.

[출처 사이버포렌식전문가협회 제공 포렌식 자료]

초기화

순번	App	상태	종류	항목	내용	날짜	계정	비고
77	복구기록	활성	시스템정보	초기화	복구 모드 진입 로그가 있습니다.			파일 경로 : /log/recovery.log

협회(KCFPA)는 특검이 초기화 모드에 진입한 흔적이 있다고 판정했다.

[출처 사이버포렌식전문가협회 2022년 7월 20일자 감정서 p27]

협회의 포렌식 감정에서는 태블릿 잠금암호 중 하나로 '지문(fingerprint)'이 설정된 적이 있다는 사실도 확인됐다. 지문은 그 자체가 태블릿 '실사용자'를 확정할 수 있는 가장 확실한 정보였다. 정상적인 수사기관이라면 지문을 근거로 사용자를 특정하고 그 결과를 발표했을 것이다.

하지만 특검은 지문에 대해서는 아무런 언급도 하지 않고 도리어 지문 관련 정보가 저장된 파일들을 완전히 삭제한 것으로 밝혀졌다.[24] 지문의 주인이 최서원이라면 특검은 무엇보다 가장 먼저 발표

---

24 지문이 설정된 적이 있다면 fingerprintpassword.key, personalfingerprintpassword.key 같은 파일들이 태블릿에 있어야 하지만, 삭제된 것으로 확인됐다.

가. 잠금장치 설정 정보(device_polies.xml)에 지문도 설정되어 있음에도 지문과 관련 정보6)를 현 증거물(태블릿)에서는 발견할 수 없음.

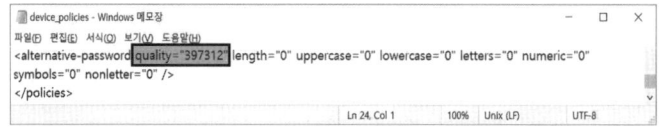

[SM-T815N0_CustomImage_CustomImage_20220711_USERDATA\활성\system\device_polices.xml]

협회(KCFPA)가 device_policies.xml의 내용을 확인한 결과, 태블릿 잠금암호로 '지문'이 설정된 바가 있다는 사실을 확인했다. 전문가들은 위와 같이 device_policies.xml 파일에 'quality=397312' 같은 내용이 있을 경우 사용자가 지문을 설정한 적이 있다고 판정한다. 하지만 태블릿에서 지문 관련 파일들이 모두 복구 불가능하게 삭제되어 어떤 지문이 설정됐는지는 판독하지 못했다. [출처 사이버포렌식전문가협회 2022년 9월 15일자 감정서 p4]

했을 것이다. 하지만 최서원의 지문이 아니기 때문에 은폐, 삭제했다고 봐야 한다.

증거를 인멸하고 훼손하는 특검의 범죄 행위는 앞서도 말했듯이 2017년 1월 5일 압수25 때부터 한 달 가까이 지속적으로 이뤄졌다. 가장 기본적인 조치인 '봉인'도 하지 않고 증거를 훼손하다가 1월 25일에는 특검 관계자로 보이는 한 남성의 사진이 태블릿에 찍히는 일도 있었다. 사진은 곧바로 삭제됐지만, 협회(KCFPA)의 포렌식 과정에서 복원됐다. 이처럼 태블릿은 아무렇지도 않게 특검의 손에서 놀아나다가 2017년 2월 2일이 되어서야 마침내 봉인됐다.

---

25 특검이 2017년 1월 5일 제2태블릿을 압수했다는 것은 어디까지나 특검의 주장일 뿐이다. 포렌식 기록에 따르면 태블릿은 그 전날인 1월 4일 밤부터 구동되고 있었다. 특검은 적어도 1월 4일 이전부터 태블릿을 갖고 있었던 것이다.

활성	패키지 이름 : com.sec.android.app.camera			최근 실행 시작 일시 : 2017-01-25 12:58:37 최근 실행 종료 일시 : 2017-01-25 12:58:43	
활성	구성요소	JPG		너비 : 1,024 높이 : 768 파일 크기 : 439,285 오프셋 : 0	생성 일시 : 2017-01-25 12:58:40

2017년 1월 25일 낮 12시 58분 제2태블릿으로 촬영된 특검 관계자의 사진

[출처 포렌식 분석결과보고서 p680, 812]

2017년 1월 25일 낮 12시 58분에 촬영된 남성의 사진을 확대해서 밝게 보정한 사진

2022년 7월 11일 제2태블릿 반환소송에서 육안 검증할 당시 이동환 변호사가 촬영한 태블릿 사진의 일부. 사진 상단에 있는 압수물 봉인지의 '봉인일시'를 보면 "2017. 2. 2."이라고 기재되어 있다. 따라서 태블릿은 2017년 1월 5일 압수 이후 한 달 가까이 외부에 노출됐다가 2월 2일에 봉인된 사실을 알 수 있다.

태블릿을 켜놓고 한 달 가까이 봉인하지 않은 것은 증거물로서 무결성을 지키려는 노력은 처음부터 할 생각이 없었다는 걸 드러낸다. 태블릿에 무슨 짓을 해도 증거로 인정받을 수 있다는 비뚤어진 자신감이 있었기 때문에 가능한 행동이다. 하지만 대검찰청과 대법원은 디지털증거물의 '증거능력'에 대해 명확히 규정해놓았다. 먼저 대검찰청은 '디지털 증거의 수집·분석 및 관리 규정'에서 다음과 같이 정하고 있다.[26]

---

[26] 특검이 제2태블릿을 수사한 2017년 1월 당시에 적용된 규정(대검찰청 예규 제805호, 2015. 7. 16. 일부개정)을 기준으로 설명한다.

제6조(디지털 증거의 무결성 유지)

디지털 증거는 **압수·수색·검증한 때로부터 법정에 제출하는 때까지** 훼손 또는 변경되지 아니하여야 한다.

제8조(디지털 증거의 보관의 연속성 유지)

디지털 증거는 **최초 수집된 상태 그대로 어떠한 변경도 없이** 보관되어야 하고, 이를 위해 보관 주체들 간의 연속적인 승계 절차를 관리하는 등의 조치를 취해야 한다.

대법원도 마찬가지다. 디지털증거에 저장된 정보나 출력물을 증거로 사용하려면, 그 원본이 되는 증거물이 압수 시점부터 변경되지 않았다는 무결성을 담보해야 한다고 판시했다. 삼성 뇌물죄 사건에서 제2태블릿에 저장된 이메일을 증거로 사용하려면, 가장 먼저 '제2태블릿'의 무결성이 유지돼야 하는 것이다.

압수물인 컴퓨터용 디스크 그 밖에 이와 비슷한 정보저장매체에 입력하여 기억된 문자정보 또는 그 출력물을 증거로 사용하기 위해서는 정보저장매체 원본에 저장된 내용과 출력 물건의 동일성이 인정되어야 하고, 이를 위해서는 **정보저장매체 원본이 압수 시부터 문건 출력 시까지 변경되지 않았다는 사정**, 즉 무결성이 담보되어야 한다.

- 대법원 2013년 7월 26일 선고 2013도2511 판결 등

그렇다면 협회(KCFPA)는 어떤 평가를 내렸을까. 예상대로 특검이 보관하고 있던 기간에 태블릿의 무결성이 훼손됐다는 취지로 판단했다. 태블릿은 법정에 증거로 제출되기도 전에 이미 '증거능력'을 상실했다고 결론 내린 것이다.

> 특검에 압수된 2017. 1. 5. 이후 다수의 자료들을 변경·삭제한 흔적과 함께 해당 태블릿을 이용한 사진 촬영 로그기록까지 발견되는 등 증거의 훼손 또는 변경 행위가 있으므로, 해당 증거물은 무결성이 유지된 증거자료라는 근거를 발견치 못함(대검찰청 예규 제6조, 경찰청 규정 제5조).
>
> - 사이버포렌식전문가협회 2022년 9월 15일자 감정서 p2

사진에 찍힌 범인 서현주를 잡아라

2017년 1월 25일 제2태블릿에 찍힌 남성의 사진은 특검의 '증거조작'을 상징적으로 보여주는 물증이다. 누구든지 이 사진 한 장만 보여주면 태블릿이 조작됐다는 걸 바로 수긍하게 된다. 봉인돼 있어야 할 태블릿이 불법적으로 켜진 것도 부족해서 태블릿을 만지다가 사진까지 찍혔다는 것은 한 편의 코미디 같은 장면이다. 이런 점에서 사진 속 인물은 특검의 태블릿 조작을 가장 잘 아는 증인 중 한 명일 것이다.

이에 필자는 사진 속 인물이 누구인지 신원을 밝히라는 공문을 2022년 12월 한동훈 당시 법무부장관에게 보냈다. 한동훈이 몸담은 특검 제4팀이 담당했으니 조금만 알아보면 사진 속 인물이 누구인지 한동훈은 바로 찾을 수 있을 것이다. 하지만 답변은 오지 않았다. 2023년 6월부터는 한동훈의 자택(대치동 타워팰리스) 앞에서 태블릿 조작을 자백하라는 집회를 세 차례 이상 열기도 했다. 그럼에도 여전히 한동훈은 묵묵부답이었다.

실마리는 예상치 않은 곳에 있었다. 필자는 2023년 7월 윤석열, 한동훈, 박주성, 김영철 등을 상대로 손해배상 소송을 제기한 바 있다.[27] 제2태블릿을 담당했던 특검 제4팀 소속 검사들에게 소송을 건 것이다. 2018년 12월 필자가 태블릿 재판 1심에서 유죄 판결을 받을 당시, 제2태블릿 수사결과는 유죄의 근거 중 하나였다. 특검 제4팀의 '조작수사'가 필자의 유죄 판결에 영향을 줬으니 손해배상을 하라는 소송이었다.

따라서 소송의 쟁점은 제2태블릿의 '증거조작'이 실제 있었는지 여부다. 소송 시작부터 필자가 줄기차게 요구했던 자료는 2017년 1월 5일자 포렌식 기록이다. 이를 제2태블릿 반환소송에서 협회(KCFPA)가 실시한 포렌식 기록들과 대조하면, 제2태블릿이 어떻게

---

27   2025년 6월 현재 이 재판(서울중앙지법 2023가단5277850 사건)은 1심이 계속되고 있다.

조작됐는지 확연히 드러나기 때문이다.

재판부는 처음에 필자의 요구를 허락했다가 취소하는 등 갈피를 잡지 못했다. 특검의 포렌식 기록을 갖고 있는 검찰도 어떻게든 제출하지 않으려고 최대한 버티는 모양새였다. 이렇게 차일피일 시간이 흘렀지만, 재판부는 결국 필자의 요구를 다시 받아들여 2017년 1월 5일자 태블릿 이미징파일과 포렌식 자료 일체를 제출하라고 검찰에 명령했다.

그런데 웬일인지 검찰은 법원의 명령 한 달만인 2025년 3월 21일 포렌식 수사기록이라며 서류 하나를 제출했다. 가장 핵심 자료인 이미징파일은 찾을 수 없다면서 제출하지 못하겠다고 버텼다. 검찰이 제출한 서류는 2017년 2월 1일 대검찰청이 작성한 '분석보고서'라는 문건이었다. 대검찰청이 2017년 1월 25일부터 2월 1일까지 태블릿을 포렌식한 결과가 6쪽 분량으로 간략히 요약되어 있었다.

결국 검찰은 법원이 제출하라는 **2017년 1월 5일자 포렌식 자료**는 내지 못하고, 엉뚱하게 2월 1일자 대검 보고서 하나만 달랑 제출한 것이다. 보고서 작성자는 2017년 1월 당시 대검 디지털수사과 소속의 서현주 수사관(검찰주사보)이라는 인물이었다. 필자는 특검이 담당하던 수사에 왜 갑자기 대검찰청이 등장하는지부터 의문이었고, 특검 대신에 또 다시 포렌식을 수행한 서현주라는 인물을 만나봐야 할지도 고민이었다.

그러던 중에 2025년 4월 필자가 운영하는 인터넷 카페에 뜻밖의 글이 올라왔다. 서현주라는 인물을 찾아본 결과 태블릿에 찍힌 사진 속 남성과 매우 닮았다는 글이었다. 서현주는 검찰 수사관을 그만두고 광주광역시에서 법무사로 활동하며 사설 포렌식 업체를 운영하고 있는 것으로 확인됐다. 이 소식을 접한 펜앤마이크 박순종 기자는 서현주와 직접 통화했다. 전화 인터뷰에서 서현주는 사진 속 인물이 본인이라고 인정했다.

인터뷰에서 서현주는 "사진과 관련해서는 검찰에 소명서를 써서 보낸 적이 있다"고 답변했다. 필자가 박순종 기자의 인터뷰 녹취 원문을 확인한 결과, 대략 2년 전에 사진이 찍힌 경위를 소명하라는 요청을 검찰로부터 받았다는 것이다. 2년 전이면 필자가 2022년 12월 한동훈 장관에게 사진 속 남성의 신원을 밝히라고 공문을 보낸 시기와 겹친다. 서현주는 소명서를 검찰에 보냈다고 하는데, 필자는 법무부로부터 아무런 답변을 받지 못했다.

가능성은 두 가지다. 한동훈과 법무부, 검찰은 서현주의 신원을 확인하고서도 이를 감추기 위해 무작정 필자의 요청을 묵살한 것이다. 아니면 서현주의 소명서 답변이 포렌식 원칙이나 규정에 워낙 맞지 않아 공개하면 더 문제가 될 것 같아 답변하지 않는 쪽을 택했는지도 모른다.

실제 서현주는 펜앤마이크와의 인터뷰에서 다소 황당한 말을 했다. 태블릿에 사진이 찍힌 경위에 대해 "삼성 제품의 경우 보안 프로그램 때문에 가끔 오류가 발생해서 분석 후 정상 작동 여부를 확인할 목적으로 카메라를 작동시킬 때가 있다"고 답한 것이다. 포렌식 감정 후 주인에게 돌려주기 전에 태블릿이 정상 작동되는지 확인하려고 셀카 사진을 찍어봤다는 해명이다. 반박할 가치가 없는 얘기다.

대검찰청의 2017년 2월 1일자 '분석보고서'를 보면, 서현주는 2017년 1월 25일 오전 11시 38분경에 태블릿에서 '이미징파일'을 추출했다. 그런데 협회(KCFPA)의 포렌식 기록에 따르면, 그 직전인 11시 15분에 태블릿의 잠금장치가 변경됐다. 낮 12시 58분에는 자신의 사진을 찍었고, 12시 59분까지 유심과 관련된 정보가 삭제되거나, 내장 메모리의 데이터 일부가 삭제됐다. 앞서 설명한 ADB 프로그램도 1월 10일부터 계속 구동되던 상태였다.

서현주가 태블릿을 건네받은 전후로 다수의 조작 정황이 포렌식에서 확인되고 있는 것이다. 필자는 서현주가 진실을 감추고 있다고 보고 모해증거위조 혐의로 광주경찰청에 고발했다. 윤석열, 한동훈, 김영철과의 민사소송에서 필자는 사진 속의 인물이 누구인지 밝히라고 지속적으로 피고들에게 요구했지만, 이들은 계속 묵묵부답이었다. 한동훈, 김영철 등은 누군지 알면서도 일부러 답을 안 한 것이다. 따라서 필자는 서현주가 이들과 연락을 주고받으며 말을 맞추고 있는 건 아닌지 의심하고 있다.

서현주는 '제2태블릿 조작'을 공식화할 수 있는 핵심 인물로 떠올랐다. 필자는 송영길 대표, 안진걸 소장 등 다수의 진보 인사들과 함께 서현주에 대한 정보를 공유했다. 민주당의 일부 의원들에게도 자료를 제공했다. 마침 서현주가 활동하는 지역이 광주광역시다. 민주당뿐만 아니라 송영길, 안진걸의 광범위한 인맥이 작동하는 곳이다. 서현주가 언제까지 진실을 감출 수 있을지 필자도 궁금하다.

1월 5일자 포렌식 자료 끝내 공개하지 못하는 검찰

검찰이 윤석열, 한동훈과의 민사소송에 마지못해 제출한 대검찰청 디지털수사과의 2017년 2월 1일자 '분석보고서'는 이번에 처음 알려진 문서다. 서현주라는 인물을 알려줬을 뿐만 아니라, 필자가 몰랐던 사실들도 새롭게 알려줬는데, 다음과 같이 크게 두 가지로 요약할 수 있다.

- 장시호가 제출한 제2태블릿은 특검이 2017년 1월 5일 압수 당일에 포렌식을 했다. 그리고 2017년 1월 25일에 대검찰청이 또 한 번 포렌식을 했다. 즉, 제2태블릿은 매우 이례적으로 20일 간격을 두고 두 번의 포렌식이 이뤄졌다.

- 두 번의 포렌식이 있을 때마다 이미징파일도 2017년 1월 5일과 1월 25일에 각각 생성됐다. 따라서 제2태블릿의 이미징파일은 ① 압수 직후에 생성된 2017년 1월 5일자 버전, ② 20일 뒤에 생성된 2017년 1월 25일자 버전, 두 가지가 존재한다.

본 책 4장에서 설명한 바 있는 대검 예규 '디지털 증거의 수집·분석 및 관리 규정'을 다시 살펴볼 필요가 있다.[28] 특검은 물론 서현주가 몸담았던 대검 디지털수사과가 반드시 지켜야 할 검찰 규칙이다. 먼저 제19조 제1항을 보면 포렌식 시작 단계에서 생성한 이미징파일은 검찰이 운영하는 디지털수사통합업무관리시스템에 반드시 등록해야 한다.

제19조 (정보저장매체 등의 등록 및 책임자등의 참여)

① 제15조 제1항 단서의 압수·수색의 경우 및 제9조 제2항의 분석 의뢰를 받은 경우에는 대상 정보저장매체 등의 봉인을 해제한 후 이에 기억된 정보에 대하여 이미지 파일로 복제하여, 이를 디지털수사통합업무관리시스템에 등록하고, 대상 정보저장매체 등은 재봉인하여 지원요청자에게 인계한다.

또한 제22조 제1항을 보면 포렌식이라는 것은 디지털증거물을 직접 분석하는 게 아니라, 증거물의 '이미징파일'을 갖고서 분석하도록 되어 있다. 이는 원原 증거물의 훼손·변경을 막기 위한 조치다. 그리고 이미징파일은 포렌식 분석 이전에 디지털수사통합업무관리시스템에 등록된 상태여야 한다.

---

28   제2태블릿 포렌식 감정이 이뤄진 2017년 1월 당시에 적용된 규정(대검찰청 예규 제805호, 2015. 7. 16. 일부개정)을 기준으로 살펴보겠다.

제22조 (이미지 파일 등에 의한 분석)

① 디지털 증거의 분석은 디지털수사통합업무관리시스템에 등록된 **이미지 파일**로 한다.

예외적이기는 하지만 포렌식은 두 번 이상 할 수도 있다. 다만 원 디지털증거물에 해당하는 태블릿 본체는 더 이상 건드리지 말고, 이미 만들어놓은 '이미징파일'만 갖고서 포렌식 분석을 해야 하는 것이다. 따라서 2017년 1월 25일 서현주가 두 번째 포렌식을 할 때는 1월 5일에 만든 이미징파일이 있기 때문에, 더 이상의 이미징파일은 필요가 없었다. 그럼에도 서현주는 이미징파일을 새로 만들었다.

National Digital Forensic Center

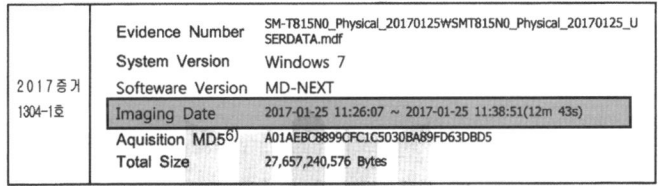

서현주가 작성한 2017년 2월 1일자 대검 보고서 3쪽을 보면, 2017년 1월 25일 오전 11시 26분경 이미징파일을 새로 만들었다는 사실을 알 수 있다. [출처 대검찰청 2017년 2월 1일자 '분석보고서' p3]

2017년 1월 5일에 만든 이미징파일은 압수 당일에 만들어졌기 때문에, 특검이 본격적으로 조작을 가하기 전에 생성됐다고 볼 수 있다. 조작되기 전의 원본과 가장 가까운 버전이다. 특검은 1월 5일에 잠금장치 변경부터 시작해서 1월 25일까지 지속적으로 조작을 가했다. 1월 10일부터는 모든 데이터를 흔적 없이 수정·삭제할 수 있는 ADB 프로그램도 가동했다.

이런 상황에서 특검과 서현주는 1월 25일에 '이미징파일'을 다시 만들었다. 그렇다면 이런 행위를 어떻게 해석해야 할까. 필자와 진상규명단은 1월 5일자 최초 버전의 이미징파일을 인멸하기 위한 사전 작업으로 보고 있다. 멀쩡하게 이미징파일이 있음에도 불구하고 이미징파일을 다시 만든 것부터 매우 불순한 의도가 깔려있다.

마치 수험생이 시험 시간에 작성한 답안지가 있음에도 나중에 수험생을 따로 불러 답안지를 다시 쓰도록 만든 것에 비유할 수 있다. 그리고 이번처럼 대외적으로 공개할 때는 본래 답안지는 버리고, 새로 작성한 답안지의 점수를 공개하는 것이다. 답안지를 다시 쓰도록 만든 행위부터 그 의도가 무엇이든 불법이고, 부정행위라는 것은 논란의 여지가 없다.

특검은 2017년 1월 10일부터 제2태블릿을 공개하며 태블릿의 사용자 이름, 연락처, 이메일 계정, 잠금패턴 등 각종 포렌식 기록을 근거로 "태블릿은 최서원이 사용했다"고 발표했다. 그러면서 "정상적인 포렌식 절차를 거쳤다"며 "추가적인 재감정은 필요 없다"고 단언했다. 1월 5일과 1월 10일에는 법원에 제출할 '수사보고'도 작성해놓았다.

그럼에도 특검은 보름 뒤인 1월 25일 대검찰청에 포렌식을 다시 의뢰하는 이해할 수 없는 행동을 한 것이다. 특검에게 포렌식 분석 능력이 없었던 것도 아니다. 각종 최신 포렌식 장비들을 자체 운영하고 있었고, 포렌식 전문 인력도 수사팀에 다수 보유하고 있었다. 한컴지엠디 같은 포렌식 전문 업체와도 계약을 맺어 일부 포렌식을 맡기고 있었다. 그럼에도 특검은 별도의 포렌식을 대검찰청에 추가로 요청했다.

연합뉴스
특검팀, 디지털포렌식 가동…'정호성 녹음파일' 등 분석
입력 2016.12.13. 오전 11:48 수정 2016.12.13. 오전 11:51

이데일리
朴 특검 "특수수사 출발점은 '핸드폰을 찾아라'"
입력 2017.03.03. 오후 4:52

- 특검, 출범초기부터 디지털포렌식 장비 설치 등 공들여

뉴스1
특검, 경찰·금감원 파견인력 줄이고 디지털 분석인력 확충
입력 2016.12.14. 오후 12:08 수정 2016.12.14. 오후 12:09

특검은 자체 포렌식 인력과 첨단 장비들을 갖추고 있었다. 당시 언론들도 특검이 포렌식에 꽤 공을 들인다는 내용으로 보도했다. 특검은 2017년 3월 6일자 최종 수사결과에도 특검이 수사에 활용한 각종 포렌식 장비와 IT 인프라를 소개해놓았다.

서현주가 2017년 2월 1일에 작성한 보고서를 보면 특검이 대검에게 의뢰한 내용도 태블릿 '사용자'를 확인하기 위한 전화번호부, 인터넷기록 등을 추출·복구해달라는 것이다. 특검은 포렌식 기록을 근거로 "태블릿은 최서원이 사용했고, 더 이상의 포렌식은 필요 없을 만큼" 수사결과가 확실하다고 2017년 1월 10일에 이미 다 발표해놓고서, 보름 뒤인 1월 25일에 태블릿 '사용자'를 판별할 수 있는 포렌식을 대검에 요청한 것이다.

서현주는 펜앤마이크와의 인터뷰에서 이렇게 말했다.

"당시 특검에서 1차로 포렌식 작업을 했는데 **유의미한 결과가 나오지 않아서** 대검에 포렌식 작업을 다시 한 차례 해달라고 요청이 왔기에 내가 작업을 한 것으로 기억한다. 내 기억으로는 재차 포렌식 작업을 했지만, 유의미한 정보가 검출되지는 않았다."

분 석 대 상	테블릿PC (삼성, SM-T815NO) 1대
요 청 기 관	박근혜정부의최순실등민간인에의한국정농단의혹사건규명을 위한 특별검사
요 청 사 항	○ 테블릿PC 사용자 정보 확인 ○ 문자메시지, 통화내역, 전화번호부, 멀티미디어파일, 인터넷기록 등 자료일체(삭제된 데이터 복구 등 포함)

서현주가 작성한 2017년 2월 1일자 대검 보고서에는 특검의 '요청사항'이 나온다.
태블릿 '사용자' 확인을 위한 포렌식을 해달라는 요청이었다.

[출처 대검찰청 2017년 2월 1일자 '분석보고서' p1]

서현주의 말대로라면 특검은 2017년 1월 5일 포렌식에서 '태블릿 사용자는 최서원'이라는 걸 입증하는 유의미한 결과가 나오지 않아서, 대검에 포렌식을 다시 맡겼다는 것이다. 그리고 서현주 자신이 수행한 두 번째 포렌식에서도 유의미한 정보는 나오지 않았다고 말했다. 특검이 2017년 1월 10일부터 전 국민에게 발표한 내용과는 완전히 배치되는 발언이다.

둘 중 하나다. 서현주의 말이 맞다면, 당시 특검은 최서원이 사용한 증거를 발견하지 못했음에도 최서원이 사용했다고 허위 발표를 한 사실이 다시 한 번 확인된 것이다. 또 하나의 가능성은 서현주가 1월 25일자 포렌식의 진짜 목적에 대해 거짓말을 하고 있는 것이다. 만일 후자라면 특검이 대검에 의뢰한 1월 25일자 포렌식은 앞서 설명한 바와 같이 1월 5일자 최초 버전의 '이미징파일'을 인멸하기 위한 위장僞裝 포렌식이라고 할 수 있다.

이렇게 본다면 특검은 2017년 1월 5일부터 원하는 대로 각종 조작을 가한 후, 1월 25일에 태블릿 이미징파일과 포렌식 자료를 새로 생성한 것이 된다. 이렇게 하면 법원의 제출 명령이 있을 경우 1월 25일에 새로 만든 이미징파일과 포렌식 자료를 제출하면 된다. 그리고 실제 2025년 2월 법원의 제출명령이 나오고 더 이상 물러설 수 없게 되자, 검찰은 예전에 계획했던 대로 2017년 1월 25일 포렌식에 대한 분석보고서만 법원에 제출한 것이다.

수 신 : 주임검사   2017. 1. 5.

제 목 : 수사보고【문화경 진술 청취 - 최순실과의 텔레그램 사용 경위 확인】

○ 최순실이 사용하는 것으로 보이는 태블릿 PC의 브라우저 기록에서 웹사이트 접속 앱 'S브라우저'를 이용한 사실이 아래와 같이 확인되었습니다.

| 25 | 활성 | S브라우저 | 최근 방문 일시 : 2015-10-12 11:59:54 | https://m.mail.naver.com/m/list/#%7B%22fClass%22%3A%22list%22%2C%22oParameter%22%3A%7B%22folderSN%22%3A%22-1%22%2C%22type%22%3A%22%22%2C%22isUnread%22%3Afalse%2C%22previewMode%22%3A2%2C%22page%22%3A1%2C%22pageSize4SeeMore%22%3A25%2C%22u%22%3A%22hohojoung%22%7D%7D |

- 위 URL을 디코딩하여 "https://m.mail.naver.com/m/list/ #{"fClass":"list", "oParameter": {"folderSN":"-1", "type":"","isUnread":false,"previewMode":2,"page":1, "pageSize4SeeMore":25,"u":"**hohojoung**"}}"으로 확인되었고,

※ 포렌식센터를 통해 최순실의 태블릿 PC 브라우저에 나타난 "hohojoung"이 나타나게 된 경위에 대해 확인한바, "hohojoung"은 네이버 계정이고, 태블릿 PC 분석자료 브라우저 기록 25번은 그 태블릿으로 hohojoung 네이버 이메일 확인해서 나타난 것으로 "u" 다음에 찍히는 것이 로그인 계정임을 확인함

특검이 작성한 2017년 1월 5일자 '수사보고'에는 제2태블릿의 포렌식 기록이 등장한다. 늦어도 2017년 1월 5일경 실제 포렌식을 한 것이다. 하지만 특검은 이날 포렌식한 자료를 끝내 내놓지 못하고 있다. [출처 특검의 2017년 1월 5일자 수사보고 p1]

결론적으로 검찰은 2017년 1월 5일자 최초 버전의 이미징파일과 포렌식 기록을 끝내 제출하지 못했다. 조작을 가하기 전의 1월 5일자 포렌식 자료는 무슨 일이 있어도 결코 공개할 수 없다는 검찰의 확고한 의지만 다시 한 번 확인시켜준 셈이다. 바꿔 말하면 제2태블릿에 '증거조작'이 있었다는 사실을 검찰 스스로 자인自認한 것이나 다름이 없다.

필자는 이러한 내용을 담아 서현주를 제2태블릿 조작수사 혐의로 공수처에 추가 고발했다. 그리고 윤석열, 한동훈과의 민사소송에서는 서현주를 증인으로 신청했다. 서현주는 법정에 증인으로 나오든, 태블릿 조작을 밝히려는 송영길, 안진걸 등 진보 인사들을 만나든 진실을 자백해야 할 것이다.

필자는 또 한 명의 인물도 증인으로 신청했다. 태블릿의 '실사용자'로 유력한 최서원의 경리직원 안 모씨다. 검찰과 특검은 제2태블릿과 관련해서 안 씨를 전혀 수사하지 않았다. 결국 안 씨도 진실을 말해야 할 것이다. 제2태블릿 '조작수사'는 이렇게 윤석열, 한동훈과의 민사소송에서 공식화될 가능성이 크다.

진실에는 좌우가 없다. 국정농단 사태 당시 윤석열과 한동훈에 환호했던 진보는 윤석열 정권에서 조작수사의 피해자를 자처했다. 일부 보수는 8년 전에 이미 끝난 일이라고 태블릿 조작에 눈을 감는다. 40년 전, 50년 전 일들까지 진상 규명을 요구하는 진보의 집요함을 배워야 한다. 결국은 좌우 가릴 것 없이 태블릿 조작 특검을 추진해야 한다. 박근혜 '사기탄핵'의 전모를 밝히는 일은 좌우 진영을 넘어 대한민국을 바로 세우는 새로운 출발점이 될 것이다.

사이버포렌식전문가협회(KCFPA)

제2태블릿 포렌식 감정을 수행한 사이버포렌식전문가협회(KCFPA)는 국내 최고 수준의 현직 포렌식 전문가로 구성된 단체로서 2003년에 설립됐다. 국제공인 사이버포렌식전문가(CCFP) 자격증을 갖고 있어야 정회원이 될 수 있다.

협회 정관에서 밝힌 주요 사업은 △ 포렌식 관련 기술 및 법률 교육, △ 포렌식 관련 제도 발전을 위한 연구 및 대정부 건의, △ 사이버 테러 예방과 사후 조사를 위한 기술·장비 및 소프트웨어 개발, △ 정부, 공공기관, 기업체 사이버 침해사고 및 포렌식에 대한 조사 활동, △ 상호교류 발전을 위한 연구, 세미나 개최, 회지 발간 등이다.

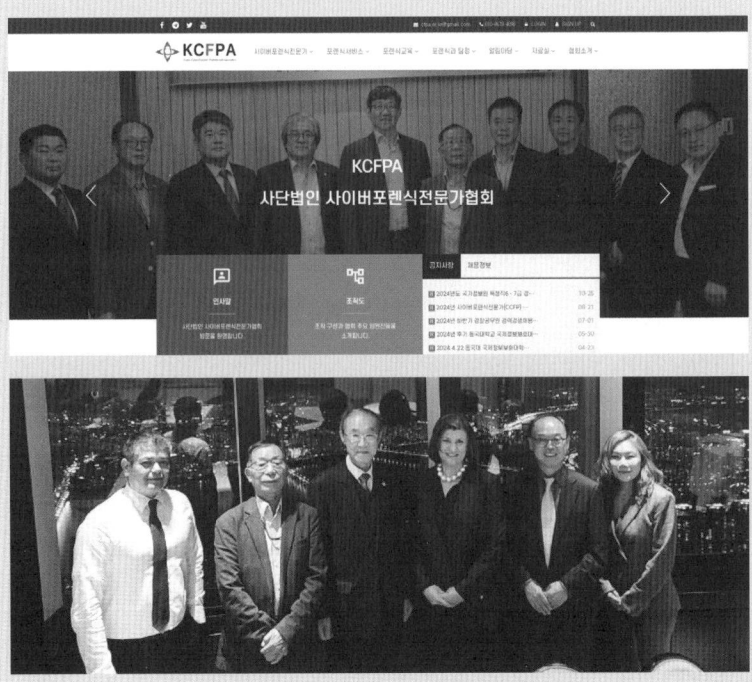

두 번의 사기탄핵, 진실은 터졌다

부록

진실투쟁 사진갤러리

▷ 이 책 본문에 다 싣지 못한 사진을 선별해 부록으로 모았다. 8년간의 진실투쟁에서 가장 중요한 전환점 중 하나는 '태블릿 반환소송'이다.
　필자가 반환소송을 준비하던 2021년 12월 이후 필자와 진상규명단의 활약상이 담긴 사진들을 주로 담았다.

필자는 2021년 12월 3일 박영수 특검 사무실이 있는 서초동 건물 앞에서 "제2태블릿을 최서원에게 반환하라"고 촉구하는 기자회견을 열었다(**1**). 필자는 기자회견을 마치고 특검 사무실이 있는 건물 12층을 찾았지만, 내부가 텅 비어있었다(**2**). 12층의 다른 한 쪽 구석에 특검 사무실이 있는 걸 확인한 후, 2022년 4월 20일 다시 찾았으나 근무 시간인데도 출입문은 굳게 닫혀있었다(**3**).

2021년 12월 9일 청와대 앞에서 열린 박근혜 석방 탄원 기자회견. 필자는 수감생활 5년째인 박 대통령의 석방을 더 이상 미룰 수 없다고 판단, 2021년 12월 이규택 전 의원을 위원장으로 하는 '박근혜대통령석방추진위원회' 발족에 뛰어들었다. 그리고 실제 박 대통령은 20여일 뒤인 12월 31일에 석방됐다. 훗날 필자에게 송영길 대표가 알려준 바로는, 그 무렵 **푸틴 러시아 대통령이 문재인 대통령에게 박 대통령의 석방을 요구했고,** 푸틴과 오랜 친분이 있는 송영길 대표가 그 메시지를 청와대 측에 전달했다고 한다.

2022년 1월 19일 태블릿진상규명단의 이동환 변호사가 태블릿(JTBC 태블릿, 제2태블릿) 반환소송 '소장'을 서울중앙지방법원에 제출하고 기자들과 인터뷰하는 장면. 이날 이동환은 "태블릿을 돌려받아 분석한 후 (최서원의 재판이) 재심 사유가 되는지 검토하겠다"는 소송 취지를 밝혔다. [출처 연합뉴스TV]

필자는 제2태블릿 '조작수사' 혐의로 윤석열, 한동훈 등을 공수처에 고발하면서 2022년 12월 7일 기자회견을 열었다. 이날 회견장에는 좌우 진영을 떠나 진실을 밝혀야 한다는 70년대생 진보·보수 운동가들이 모두 모였다. 왼쪽부터 안진걸(민생경제연구소장), 김용민(평화나무 이사장), 필자, 최대집(전 대한의사협회장)

2023년 5월 12일 서울 종로구 SK그룹 본사 앞에서 열린 기자회견. 이날 필자는 최태원과 이혼 소송 중이던 노소영을 향해 "최태원과 SKT의 계약서 조작 범죄를 고발하라"는 메시지를 전달했다.

2023년 6월 2일 진보 진영 유튜브 채널《스픽스》에서 열린 생방송 토론 장면. 이날 주제는 제2태블릿 조작수사였다. 2023년이 되자 '태블릿 조작'은 진보 진영에서도 폭넓게 동의를 얻기 시작했다. 왼쪽부터 전계완 대표(시사평론가), 필자, 김용민(평화나무 이사장), 안진걸(민생연구소장) [출처 스픽스]

필자는 2023년 6월부터 한동훈의 자택(대치동 타워팰리스) 앞에서 "태블릿 조작을 자백하라"는 촛불·태극기 연합 집회를 세 차례 이상 열었다. 하지만 한동훈은 아무런 대응이 없었다.

필자의 저서를 구입한 집회 참석자에게 사인을 해주는 장면(2023년 6월 17일 촬영). 필자는 매주 토요일 촛불·태극기 집회에 부스를 차려놓고, 당시 발간된 『나는 그해 겨울 저들이 한 짓을 알고 있다』 사인회를 수시로 열어 태블릿 조작을 촛불 시민들에게 알렸다.

송영길 대표는 필자의 태블릿 저서를 3번이나 정독했다고 한다. 그 후 목포에서 가진 한 식사 자리에서 필자와 태블릿 진실투쟁을 함께 하기로 했다. 송 대표가 2023년 6월부터 각종 방송과 집회에서 '태블릿 조작'을 공개적으로 주장하자, 정치권과 제도권 언론들이 송 대표를 비난하기 시작했다. 채널A는 2023년 7월 6일자 방송에서 송 대표의 '태블릿 조작' 주장을 10분 가까이 다루며 당시 한동훈 장관과 이원석 검찰총장, 정치권의 반응을 소개했다. 또한 필자와 목포에서 찍은 사진을 여러 차례 보여주며 송 대표가 극우 유튜버와 어울리더니 황당한 주장을 하고 있다는 논조로 보도했다. [출처 채널A]

2023년 7월 5일 필자는 진보 진영의 김용민(평화나무 이사장) 등과 함께 박근혜 대통령 사저가 있는 대구 달성으로 갔다. 당시는 송영길 대표가 거물급 정치인으로서는 처음으로 '태블릿 조작'을 주장하기 시작하면서 파란이 일던 때였다. 필자와 뜻을 함께 하는 좌우 진영 인사들은 박 대통령에게 송영길 대표와 함께 태블릿 진실투쟁에 힘을 보태달라고 요청했다.

2023년 11월 7일 진보 진영 유튜브 채널 《뉴탐사》에 출연해 제2태블릿 '조작수사'를 설명하는 장면. 《뉴탐사》의 강진구 대표(가운데·전 경향신문 기자)는 다른 유튜브 채널과의 인터뷰에서 "태블릿 조작은 '의혹'이라는 수식어를 붙일 필요가 없다. 사법부의 판결로 확인받는 일만 남았다"고 밝힌 바 있다. [출처 뉴탐사]

2023년 12월 8일 송영길 대표가 민주당 돈봉투 사건으로 검찰 조사를 받기 전 서울중앙지검 앞에서 기자회견문을 낭독하고 있다. 이날 회견에서도 송 대표는 태블릿 '조작수사'를 언급하며 특검 제4팀 출신의 한동훈 장관, 김영철 검사 등을 압박했다. [출처 JTBC]

필자는 송영길 대표와 함께 《매불쇼》에 여러 번 출연했다. 《매불쇼》는 진보 진영 최대 유튜브 채널(평균 조회수 100만) 중 하나로 알려져 있다. 한동안 필자는 《매불쇼》에 고정 출연하며 태블릿 조작을 진보 진영 시청자들에게 널리 알렸다. 사진은 2024년 8월 28일자 방송 장면 [출처 매불쇼]

필자는 2024년 9월 결혼식을 올린 후 미국으로 신혼여행을 갔다. 3개월간 미국에 머무는 동안 《시사폭격》 방송을 계속 이어갔다. 당시는 미국 대선 기간이어서 트럼프의 당선 여부가 세계적인 이슈였다. 필자는 트럼프를 지지하기 때문에 가끔씩 트럼프 모자를 쓰고 방송했다. 송영길 대표 역시 진보 진영에서 드물게 트럼프를 지지하는 정치인 중 한 명이다.

2024년 11월 7일 미국을 방문한 손혜원 전 의원(왼쪽에서 두 번째)과 만났다. 손혜원 의원과 필자는 태블릿 진실투쟁에서 긴밀한 동지 관계다. 손혜원 의원이 LA에 왔다는 소식에 아내와 함께 한걸음에 달려갔다.

2024년 10월 12일 진보 진영 교민들과 함께 LA 총영사관 앞에서 조건부 미국 망명을 선언하는 집회를 가졌다. 북미 최대 한인 방송사인 라디오코리아(RadioKorea)도 적극적으로 필자를 도와줬다. [출처 라디오코리아]

필자가 미국에 있는 동안 태블릿진상규명단은 일주일 동안 대만에 휴가를 갔다 왔다. 훗날 태블릿 조작이 공식화되면 너도나도 "자신이", 또는 "우리가" 진실을 밝혔다고 나설지 모르겠으나, 사진 속의 인물들이 실제 필자와 함께 지난 7년간 태블릿 조작을 연구한 실무진이자, 숨은 주역들이다. 왼쪽부터 김원재, 서영표, 엄형칠, 이동환

두 번의 사기탄핵, 진실은 터졌다

초판 1쇄 발행 2025년 7월 7일

지 은 이　변희재
책임편집　서영표
감　　수　엄형칠, 이동환, 김원재
발 행 인　변희재
발 행 처　미디어워치

주　　소　서울시 마포구 마포대로 4길 36, 2층
전　　화　02 720 8828
팩　　스　02 720 8838
이 메 일　mediasilkhj@gmail.com
홈페이지　www.mediawatch.kr
I S B N　979-11-92014-12-8

ⓒ 변희재, 2025

* 책값은 뒤표지에 있습니다.
* 잘못 만들어진 책은 구입하신 서점에서 바꿔드립니다.